国家自然科学基金青年项目"城市公用事业特许经营权竞标机制分类设计与管制政策研究"(71303208)研究成果

# 城市公用事业特许经营权竞标机制分类设计与管制政策研究

王 岭 著

中国社会科学出版社

# 图书在版编目（CIP）数据

城市公用事业特许经营权竞标机制分类设计与管制政策研究/王岭著．—北京：中国社会科学出版社，2017.12
ISBN 978-7-5203-1571-5

Ⅰ.①城… Ⅱ.①王… Ⅲ.①公用事业—特许经营—监管制度—研究—中国 Ⅳ.①F299.24

中国版本图书馆 CIP 数据核字（2017）第 288494 号

| | |
|---|---|
| 出 版 人 | 赵剑英 |
| 责任编辑 | 卢小生 |
| 责任校对 | 周晓东 |
| 责任印制 | 王　超 |

| | |
|---|---|
| 出　　版 | 中国社会科学出版社 |
| 社　　址 | 北京鼓楼西大街甲 158 号 |
| 邮　　编 | 100720 |
| 网　　址 | http://www.csspw.cn |
| 发 行 部 | 010-84083685 |
| 门 市 部 | 010-84029450 |
| 经　　销 | 新华书店及其他书店 |
| 印　　刷 | 北京明恒达印务有限公司 |
| 装　　订 | 廊坊市广阳区广增装订厂 |
| 版　　次 | 2017 年 12 月第 1 版 |
| 印　　次 | 2017 年 12 月第 1 次印刷 |
| 开　　本 | 710×1000　1/16 |
| 印　　张 | 18 |
| 插　　页 | 2 |
| 字　　数 | 274 千字 |
| 定　　价 | 80.00 元 |

凡购买中国社会科学出版社图书，如有质量问题请与本社营销中心联系调换
电话：010-84083683
版权所有　侵权必究

# 前　言

中国经济正在步入新常态、新阶段，在世界经济深度调整过程中，依靠出口导向的传统经济发展模式将难以为继，因此，转变经济发展方式，依靠投资扩大内需的内生经济增长动力将成为未来一段时间内中国经济增长的新引擎。在中国经济转型过程中，依靠特许经营模式，打造政府和社会资本合作机制，既是缓解地方政府债务危机、提高公共产品或服务供给效率的重要方式，也是提高城市治理能力、促进政府治理能力现代化的重要举措。

城市公用事业发展水平是城市化发展阶段的重要基础和衡量指标，是现代社会发展及其经济社会有序运转的必要条件。城市公用事业是为城镇居民和企事业单位提供生产和生活必需的普遍服务行业，主要包括城市供水与污水处理、垃圾处理、管道燃气、城市供热、公共交通、市容环卫以及园林绿化等重要的基础设施行业。在城市公用事业改革与发展过程中，面临着资金供需矛盾与效率供需失衡的双重约束。20世纪80年代以来，在城市公用事业等基础设施领域，以特许经营或政府和社会资本合作为主要内容的全球性制度革命悄然来临，成为地方政府缓解融资压力、提高基础设施和公共服务领域运行效率以及供给能力的重要方式。特许经营作为诱致性制度变迁的一种表现形式，正在改变着中国的政企关系和制度框架，改善着中国城市公用事业的供给能力和运行效率。

基于中国经济新常态的深刻认识，以及对全面建成小康社会所要求的国家治理体系和治理能力现代化目标的追求，党的十八届三中全会提出了全面深化改革的历史任务。其中，特许经营模式以及通过政府和社会资本合作方式被再一次强化。2014年9月23日，财政部发布了《关于推广运用政府和社会资本合作模式有关问题的通知》；同年12月2日，国家发展和改革委员会颁布《关于开展政府和社会资本合作的指导意见》，这两个文件对政府和社会资本合作模式进行了详细的规定，成为新时期我国城市公用事业领域发展特许经营的纲领性文件。随后财政部和国家发展和改革委员会分别颁布了《政府和社会资本合作模式操作指南（试行）》和《政府和社会资本合作项目通用合同指南》，对PPP操作进行了详细的说明。2015年4月25日，国家发展和改革委员会等六部委联合颁布《基础设施及公用事业特许经营管理办法》，对鼓励和引导社会资本参与基础设施及公用事业建设运营，提高公共服务质量和效率，保护特许经营者合法权益，保障社会公共利益和公共安全，促进经济社会持续健康发展具有重要的历史意义。

中国城市公用事业长期游离于市场经济体制之外，这不仅直接影响了城市公用事业产品供给的可持续性，而且也直接或间接地影响了整个城市功能的有效发挥，乃至影响了政府职能的转变和市场化进程的有序推进。在增加供给与提升效率的双重目标下，中国政府顺势而为，提出了深化城市公用事业市场化改革的重要举措，这需要创新政府管制体制，发挥市场竞争机制，实现特许经营权竞标的有效性。为此，构建可竞争的市场机制已成为城市公用事业市场化改革的核心内容，特许经营是市场化改革的重要制度，目前已经遍地开花，但在城市公用事业特许经营权竞标过程中依然存在低价中标、固定回报、变相固定回报等一些"伪PPP"问题，这在一定程度上背离了通过特许经营模式提高运营企业效率的初衷。同时，现有城市公用事业特许经营项目的竞标机制往往参照工程项目，忽视了城市公用事业的同质性与异质性特征，从而限制了特许经营权竞标机制的适用范围。因此，在深化城市公用事业市场化改革的背景下，如何分类设计城市公用事业特许经营项目的竞标机制，制定与之相适应的管制政策，实现城市公用事业特许经营权的有效分配，促进城市公用事业运行效率和服务水平的提升，已然成为中国理论研究和实际应用过程中最为关注的重要议题之一。

本书将从中国城市公用事业特许经营权竞标的客观事实出发，以特许经营理论和最优化理论为基础，力求通过理论与实践的有机结合，并努力在以下五个方面有所创新：

第一，论证了中国城市公用事业特许经营制度的现实需求和当前特许经营的关键问题。中国城市公用事业建设和运营权属分配机制经历了由传统的行政授予制度向现行特许经营权竞标制度的变迁过程。在传统行政授予制度下，城市公用事业缺乏效率激励和财政投资供需矛盾，难以适应城镇化和工业化进程的客观要求。在城镇化与工业化过程中的供需矛盾、提高运营效率以及国际经验借鉴的基础上，特许经营模式应运而生。随着城市公用事业特许经营的深化，在特许经营过程中主要面临着特许经营项目的权属分配、特许经营权竞标机制设计、特许经营协议的属性认定、特许经营协议的完善、公用产品或服务的付费机制选择、公用产品或服务的定价与调价机制、特许经营项目的风险分担机制以及全流程的政府管制等问题，这些问题成为城市公用事业特许经营过程中需要重点关注的重大现实问题。

第二，评估了城市公用事业特许经营的主要成效和典型问题。从城市公用事业特许经营实践来看，主要经历了探索阶段、试点阶段、推广阶段、调整阶段和普及阶段。随着城市公用事业特许经营的深化，城市公用事业的特许经营模式已由传统的以BOT为主的单一模式逐步向BOT、TOT、委托运营等多元化模式发展，资金渠道由传统的以财政资金为主逐步向财政、银行贷款、产业基金、民营资本、外商投资等多种方式转变，特许经营项目的运作过程由"摸着石头过河"逐步形成中国经验，城市公用事业特许经营项目呈现出快速发展的良好态势。但改革开放以来，中国城市公用事业在特许经营过程中也出现了国有资产流失和腐败问题、溢价收购和固定回报问题、政府承诺和责任缺失问题、产品的质量威胁健康问题以及可能导致政府高价回购问题等，这影响了城市公用事业特许经营项目运作的有效性，需要在城市公用事业特许经验项目运作过程中引起重视。

第三，探索并构建了项目特征与城市公用事业特许经营模式的匹配机制。为了建立项目特征与特许经营模式的匹配机制，本书建立了包含外部性、市场可竞争性和项目可收益性的一级指标，以及生产外部性、消费外部性、潜在进入者数量、制度性壁垒、产品或服务的可替代性、行业风险性、产品或服务的可收费性、资产的可变现性等二级指标的项目特征与特许经营模式匹配机制的理论模型。在实证分析的基础上，得出城市公用事业特许经营程度由高到低依次为城市公交行业、城市管道燃气行业、城市污水处理行业、城市垃圾处理行业、城市供水行业以及城市供热行业。对多数城市公用事业特许经营项目而言，以资产新建或资产转让为特征的BOT、TOT模式及其衍生模式依然是当前特许经营的主要选择模式。城市公用事业的一些非生产环节可以选择委托运营模式或服务外包模式。

第四，分类设计了城市公用事业特许经营权竞标机制的理论模型。在城市公用事业特许经营过程中，BOT项目、TOT项目和委托运营项目极具典型性，为此，本书分别设计了城市公用事业BOT项目、TOT项目和委托运营项目的特许经营权竞标机制。其中，对城市公用事业BOT项目而言，可以根据项目特征和城市特点，在竞标（质量，特许经营期）、竞标（服务价格，特许经营期）和竞标（服务价格，质量）三种机制中进行选择。城市公用事业TOT项目可以根据项目特征和城市特点，选择竞标（质量，转让价格）或竞标（服务价格）的特许经营权竞标机制。对城市公用事业委托运营项目而言，可以根据项目特征和城市特点，在竞标（质量）和竞标（服务价格）两种特许经营权竞标机制中进行选择。

第五，提出了城市公用事业特许经营的管制政策建议。本书在对中国城市公用事业特许经营的基本现状及其存在问题、项目特征与特许经营模式匹配机制以及特许经营权竞标机制进行研究的基础上，构建了竞标管制、协议管制、运行管制、退出管制"四位一体"的城市公用事业特许经营管制政策体系。首先，完善竞标法律法规制度体系、健全竞标管制机构与权责配置，强化项目招标管制，加强项目投标管制以及优化项目评标体系与评分办法，从而为城市公用事业特许经营的竞标管制提供制度保障。其次，从初始定价与调价机制、保质保量与持续供应、升级改造的责权关系、正常退出与强制退出以及强化对管制者的管制五个方面，规范城市公用事业特许经营项目的协议管制。再次，从设施建设与人员配置、产品或服务质量、产品或服务价格以及数据信息共享机制等方面，强化城市公用事业特许经营项目的运行管制。最后，明确城市公用事业特许经营项目的移交范围，强化城市公用事业特许经营项目的移交管制、创新城市公用事业特许经营项目的非正常退出方式、建立城市公用事业特许经营项目的非正常退出管制手段，从而为城市公用事业特许经营项目的退出机制提供管制制度保障。

本书分为五个部分，第一部分由第一章和第二章组成，从总体上探讨城市公用事业概念、特许经营的客观需求、特许经营的基本内涵、特许经营的关键问题以及城市公用事业特许经营的主要成效和存在的典型问题。第二部分即第三章，建立了指标体系，利用层次分析法等方法，形成了项目特征与特许经营模式的匹配机制。第三部分由第四章至第六章组成，分别对城市公用事业 BOT 项目、TOT 项目和委托运营项目的特许经营权竞标机制进行设计。第四部分即第七章，对城市公用事业 BOT 项目、TOT 项目和委托运营项目中的典型案例进行分析。第五部分即第八章，在总结城市公用事业特许经营现状与问题以及建立特许经营权竞标机制的基础上，提出了完善城市公用事业特许经营的管制政策。

本书是国家自然科学基金青年项目"城市公用事业特许经营权竞标机制分类设计与管制政策研究"（71303208）的研究成果。在课题研究过程中，恰逢中国城市公用事业由特许经营向 PPP 政策转向的关键时期，其间产生了一些新问题、新思路和新方法，这为本书的最终完成提供了重要的现实资料。本书研究将为中国城市公用事业 PPP 项目的招投标和政府管制提供一定的理论支持。

无论从理论上还是从实践上，在中国城市公用事业特许经营领域都有大量问题需要认真研究和探索，本书研究只是沧海一粟。随着中国 PPP 的快速发展，城市公用事业特许经营领域将会涌现出越来越多颇有兴趣的研究课题，有待后续进一步研究。尽管课题组成员尽了最大的努力，仍难免存在一些问题甚至错误，敬请专家学者批评指正。

王岭<br>
2017 年 9 月于杭州

# 目 录

## 第一章 城市公用事业特许经营的理论基础 … 1
  第一节 城市公用事业的概念界定及其特征 … 1
  第二节 城市公用事业特许经营的客观需求 … 10
  第三节 城市公用事业特许经营的基本内涵 … 17
  第四节 城市公用事业特许经营的关键问题 … 24

## 第二章 城市公用事业特许经营的现状评估 … 33
  第一节 城市公用事业特许经营的阶段性特征 … 33
  第二节 城市公用事业特许经营的主要成效 … 45
  第三节 城市公用事业特许经营过程中存在的主要问题 … 50
  第四节 城市公用事业特许经营存在问题的形成机理 … 55

## 第三章 项目特征与城市公用事业特许经营模式的匹配机制 … 59
  第一节 城市公用事业不同行业特许经营程度测算 … 59
  第二节 城市公用事业特许经营模式及其合同特征 … 73
  第三节 项目特征与特许经营模式匹配机制理论分析 … 80
  第四节 城市公用事业项目特征与特许经营模式匹配机制 … 90

## 第四章 城市公用事业 BOT 项目特许经营权竞标机制研究 … 95
  第一节 城市公用事业 BOT 项目特许经营权竞标要素 … 95
  第二节 城市公用事业 BOT 项目特许经营权竞标模型 … 97
  第三节 城市公用事业 BOT 项目特许经营权竞标风险 … 125
  第四节 城市公用事业 BOT 项目特许经营权竞标机制应用 … 131

## 第五章 城市公用事业 TOT 项目特许经营权竞标机制研究 ……… 135

第一节 城市公用事业 TOT 项目特许经营权竞标要素 ……… 135
第二节 城市公用事业 TOT 项目特许经营权竞标模型 ……… 138
第三节 城市公用事业 TOT 项目特许经营权竞标风险 ……… 161
第四节 城市公用事业 TOT 项目特许经营权竞标机制
适用性 ……………………………………………………… 164

## 第六章 城市公用事业委托运营项目特许经营权竞标机制研究 …… 168

第一节 城市公用事业委托运营项目特许经营权竞标要素 …… 169
第二节 城市公用事业委托运营项目特许经营权竞标模型 …… 171
第三节 城市公用事业委托运营项目特许经营权竞标风险 …… 185
第四节 城市公用事业委托运营项目特许经营权
竞标机制应用 …………………………………………… 189

## 第七章 城市公用事业特许经营项目案例分析 ……………………… 192

第一节 城市公用事业 BOT 项目案例 ………………………… 192
第二节 城市公用事业 TOT 项目案例 ………………………… 202
第三节 城市公用事业委托运营项目案例 ……………………… 215

## 第八章 城市公用事业特许经营项目的管制政策设计 …………… 225

第一节 城市公用事业特许经营项目的竞标管制 …………… 225
第二节 城市公用事业特许经营项目的协议管制 …………… 239
第三节 城市公用事业特许经营项目的运行管制 …………… 246
第四节 城市公用事业特许经营项目的退出管制 …………… 251

**结论性评述** ………………………………………………………… 257

**参考文献** …………………………………………………………… 263

**后　　记** …………………………………………………………… 277

# 第一章 城市公用事业特许经营的理论基础

长期以来，无论从理论上还是在实践中都存在对公用事业、公共事业和城市公用事业的概念分异问题，为了更好地研究城市公用事业特许经营权竞标机制设计与管制政策，首要任务是分析公用事业、公共事业和城市公用事业的基本内涵，厘清城市公用事业与公用事业以及公共事业的区别与联系，并以此为基础，剖析城市公用事业的行业特征、主要分类及其核心内容，从而为分类研究城市公用事业特许经营权的竞标机制以及设计与之相适应的管制政策提供理论支撑。

## 第一节 城市公用事业的概念界定及其特征

近年来，随着各级政府对民生问题的日益重视，以及城镇化和工业化进程的快速发展，学术界日益重视公共事业、公用事业和城市公用事业的改革与发展问题，但无论从理论还是从实践来看，都存在对上述三者概念的认识模糊，乃至混用、误用现象。自2013年以来，政府和社会资本合作（Public – Private Partnerships，PPP）越发成为学术界和政府部门关注的焦点，特许经营已经成为城市公用事业市场化改革的核心，为此，厘清公共事业、公用事业和城市公用事业之间的区别与联系，将为城市公用事业特许经营权竞标机制分类设计与管制政策体系建设提供理论基础。

### 一 城市公用事业的概念界定

（一）公共事业

"公共"一词是相对于"私有"而言的，其表明了针对某一对象拥有所有权或使用权的人数。从最宽泛的意义上说，凡是涉及一个人以上的对象都属于"公共"的范畴。[①] 事业作为中国特有的一个行业性概念，可以用排除法或列举法来表示。用排除法表示，事业是指社会中的政治、经济、军事之外的社会活动领域。用列举法表示，事业是指教育、科学、文化、卫生、体育、环境保护、社会保障、计划生育和人口等社会活动领域。其中，教育、科学、文化、卫生等所谓"文教"部门是其最重要、最具代表性的领域。此外，各类政府文件以及学术著作中将事业往往等同于社会事业。从活动性质来看，事业可以分为以实现社会公益目的、非营利性质的事业和以营利为目的的事业。前者属于公共事业，后者属于非公共事业。从提供公共事业服务与产品的主体来看，公共事业领域可以分为国家事业和民办事业。[②]

在对"公共"和"事业"的基本内涵进行界定的基础上，学术界对公共事业的认识存在两种主要观点，即社会全体公众受益的事业和社会大多数成员受益的事业。其中，崔运武（2002）认为，公共事业是指关系到社会全体公众基本生活质量和共同利益的特定社会公共事务。从公共事务的角度来看，公共事业所包含的公共事务，是以公共事务中狭义的社会公共事务为基础和主要内容，并包括一定的经济事务所构成的一种特定的社会公共事务。从公共物品的角度来看，公共事业主要由公共物品和准公共物品构成，但主体是准公共物品。我国传统的事业所包含的范围主要分为两个部分：一是属于纯公共物品的事业物品，在整个事业中占据少数，如气象、基础科学研究、农业技术的研究和推广、大型水利设施以及社会科学研究等。二是属于准公共物品的事业物品，在整个事业中占据绝大多数，如教育、医疗、卫生、体育、动植物检疫、出版、广播、影视以及文化等。[③] 而席恒（2002）则认为，为了实现社会大多数成员的公共利益而从事的活动领域即为公共事业，包括以国有资产举办的社会公共事业和由民间资

---

[①] 张康之：《公共行政中的哲学与伦理》，中国人民大学出版社2004年版，第5页。
[②] 席恒：《公与私：公共事业运行机制研究》，商务印书馆2003年版，第3—4页。
[③] 崔运武：《公共事业管理概论》，高等教育出版社2002年版，第6—7页。

本举办的公民社会事业。本部分在分析学术界关于"公共""事业"以及"公共事业"基本内涵的基础上，认为公共事业是指能够体现社会全体或大多数成员的需要，关系其共同利益的社会公共事务。

目前来看，学术界对公共事业所包含的行业范围依然存在一定的差异。有学者认为，公共事业主要包括教育、科学、文化、卫生，体育，环境保护，计划生育和人口，气象，动植物检疫，公共住房，社会保障，民政，特殊群体权益保护，旅游，公共工程，基础设施，通信、邮电，公共交通，水、电和煤气以及城市公用事业共18大类。[①] 鉴于上述18大类公共事业中的部分公共事业存在一定程度的交叉问题，为此，在剔除交叉性的公共事业基础上，本书认为，公共事业包含教育、科学、文化、卫生、体育、环境保护、计划生育和人口、气象、动植物检疫、公共住房、社会保障、民政、旅游、公用事业[②]共14类。

根据产品消费的竞争性和排他性，可将产品分为纯公共产品（消费上的非竞争性和非排他性）、私人物品（消费上的竞争性和排他性）、俱乐部产品（消费上的非竞争性和排他性）和共用资源（消费上的竞争性和非排他性）。根据事业所提供的产品差异，可将事业划分为纯公共事业、私人事业、俱乐部事业和共用资源事业。其中，纯公共事业、俱乐部事业和共用资源事业统称为公共事业。公共事业的分类见表1-1。

（二）公用事业

公用事业是居民日常生活和生产过程中出现较为广泛的词汇，但目前无论是学术界、政策制定者还是广大社会公众，对公用事业概念及其范围的认识依然莫衷一是，有时甚至存在理解上的偏倚和谬误。为此，非常有必要厘清公用事业的基本内涵及其范围。

---

[①] 崔运武：《公共事业管理概论》，高等教育出版社2002年版，第14—15页。
[②] 公用事业包括供水和污水处理、节水、电力、燃气、供热、公共交通、垃圾处理、电信、邮政、城市绿化、环境卫生、道路和桥梁、其他（如运河、港口、机场、防洪、地下公共设施及附属设施的土建、管道、设备安装工程等）。

表1-1 公共事业的主要分类

| 主要分类 | 公共事业名称 |
| --- | --- |
| 纯公共事业 | 基础研究、近期尚不能取得实用价值的应用研究；医药卫生、劳动保护、计划生育、灾害防治、环境科学、情报标准、计量、观测以及农业科学等研究；技术推广和科技服务；公益性文化业（达到拥挤点之前）；公共卫生事业中的卫生监督执法、疾病控制与疫情监测、食品安全、烟草的控制、环境卫生、健康教育与促进、计划生育等；基本医疗事业；学前教育、初等教育和初级中学教育中的学校体育事业；竞技体育事业；环境保护事业类；计划生育和人口事业类；气象事业类；动植物检验事业类；社会福利事业；民政事业；公用事业中的城市绿化、环境卫生和防洪事业 |
| 俱乐部事业 | 近期可望取得实用价值的应用研究；社会体育事业；社会保险事业；旅游事业；除城市绿化、环境卫生和防洪之外的其他公用事业（达到拥挤点之前，否则就成为私人事业） |
| 共用资源事业 | 公益性文化事业（达到拥挤点之后）；公共卫生事业中的妇幼保健和计划免疫、药品和疫苗的可得性、食品保障与营养以及卫生服务等；个人卫生事业（更接近私人事业）；高级中学教育和高等教育中的学校体育事业（更接近私人事业）；公共住房事业 |

资料来源：孙学玉、周义程：《关于公共事业范围与类别的界定问题》，《南京社会科学》2008年第1期。

综观国内外有关公用事业的相关研究，关于公用事业的内涵和范围的理解依然存在分歧，主要有两种基本观点，一些学者认为，公用事业的范围大于城市公用事业；另一些学者认为，公用事业与城市公用事业是等价的。其中，马树才等（2000）认为，公用事业是与城市公用事业等价的，认为公用事业主要是指城市内保障居民生产和生活的各种经营性服务业，包括城市供水、供气、电力、公共交通和集中供热等行业。[1] 史际春和肖竹（2004）[2]、肖兴志和陈艳丽（2004）[3]

---

[1] 马树才等：《公用事业改革的方向与对策》，《辽宁大学学报》2000年第5期。

[2] 史际春、肖竹：《公用事业民营化及其相关法律问题研究》，《北京大学学报》2004年第4期。

[3] 肖兴志、陈艳丽：《公用事业民营化改革：理论基础与政策选择》，《经济社会体制比较》2004年第4期。

认为，公用事业是指为公众或不特定的多数人提供产品或服务，或由他们使用的业务或行业。主要包括供水、排水与污水处理、垃圾处理、管道燃气以及公共交通等市政公用事业；道路与桥梁等基础设施、通信、供电、邮政、铁路、公路、水路和民航运输等行业。显然，这里的公用事业概念大于城市（或市政）公用事业。

综上所述，本书认为，公用事业是指为社会公众或非特定群体使用的、具有一定目标和规模的并且对社会发展产生较大影响的行业。显然，公用事业的范围要比城市公用事业更加广泛，主要包括供水与污水处理、垃圾处理、管道燃气、城市供热、公共交通、园林绿化、电力、电信、邮政以及道路以及桥梁等基础设施。

（三）城市公用事业

一般而言，城市公用事业是指为城镇居民生产和生活提供必需的、普遍服务的行业，主要包括城市供水与污水处理、垃圾处理、管道燃气、城市供热、公共交通、市容环卫以及园林绿化等。鉴于本书主要研究城市公用事业特许经营权竞标机制分类设计与管制政策问题，为此，本书所指的城市公用事业是指可通过市场机制选择运营主体的可竞争性的行业或环节，主要包括城市供水与污水处理、垃圾处理、管道燃气、城市供热以及公共交通等可经营性行业。

## 二　城市公用事业的基本特征

城市公用事业涉及多个行业，不同行业的技术经济特征既有区别又有联系，为了分类设计城市公用事业的特许经营权竞标机制，以及有针对性地提出城市公用事业特许经营权竞标的管制政策，需要明确城市公用事业的基本特征，从而建立城市公用事业的分类标准，并对城市公用事业进行有效分类。

（一）基础性

城市公用事业是城市经济、社会发展以及居民生产生活的重要基础设施，具有典型的基础性作用，主要表现在以下两个方面：

第一，城市公用事业所提供的产品或服务具有必需品属性。城市公用事业不仅为企业生产提供所需的水、气、热等基本的生产资源，也为居民生活提供自来水、燃气、供热以及公共交通等基础性产品或服务。

第二，城市公用事业提供的产品或服务具有初始投入属性。城市公用事业所提供的产品或服务是其他企业进行简单再生产和创造性再生产的基础性材料，作为投入要素和生产成本进入企业的成本核算体系。相对于其他行业而言，城市公用事业的基础性特征决定了发展城市公用事业基础设施建设和运营能力的优先性。为此，在快速城镇化和实现中华民族伟大复兴的历史机遇下，需要重视城市公用事业，将发展城市公用事业作为城市发展的重中之重。

(二) 区域垄断性

城市公用事业的区域垄断性特征包含两层含义，即区域性和区域内的垄断性。由于城市供水与污水处理、管道燃气、城市供热等行业具有典型的网络属性，跨区域敷设管网基础设施或者在同一区域范围内敷设两套或多套管网基础设施，将会大大增加城市公用事业基础设施的建设成本，因此，对经济而言，城市公用事业所提供的产品或服务具有典型的区域分割属性。同时，不同城市乃至相邻城市的城市公用事业的管制机构、管制法律法规等存在较强的体制性差异，这为城市公用产品或服务的跨区建设和运营埋下了制度性障碍。此外，多数城市公用事业具有投资数额大、投资回收期长、资产专用性强、沉淀成本高以及规模经济显著特征，这决定了在特定区域范围内由单个企业提供某一城市公用产品或服务，避免重复建设和恶性竞争是有经济性的。

(三) 多数产品或服务的网络性

城市公用事业不同产品或服务往往涉及生产、输送、销售等多个环节。其中，供水管网、燃气管网、供热管网、污水处理管网等输送环节大多具有网络属性，城市公用产品只有接入这种物理网络，才能保障企业的正常生产和居民生活的基本需求。因此，多数城市公用行业具有较强的网络属性特征，改进升级现有管网基础设施是提高城市公用事业产品或服务水平的关键。为此，各级政府或行业主管部门应通过多种渠道吸引各种所有制企业进入城市公用行业，通过新建城市公用管网设施以及改善老旧落后管网设施的方式，不断提高城市公用事业基础设施的运营能力和服务水平，从而保障企业正常生产和居民日常生活的基本需求。

（四）外部性

发展城市公用事业，不仅有助于提升城市公用企业的自身运营能力和服务水平，也有助于促进以城市公用产品或服务为基础的其他行业发展，因此，发展城市公用事业具有较强的外溢性，是典型的正外部性行业。与此同时，城市供水行业的水质危机、水网爆裂，城市燃气的生产污染与爆管，城市垃圾处理行业的污染物排放与处理不到位等都对企业生产和居民生活带来一定的恶劣影响，甚至危害社会安全，具有一定的负外部性。由此可见，城市公用事业是具有典型的正外部性和负外部性的行业。为此，需要建立城市公用事业的有效甄选机制，通过特许经营权竞标方式，遴选最有效率的特许经营企业，创新管制方式，从而实现降低城市公用事业的负外部性、增加其正外部性的目的。

### 三 城市公用事业的主要分类

城市公用事业的技术经济特征决定了城市公用事业具有不同的分类方式，为此，本部分基于城市公用事业技术特征的网络型和非网络型以及经济特征的经营性、准经营性和非经营性，分别对城市公用事业进行分类。

（一）基于网络型和非网络型的城市公用事业分类

按照是否涉及物理网络环节，可将城市公用事业分为网络型城市公用事业和非网络型城市公用事业，不同特征的城市公用事业直接决定了特许经营模式和特许经营权竞标机制的选择。为此，本部分从网络型和非网络型特征出发，对城市公用事业进行分类。

1. 网络型城市公用事业

网络型城市公用事业是指必须通过物理网络输送生产和生活必需品的城市公用事业，主要包括城市供水与污水处理、管道燃气、城市集中供热等区域性基础设施产业。电力行业、固话行业、铁路行业等由于具有全国网络性质，因此，属于全国性公用事业（注：本书不讨论全国层面的网络型公用事业），而非城市公用事业。由于网络型城市公用事业具有网络环节投资数额较大、产品或服务定价较低的特点，因此，应结合城市公用事业的行业特征，建立以竞争性市场机制为基础、与现实需求相匹配的网络型城市公用事业治理机制。

一般情况下，网络型城市公用事业是典型的区域性垄断行业，随着城镇化进程的加快以及社会对产品或服务质量需求的提升，对网络型城市公用事业基础设施的投资需求日益增加，在政府财政能力有限的前提下，城市公用事业投资供需"剪刀差"的矛盾日益凸显，因此，需要拓展投融资渠道，以保障城市公用事业的有效供给。按照特许经营期内网络型城市公用事业基础设施的产权归属差异，可将城市公用事业分为特许经营期内的有限产权和没有产权两种模式。其中，特许经营期内有限产权的网络型城市公用事业是指特许经营期内特许经营企业享有设施的所有权、使用权、收益权，但缺少对网络型城市公用事业设施的处分权。而没有产权模式是指特许经营期内对网络型资产不具有占有、使用、收益和处分的权利。同时，特许经营期内是否拥有有限产权决定着城市公用事业特许经营项目的特许经营模式的选择、特许经营期限的确定、特许经营权竞标机制的设计以及特许经营项目的管制政策的建立。

2. 非网络型城市公用事业

非网络型城市公用事业是指无须依赖物理网络运输城市公用产品以及提供公用产品或服务的城市公用事业，比如垃圾处理行业的清扫和运输环节等。与网络型城市公用事业相比，非网络型城市公用事业由于不涉及建设物理网络及其产权的转让问题，因此，非网络型城市公用事业的投资数额较少，沉淀成本较低，更易于通过市场化运作机制来实现城市公用产品或服务的供给目标。

非网络型城市公用事业主要包括垃圾清扫、收集与处理、园林绿化、道路与河道养护、道路照明以及环卫等行业。该类城市公用事业具有典型的公共品属性，难以通过"谁消费，谁付费"原则来建立有效的收费机制，从而无法通过向企业和居民收费来弥补成本并获得合理收益的目的。因此，对非网络型城市公用事业而言，市场化的基本方向是政府购买公共服务，通过政府付费或可行性缺口补贴的方式，解决非网络型城市公用事业的供给问题。此外，非网络型城市公用事业还具有较强的外溢性特征，对城市建设和居民生活环境改善具有支撑作用。

（二）经营性、准经营性和非经营性的城市公用事业分类

按照经济属性的不同，可将项目分为经营性项目、准经营性项目和非经营性项目。其中，经营性项目由于具有可经营属性，可以通过向使用者收取费用的方式，来弥补生产建设和运营成本并获得合理的收益，在城市公用事业领域中，一般鲜有经营性的城市公用事业。准经营性项目是指具有公益属性，在政府价格管制下，通过收费无法弥补该类项目的建设与运营成本，需要政府对该类项目进行财政补贴或政策优惠从而维持其正常运营的项目。准经营性项目主要包括竞争性基础设施项目和竞争性公益项目。前者如能源工业（电力、石油）、部分公用事业（自来水、污水和垃圾处理、公共交通、管道燃气等）、基础原材料工业（钢铁、有色）以及部分交通运输业（高速公路、航运）等；后者如科研开发与应用研究、成人和职业教育（私立学校）、艺术表演团体、医疗机械等产业，在城市公用事业领域中，该类项目所占比重最大。按照公共财政理论，该类城市公用事业项目所提供的产品或服务均属于"消费效用不可分割"的准公共产品，而且该类项目还具有虽然可以回收部分投资、保本或微利经营，但建设周期长、投资多、风险大、回收期长或者垄断性等特点，单靠市场机制难以达到供求平衡，需要政府通过控股或参股的方式参与投资经营。非经营性项目是指旨在实现社会目标和环境目标，为社会公众提供产品或服务的非营利性投资项目，包括社会公益事业项目（如教育项目、医疗卫生保健项目）、环境保护与环境污染治理项目、某些公用基础设施项目（如城市绿地和市政道路等）等。其中，这些项目经济上的显著特点是为社会提供的服务和使用功能不收取费用或只收取少量费用，因此，主要由政府财政承担该类项目的建设，通过政府运营、政府购买公共服务或委托运营的方式，提供公共产品或服务。

## 第二节　城市公用事业特许经营的客观需求

目前，市场化已然成为城市公用事业改革的基本方向，国家住房和城乡建设部出台的系列文件也将特许经营确定为城市公用事业市场化改革的基本制度。在城市公用事业领域广泛运用特许经营制度之前，行政授予制度是城市公用事业领域选择建设运营主体的重要方式。传统行政授予制度存在一系列的弊端，这也是当前通过特许经营制度选择建设运营主体的重要原因。为了更好地分析城市公用事业特许经营的客观需求，本部分将首先对传统行政授予制度的弊端进行剖析。

### 一　传统行政授予制度的主要弊端

长期以来，许多经济学家认为，城市公用事业的自然垄断性和公益性特征决定了在某一地域范围内不可能存在多家竞争性的企业，否则会有损规模经济。因此，从传统意义上说，城市公用事业是一个典型的市场失灵领域，难以发挥市场竞争机制的有效作用，并主张在一定的地域范围内，由一家或少数几家国有企业垄断经营特定城市公用事业。在新中国成立后的很长一个时期内，城市公用事业基本上是实行该种管理体制，并通过行政授予的方式决定企业建设、运营与维护的主体。传统行政授予制度的主要特征是：城市公用企业由政府建，企业领导由政府派，资金由政府拨，价格由政府定，企业盈亏由政府统一负责，城市公用企业不存在任何的经营风险，即通过行政授予制度施行政企合一的管理体制。新中国成立后，这种体制在城市公用事业建设任务繁重、资源普遍短缺的背景下，通过集中使用资源推进城市公用事业建设与发展方面曾经发挥了重要的历史作用。但是，随着经济体制改革的深入以及城镇化和工业化进程的加快，传统行政授予制度的弊端日益凸显。这主要表现为以下三个方面：

（一）传统管理体制导致企业效率低下

在传统行政授予制度下，城市公用事业的投资、建设、人事以及价格等重要决策均由政府制定，国有企业只是决策的执行者，而非真正意义上的决策者。同时，在正常情况下，受价格管制的利润最大化问题与成本最小化问题具有等价性，但由于国有企业并非以利润最大化为目的，因此，缺少运用足够的动力来实现成本最小化，结果势必提高城市公用事业的生产成本。此外，由于国有企业并非真正意义上的市场经济主体，不以利润最大化为目标，无法承担市场运行风险，一切亏损均由政府财政进行补贴，不存在生存与发展压力，在传统行政授予制度下，国有企业运营势必会造成低效率问题。

（二）垄断经营导致企业缺乏竞争活力

在传统行政授予制度下，城市公用事业的主要业务由地方政府的事业单位或国有企业（或机构）垄断经营，地方政府既是管理政策的制定者，又是具体业务的实际操作者，这决定了这种垄断实质上是一种典型的行政性垄断，而非基于自然垄断的经济性垄断。在行政性垄断情况下，势必会呈现出企业组织管理效率低下、生产成本大幅增加以及生产效率降低的特征。最主要的原因在于在行政性垄断与自然性垄断的交织下，城市公用企业竞争活力缺失，无法利用现代企业发展理念，通过技术创新和管理创新手段，激发企业的竞争活力，从而造成行政授予制度下城市公用企业的竞争缺损问题。

（三）投资渠道单一导致投资严重不足

由于在相当长一个时期内城市公用事业的投资、建设、运营以及维护等环节均采取行政授予制度，这使地方政府几乎成为城市公用事业的唯一投资者，地方政府财政支出成为城市公用事业投资的唯一来源，但在现实中由于需要地方财政投资的领域较多，从而受制于财政投资总体规模的限制，无法满足城市公用事业基础设施的所有投资需求，从而长期以来造成城市公用事业的供需之间的"剪刀差"矛盾。传统行政授予制度下的投资渠道单一导致的投资严重不足问题，不仅阻碍了城市公用事业的发展，还制约了其他行业的发展速度，给整个社会的经济福利造成了一定的损失。

二 推行特许经营制度的现实需求

传统行政授予制度的诸多弊端是城市公用事业特许经营的原动

力。城市公用事业特许经营制度的产生有其存在的客观背景和实施条件，特许经营是适应竞争性市场经济体制、规范城市公用事业运营和有效管制、建立适应城镇化进程的城市公用事业投融资体制，以及提高城市公用事业运营效率和服务质量的客观需求。

（一）竞争性市场经济体制需要推行特许经营制度

随着经济体制改革的整体推进，城市公用事业的市场化改革成为经济社会发展的必然趋势。同时，由于城市公用事业供需矛盾的日益突出，企业生产效率的低下，规模经济效应的发挥不明显，以及进入与退出壁垒相对较高，这就需要引入市场化的竞争机制，通过特许经营权竞标或区域间比较竞争的手段，提高城市公用事业运营主体的经济效率。对城市公用事业而言，市场化改革的内容主要包括两个方面：一是民营化改革。即鼓励更多的民营资本参与城市公用事业的建设和运营，从而成为城市公用行业的市场主体。二是引进并强化市场竞争机制，通过竞争提高城市公用企业的经济效率。一般而言，单纯的国有经济内部的竞争并非是真正意义上的市场竞争，而单纯的民营化不能从根本上提升效率，竞争与民营化是推进城市公用事业市场化改革的重要途径。这是因为，国有经济内部的竞争是同一国家所有制下的竞争，无法实现市场经济的高效率竞争。而单纯的民营化只能将国有城市公用企业转变为私有城市公用企业，无法形成竞争性的市场结构，从而限制了城市公用企业运营效率的提升。因此，只有将竞争与民营化有机地结合起来，才能实现高效率的竞争，从而提高城市公用事业的运营效率和服务水平。

城市公用事业市场化改革的逻辑是：一定数量的民营企业进入城市公用事业，不仅这些新进入的企业之间存在竞争关系，而且这些民营企业还与存量国有企业之间存在竞争关系。在这种竞争格局下，在一定的地域范围内，当特定的城市公用事业领域或项目只能由一家企业垄断经营时，应该由哪一家企业经营？同时，如何规定这家企业的权利和义务？解决这些现实问题的一个重要政策思路就是：在城市公用事业中推行特许经营制度，通过特许经营权竞标方式，让投标企业参与公平竞争，运用市场竞争机制筛选出最有效率的运营企业，并在特许经营合同中，明确规定特许经营企业的权利和义务，规范特许经营企业的经营行为。

（二）城市公用事业的规范运营需要推行特许经营制度

特许经营制度能够明确规定政府和社会资本方之间的权责范围，通过特许经营权竞标、区域间比较竞争以及有效管制手段，能够实现比行政授予制度下更高的运营效率和服务水平。特许经营企业是在竞争环境下依据一定的原则选择出来的，竞争能够提高特许经营企业的运营效率和服务水平。对特许经营企业而言，在特许经营合同中明确规定特许经营的内容、区域、范围和有效期限；产品或服务标准；价格和收费的确定方法、标准以及调整程序；设施的权属与处置；设施维护和更新改造；安全管理；履约担保；特许经营权的终止和变更；违约责任；争议解决方式；双方约定的其他事项等。同时，在特许经营合同中明确规定政府部门需要履行的责任，即：协助相关部门核算和监控企业成本，提出价格调整意见；监督获得特许经营权的企业履行法定义务和特许经营协议书规定的义务；对特许经营企业的经营计划实施情况、产品或服务质量以及安全生产情况进行监督；受理公众对特许经营企业的投诉；向政府提交年度特许经营监督检查报告；在危及或者可能危及公共利益、公共安全等紧急情况下，临时接管特许经营项目；协议约定的其他责任。因此，城市公用事业通过特许经营，签订有效的特许经营合同，能够有效地规范城市公用事业特许经营项目的运行。

（三）快速城镇化助推城市公用事业推行特许经营制度

长期以来，城镇化是发展中大国的一个重大现实课题，城镇化水平的提高对城市公用事业基础设施供给能力提出了新的要求。改革开放以来，中国城镇化率逐步提升，1978—2016年，城镇常住人口从1.7亿增加到7.9亿，城镇化率从17.92%提升到57.35%，年均提高1.07个百分点。目前，中国的城镇化率远低于发达国家80%的平均水平，也低于人均收入与我国相近的马来西亚、菲律宾等发展中国家60%的平均水平。2014年，国务院印发《国家新型城镇化规划（2014—2020年）》（以下简称《规划》），《规划》指出，到2020年，中国常住人口城镇化率将达到60%，为了适应城镇化率的快速提高，需要推进城市公用事业的基础设施投资建设。同时，从1994年联合国提出的发展中国家市政公用事业投资建议比例来看，市政公用事业投资占固定资产投资的9%—15%，占GDP的3%—5%。目前来看，整个城市公用事业基础设施投资还远低于这一标准。随着城镇化水平的提升，如何增强城市公用事业基础设施的供给能力成为提高城市公用事业基础设施服务能力的一项重要任务。

在传统行政授予制度下，单纯依靠政府财政投资所造成的投资不足与城镇化进程加快对城市公用事业投资需求增加之间的矛盾日益突出。为了适应不断加快的城镇化进程，需要创新投融资机制，提升城市公用产品的运营效率，改变并解决城市公用事业基础设施的供需矛盾。基于此，需要改变转型时期过度依赖政府财政投资、事业单位和国有企业提供产品供给与公用服务的局面，放开市场准入，由多种所有制企业负责建设或运营城市公用事业项目，健全政府财政投资、社会资本投资、银行贷款、股权转让、上市等多种融资渠道，通过竞争方式实现城市公用事业项目经营主体的效率化。由此可见，解决城镇化进程中城市公用事业供需矛盾的基本途径是放开市场、通过竞争方式选择社会资本或多种所有制企业建设或（和）运营城市公用事业项目，从而提升城市公用事业的供给能力和运营效率，适应城镇化快速发展对城市公用事业基础设施的投资需求。

（四）运营效率提升倒逼城市公用事业推行特许经营制度

无论从理论上还是从实践中来看，在城市公用事业领域推行特许经营制度都能提高企业的运行效率，降低政府管制主体的多重负担。特许经营理论是一种竞争与管制相兼容的理论，在政府管制中引进竞争机制，通过特许经营权竞标，在某一产业范围或业务领域中由多家企业竞争特许经营权，并选择最有效率的社会资本方或项目主体运营特定城市公用事业特许经营项目。相比于行政授予制度而言，通过竞争机制能够实现特许经营企业遴选优化的目的，从而在较大程度上提高城市公用事业特许经营企业的运行效率。同时，政府部门转变政府职能，由传统的行政管理与运营建设相统一的职能转变为对行业进行管制的现代政府管制职能，将有助于政府部门监管的专业化，并通过价格、质量等管制手段对特许经营企业实行有效管制，从而提高了城市公用事业的管制效率。在特许经营模式下，社会资本得以更广泛地参与融资、设计、建设、运营、维护等各个阶段，使其技术、经验和创造性得到了充分发挥，而政府部门从不擅长的领域退出，把重心放在行政协调、政策支持、质量监管上，从而改进城市公用产品或服务的质量。此外，城市公用事业特许经营企业在有限目标利润最大化和公益性以及多重管制约束下，相对于行政授予制度，更具有提高城市公用企业运营效率和服务水平的动力。

（五）社会资本具备提供城市公用事业产品或服务的能力

能否选择最有效率的特许经营企业建设和运营特定城市公用行业特许经营项目，是保障城市公用事业特许经营项目有效运营的重要基础。国有企业、民营企业、外资和港澳台企业构成城市公用行业特许经营项目的经营主体。传统体制下，事业单位和国有企业是城市公用行业的建设与运营主体，由于运营主体单一，缺乏有效竞争机制，常常导致投资不足，增加政府财政负担。同时，国有企业和事业单位在管理上的低效率导致运营低效率问题常常成为社会各界批评的焦点。

当前，民营企业、外资和港澳台企业已具备一定的实力，不仅可以作为国有企业运营城市公用事业的有益补充，甚至有实力的非国有企业能够成为所在城市的城市公用事业运营主体。如法国威立雅水务集团、美国金州环境集团等外资水务企业相继进入中国水务市场，其提供的产品或服务水平普遍高于国有企业。又如港华燃气等非国有企业进入管道燃气行业，负责管道燃气企业的运营业务，在国内燃气行业中具有涉及的运营范围广、运营效益好的特点。此外，一些民营企业已进入城市公用行业，如齐齐哈尔阳光热力集团等。非国有企业进入城市公用事业，增强了企业竞争活力，缓解了政府融资压力，提高了专业化运作水平，提升了企业的管理效率，从而有效地提高城市公用事业产品或服务的质量。显然，非国有资本通过特许经营模式进入城市公用行业对其改革与发展具有重要的促进作用。

（六）国际经验为中国城市公用事业开展特许经营提供示范效应

国际经验表明，利用民营企业设计、建设、融资和（或）运营已建及新建城市公用事业基础设施，能够有效地提高城市公用事业的服务质量，改善城市公用事业基础设施的运营管理。一般而言，通过特许经营能够实现资源的优化配置，强化风险分担机制，保证产品或服务的质量，以及有效的长期承诺机制。从国外城市公用事业特许经营实践来看，已取得了一定的成功经验。其中，比较有代表性的有德国柏林瓦塞尔水务项目、英国苏格兰水务项目、澳大利亚阿德莱德水务项目、加拿大萨德伯里污泥处置项目、波兰波兹南市政垃圾热处理厂项目以及德国米尔海姆城市固体废物处理项目。

鉴于法国城市公用事业特许经营的历史悠久，为此，本部分将以法国为例进行分析。法国政府为了增加城市公用事业基础设施供给能力，改善政府财政压力，提高城市公用事业服务质量，降低城市公用产品提供成本，对城市公用事业逐步推行特许经营制度。其中，早在17世纪法国就成功地运用委托运营模式吸引民营企业建设军舰和港口等基础设施，18世纪开始运用特许经营方式修建运河和桥梁，19世纪对铁路、供水、交通和照明设施实施特许经营，20世纪70年代以来，特许经营模式被广泛地应用在高速公路、电信、电力、有线电视、污水与垃圾处理等基城市公用事业基础设施的建设与运营。由此可见，法国城市公用事业特许经营积累了丰富的经验，并在世界范围内得到有效推广，被世界银行称为"一种真正的法国模式"，这对中国城市公用事业规范特许经营具有重要的借鉴意义。[1] 国际上，美国、英国、法国、日本等发达国家以及部分发展中国家在城市公用事业领域推行特许经营制度，有效地增强了城市公用产品或服务的供给能力，缓解了政府的财政负担，在一定程度上改善了城市公用产品的质量，这对中国在城市公用事业领域引入社会资本、推行特许经营制度具有重要的借鉴意义。

---

[1] 徐宗威：《法国城市公用事业特许经营制度及启示》，《城市发展研究》2001年第4期。

综上所述，传统管理体制下的效率低下、缺乏竞争活力和投资严重不足等弊端倒逼城市公用事业的市场化改革，为了适应竞争性的市场机制、规范城市公用企业运营、平衡城镇化发展对城市公用产品或服务的供需矛盾、提升城市公用企业的运行效率和服务水平，势必需要推行特许经营制度，从而建立科学化的、市场化的城市公用事业特许经营主体选择机制与现代化的政府管制新机制。

## 第三节 城市公用事业特许经营的基本内涵

从直观上看，特许经营是一种融资机制，政府带动社会资本跟进，支持基础设施和公共服务供给；特许经营是一种管理机制，通过对接市场机制，有意识地借助企业和私人部门的效率优势；从全局来看，特许经营更是一种治理机制，使政府在有限的税收、公债以及财政拨付下与非政府的多元主体一起提供更多、更好的公共产品或公共服务，增强社会公共利益。城市公用事业特许经营是指政府将原来由政府控制或实施的、具有市场化属性的城市公用事业项目，通过特许经营权竞标方式遴选出特许经营企业作为中标主体，并通过签订特许经营合同的方式使中标企业享有一定期限和范围的投资、建设、运营和到期移交特定特许经营项目的权利。从中国城市公用事业市场化改革的历程来看，城市公用事业特许经营已有近30年的历史，特别是自2013年以来，在国务院以及相关部委积极推进政府和社会资本合作的系列政策指引下，特许经营或政府和社会资本合作进入了快速发展的新时期。至此，有关城市公用事业基础设施特许经营问题成为学术界和政府部门关注的热点问题。为此，本节将对城市公用事业特许经营的概念以及特许经营模式进行分析。

### 一 城市公用事业特许经营的概念界定

特许经营制度是我国城市公用事业改革与发展过程中采用的重要市场化模式和运行机制。通过特许经营制度的推行，改变了传统由事业单位或国有企业垄断经营的局面，改变了政府财政投资渠道单一问题，增强了城市公用产品的有效供给，提升了城市公用企业的运营效率。特许经营制度打破了行政垄断和行业垄断，促进了城市公用事业领域的特许经营权竞争，推动了城市公用事业市场化改革的快速发展。在商业领域，特许经营制度的应用最为广泛，主要是指商业经营权，是将品牌、商标等无形的商业经营权有偿转让或使用；而城市公用事业特许经营与商业特许经营的本质区别在于：在城市公用事业特许经营权的授予过程中，往往伴随着有形资产的转让。因此，厘清城市公用事业特许经营的基本概念是进行城市公用事业特许经营相关问题研究的重要前提。

国内学者对城市公用事业特许经营概念的认识依然存在一定的分歧。其中，徐宗威（2009）认为，城市公用事业特许经营"就是政府的事情，通过合同约定，交给企业去办"。也就是说，发展城市公用事业，为社会公众提供公共产品或服务是政府的责任，所以是"政府的事情"；在交办和办的过程中，必须明确政府和企业的权利和义务，所以，在政府和企业之间，一定要有"通过合同约定"，才可以把一定的城市公用事业项目委托给企业去做。"交给企业去办"，这个"办"包括投入、建设、运行、管理等经营事项，尤其是要充分发挥企业灵活的运营机制和丰富的经营经验，来实现城市公用事业的又好又快发展。[①] 大岳咨询有限公司（2004）认为，城市公用事业特许经营是指政府部门授予企业在一定时间和一定范围内对某项城市公用产品或服务进行经营的独家权利，即特许经营权。取得特许经营权的企业为特许权取得人。[②]

我国政府对城市公用事业特许经营的定义始于建设部2002年出台的《关于加快市政公用行业市场化进程的意见》和2004年出台的《市政公用事业特许经营管理办法》。其中，前者指出："城市公用事业特许经营制度是指在市政公用行业中，由政府授予企业在一定时间

---

① 徐宗威：《公权市场》，机械工业出版社2009年版，第10—11页。
② 大岳咨询有限公司：《公用事业特许经营与产业化运作》，机械工业出版社2004年版，第18页。

和范围内对某项城市公用产品或服务进行经营的权利，即特许经营权。政府通过合同协议或其他方式明确政府与获得特许经营权的企业之间的权利和义务。"后者指出："城市公用事业特许经营是指政府按照有关法律、法规规定，通过市场竞争机制选择城市公用事业投资者或经营者，明确其在一定期限和范围内经营某项城市公用事业产品或者提供某项服务的制度。"其中，后者更加强调通过市场竞争机制选择城市公用事业的投资者或者经营者，进一步明确了特许经营制度的主导地位。

综上所述，关于城市公用事业特许经营的概念界定主要存在两种观点：一种观点认为，城市公用事业特许经营是指政府把应当由政府实施的城市公用事业基础设施项目通过特许授权，在特许经营期内，由社会资本来安排项目的融资、建设和维护，经营特定城市公用事业特许经营项目获取经济利润，并承担投资和经营过程中的风险，特许经营期满后，根据特许经营合同的约定，将项目（无偿）转让给政府或政府指定机构。另一种观点认为，城市公用事业特许经营是指投资者或经营者经公共部门选择而获得的排他性或垄断性权利，投资者或者经营者在一定期限和范围内开展利用有限自然资源、从事某种特定行业、提供某种城市公用服务或经营某种城市公用产品。因此，本书认为，所谓城市公用事业特许经营，是指在城市公用行业中，政府通过市场竞争机制授予企业在一定时间和范围内对某项城市公用产品或服务进行经营的权利，即特许经营权。城市公用事业特许经营必须通过市场竞争方式选择特许经营企业，企业通过市场竞争方式才能取得特许经营权。政府通过合同协议或其他方式明确政府与获得特许经营权的企业之间的权利和义务。城市公用事业实行特许经营的范围包括可以通过市场机制提供的或可竞争性的城市供水或污水处理、垃圾处理、管道燃气、城市供热以及公共交通等直接关系到社会公共利益和涉及有限公共资源配置的行业。

## 二 城市公用事业特许经营的相关概念

近年来，特许经营、行政许可、政府购买公共服务以及政府和社会资本合作在城市公用事业领域频繁出现，上述四个概念之间既有联系又有区别，在实践中，常常出现混用甚至误用的情况。为此，非常有必要厘清特许经营与行政许可、政府购买服务以及政府和社会资本合作之间的差异。

（一）特许经营与行政许可

城市公用事业特许经营与行政许可之间的关系无论是理论研究还是实践过程中都是一个急需探讨的重要问题。关于两者的关系，学术界主要存在两种基本观点：一种观点认为，城市公用事业特许经营权的授予属于行政许可范畴。[1]《中华人民共和国行政许可法》第十二条规定，"有限自然资源开发利用、公共资源配置以及直接关系公共利益的特定行业的市场准入等，需要赋予特定权利的事项"，可以设定行政许可。由于城市公用事业事关民生，属于关系公共利益的行业，为此对其市场化准入的许可符合《中华人民共和国行政许可法》规定的设定许可事项的范围，自然属于行政许可。另一种观点认为，特许经营的双方并非管理与被管理、服务与被服从的行政管理关系，而是一种商事交易关系。在特许经营协议中，政府主要作为民事主体而非行政主体出现。[2] 因此，建立在合同基础上的特许经营应当是一种私法关系，而非行政关系，特许经营权授予不能认为是一种行政许可。

由此可见，学术界对城市公用事业特许经营是否归属于行政许可范畴依然莫衷一是，但多数学者认为，城市公用事业特许经营属于行政许可。行政许可属于"解禁"或"赋权"。其中，"解禁"是指行政许可的内容本来是国家出于某种原因普遍禁止的活动，但为了适应经济社会发展的需求，对符合一定条件者将禁止解除。而"赋权"是指行政相对人本来没有该权利，因为获得许可，从而取得一般人没有的权利。对城市公用事业特许经营而言，应将其归入"赋权"类别，即为"特许"类许可。为此，本书认为，城市公用事业特许经营属于

---

[1] 章明远、李明超：《公用事业特许经营中的临时接管制度研究——从首例政府临时接管特许经营权案切入》，《行政法学研究》2010 年第 1 期。

[2] 阎越：《论行政合同的法律特征及其法律控制》，《当代法学》1999 年第 6 期。

行政许可范畴。

（二）特许经营与政府购买服务

2004年，国家建设部出台了《市政公用事业特许经营管理办法》，指出："城市公用事业特许经营是指政府按照有关法律、法规规定，通过市场竞争机制选择城市公用事业投资者或经营者，明确其在一定期限和范围内经营某项城市公用事业产品或者提供某项服务的制度。"2012年，国家住房和城乡建设部出台了《关于印发进一步鼓励和引导民间资本进入市政公用事业领域的实施意见的通知》，明确指出："鼓励民间资本通过政府购买服务的模式，进入城镇供水、污水处理、中水回用、雨水收集、环卫保洁、垃圾清运、道路、桥梁、园林绿化等市政公用事业领域的运营和养护。"2013年，国务院办公厅出台了《关于政府向社会力量购买服务的指导意见》，指出："政府向社会力量购买服务的内容为适合采取市场化方式提供、社会力量能够承担的公共服务，突出公共性和公益性。教育、就业、社保、医疗卫生、住房保障、文化体育及残疾人服务等基本公共服务领域，要逐步加大政府向社会力量购买服务的力度。非基本公共服务领域，要更多、更好地发挥社会力量的作用，凡适合社会力量承担的，都可以通过委托、承包、采购等方式交给社会力量承担。对应当由政府直接提供、不适合社会力量承担的公共服务，以及不属于政府职责范围的服务项目，政府不得向社会力量购买。"

基于政府有关部门出台的城市公用事业特许经营和政府购买公共服务的政策文件，本书认为，两者的适用范围、实施主体、主要模式等存在较大区别。其中，城市公用事业特许经营适用于供水与污水处理、垃圾处理、管道燃气、城市供热等公共产品，而政府购买服务的适用范围更广，既可以是公共性和公益性的公共服务领域，也可以是非基本公共服务领域。城市公用事业特许经营的实施主体是人民政府授权的城市公用事业主管部门和获得特许经营权的企业，而政府购买公共服务的实施主体包括各级行政机关和参照公务员法管理、具有行政管理职能的事业单位及部分纳入行政编制管理且经费由财政负担的群体组织。城市公用事业特许经营模式有BOT、TOT等多种模式，而政府购买公共服务主要是政府采购，显然后者较为简单。

（三）特许经营与政府和社会资本合作

自2013年以来，国务院、国家发展和改革委员会、财政部等部门出台了多部有关政府和社会资本合作的政策文件，如《国务院关于创新重点领域投融资机进制　鼓励社会投资的指导意见》《财政部关于推广运用政府和社会资本合作模式有关问题的通知》《财政部关于规范政府和社会资本合作合同管理工作的通知》《财政部关于市政公用领域开展政府和社会资本合作项目推介工作的通知》《国家发展改革委员会关于开展政府和社会资本合作的指导意见》《国家发展改革委员会关于进一步做好政府和社会资本合作项目推介工作的通知》等，这说明近年来国家非常重视特定领域的政府和社会资本合作问题。

政府和社会资本合作，从20世纪90年代开始在西方流行，目前在全球范围内被广泛应用，日益成为各国政府实现经济目标与提升公共服务水平的核心理念和措施。目前，对PPP概念的理解可以归纳以下三种观点：第一，从产品的公共化程度与可量度程度来看，PPP模式是政府与社会资本之间就基础设施进行合作而采用的各种契约的总组合。第二，从基础设施的可经营程度来看，PPP模式是关于基础设施合作的一种特定契约形式，这种契约形式要求公私合作双方开始于项目的确认和可行性研究阶段，并贯穿于项目的整个执行过程。在项目的整个生命周期中，公私双方共同对项目负责。第三，PPP模式是指政府与社会资本共同参与生产并提供公共物品和服务，建立长期合作关系而签订的各种协议。相比特许经营，政府和社会资本合作的范围更为广泛，社会资本方和政府方的任何合作都可称为政府和社会资本合作；政府和社会资本合作的领域也远大于特许经营，包括基础设施、教育、医疗、监狱、交通等多个方面。本书所研究的特许经营主要是指基础设施领域的特许经营。显然，城市公用事业特许经营是政府和社会资本合作的真子集。

### 三　城市公用事业特许经营的本质特征

在厘清城市公用事业特许经营、行政许可、政府购买公共服务以及政府和社会资本合作等概念的基础上，本书认为，城市公用事业特许经营的本质特征主要表现在以下四个方面：

第一，特许经营权竞标是城市公用事业特许经营项目选择建设或运营主体的重要方式。城市公用事业特许经营项目的核心是将特许经营权分配给最有效率的竞标企业，经济理论表明，竞争程度越高，越易于甄选出最有效率的企业，只有通过建立有效竞争的甄选机制，才能将城市公用事业的特许经营权分配给最有效率的企业。因此，建立公平、公正、公开的市场竞争环境，通过竞争方式选择特许经营企业是城市公用事业特许经营的重要基础。

第二，政府或行业主管部门是城市公用事业特许经营权的授权主体。不同于商业，城市公用事业具有典型的公益属性，需要满足社会公共利益。为此，政府或行业主管部门需要平衡城市公用产品的供给与需求、质量和价格之间的关系，在选择城市公用事业特许经营项目的运营主体时，通过特许经营权竞标方式，政府将城市公用事业特许经营项目的特许经营权分配给中标的社会资本方。

第三，社会资本方是城市公用事业特许经营项目的运行主体。随着国家日益重视基础设施和公用事业的特许经营，城市公用事业特许经营企业的运营主体已由单一化的外国资本，逐步形成国有企业、民营企业、外资及港澳台企业并存的局面。非国有企业的逐利属性可能与城市公用事业所提供的产品或服务的公共安全属性相背离，为此，在放松对城市公用事业特许经营项目运营主体国有化管制的情况下，需要明确城市公用事业的国有控股地位，通过混合所有制方式，推进城市公用企业的产权制度改革。政府通过招投标方式，将城市公用事业特许经营项目的经营权分配给最有效率的投标企业，从而激发社会资本方的竞争活力。

第四，特许经营实现了城市公用事业运营主体和运营方式的变革。政府通过特许经营权竞标的方式将城市公用事业的特许经营权分配给社会资本方建设和运营，竞争性的特许经营模式呈现出多样化的特征，如 BOT、TOT、委托运营、服务外包等，这改变了传统行政授予制度的非竞争属性。城市公用事业特许经营项目有些涉及投融资问题，但不能将该类项目等同于融资改革或国有企业改革，而是通过投融资主体再造、特许经营模式多元化发展，从而实现了城市公用事业资产或设施运营方式的变革。

## 第四节　城市公用事业特许经营的关键问题

特许经营是增强城市公用产品供给、提升城市公用事业运营效率和服务水平、改善城市公用企业运营管理模式的重要方式。为了充分发挥特许经营模式对城市公用事业改革与发展的促进作用，提升城市公用事业特许经营项目的运作效率，需要进一步明确城市公用事业特许经营项目的特许权分配、特许经营权竞标机制分类设计、特许经营协议内容与权责配置、产品与服务的定价和调价机制以及风险分担与政府管制等问题。

### 一　城市公用事业特许经营项目的权属分配

城市公用事业特许经营项目的核心是"特许"，既然是特许，固然需要在一定程序的基础上通过批准和许可，企业才能获得特定城市公用事业特许经营项目的建设和（或）运营的资格。城市公用事业特许经营项目的批准和许可的主体往往具有属地性质，即该项目所在地的政府或政府指定机构。

城市公用事业特许经营权的授予主体主要是政府，根据授予主体的属地特征可分为联合授权和委托授权。其中，联合授权是指对涉及多个行政区域的特许经营项目，既可以由几个行政区域的政府进行联合授权，也可以根据中央和地方事权划分原则由几个行政区域的上级政府授权。具体而言，跨县项目可由城市授权，跨地市项目可由省级政府授权，跨省项目可由国务院授权。委托授权是指特定城市公用事业特许经营项目可以委托给城市行政主管部门进行授权，如城市供水或污水处理特许经营项目委托给城市建设局或给排水管理处，城市供热特许经营项目可以委托给城市供热办公室等行业主管部门授权。

需要说明的是，国有企业能否代替政府行使授予职责是当前国家相关部门和特许经营实践中的一大困惑。由于国有企业具有企业属性,不具备项目选址、项目审批、城市公用产品定价与调价以及产品质量管制等职责和能力,若地方政府强行将特定城市公用事业特许经营项目的特许经营权授予职责委托给国有企业,将无法保证国有企业和非国有企业的平等竞争地位,难以对特许经营项目行使监督职责,这在国内个别城市的城市公用事业特许经营项目实践过程中得到了有效验证。为此,本书认为,在城市公用事业特许经营项目的管辖范围内的政府或政府指定行政机构是特许经营项目特许权的唯一授权主体,国有企业不宜作为城市公用事业特许经营项目的授权主体。

## 二 城市公用事业特许经营权竞标机制设计

中国城市公用事业长期游离于市场经济体制之外,这不仅直接影响着城市公用事业产品供给的可持续性,而且也直接或间接地影响着整个城市功能的有效发挥,乃至影响着政府职能的转变和市场化进程。在增加供给与提升效率的双重要求下,政府提出了对城市公用事业进行市场化改革,这一改革需要创新政府管制体制,充分发挥市场竞争机制,在基础设施产业实现有效竞争。目前来看,构建可竞争的市场机制已经成为城市公用事业改革的核心内容,其中,特许经营作为市场化改革的重要制度已经形成,但如何分配不同城市公用事业项目的特许经营权这个突出的、重要的问题尚未解决。现有城市公用事业各类项目的特许经营权竞标机制多参照工程项目,忽略了城市公用事业的同质性以及城市供水、污水处理、垃圾处理、燃气行业、城市供热以及城市公共交通行业的异质性特征,从而限制了现有城市公用事业特许经营权竞标机制的适用范围。因此,在深化城市公用事业市场化改革的背景下,如何分类设计不同类型城市公用事业特许经营权的竞标机制与制定相关的管制政策,从而实现城市公用事业特许经营权的有效分配,提高全行业的运行效率和服务水平,已然成为中国理论研究和实际应用部门关注的一个重要议题,它对于改善中国目前城市公用事业特许经营权竞标的混乱局面、提升项目运作效率具有积极的现实指导意义和应用价值。

从城市公用事业特许经营权竞标项目的实践来看,现实中时常暴露出水质污染难以解决、水价阶段性上涨成为常态、污水直排难以遏制、燃气爆炸频繁发生等影响居民正常生活和生产的重大问题，其中，对特许经营项目而言，原因主要在于对特许经营权竞标项目的竞标变量、运行机制与评价体系的设计仍不全面，这影响了城市公用事业特许经营权竞标机制的实际应用效果。基于此，为了提高城市公用事业特许经营权竞标机制的实际应用性与项目的运行效果，需要深入剖析现有城市公用事业特许经营权竞标机制存在的一些重大问题，并对其形成机理作进一步解析。同时，需要依据城市公用事业的技术经济特征与项目异质性，分类设计出特许经营权竞标项目的实施机制与运行方案，并优化提出城市公用事业特许经营权竞标项目的管制政策，成为当前迫切需要解决的一项重大现实课题。

### 三　城市公用事业特许经营协议的属性认定

城市公用事业特许经营协议是政府和受许人之间确立特许关系的一种书面形式。在城市公用事业特许经营过程中，政府的目的主要是通过招投标活动，找到适合企业运营特定城市公用事业的项目，从而解决项目建设与运营过程中的资金与效益问题。其一，政府不是专业的经营机构，自己经营城市公用事业存在一定的困难；其二，政府面临资金短缺而导致公共产品质量难以提高的难题。受许人并不能按照市场供求关系决定产品与服务价格。从表面上看，由私人部门提供公共产品或服务，但城市公用企业生产和提供主体的变化并不意味着其公益、公共属性的改变。因此，城市公用事业的经营者应以普遍可承受的价格向全体民众提供某种能够满足其基本生活需求和发展的产品或服务。政府作为特许人将经营权交付给受许人，目的在于希望受许人代表政府像经营自己的事业一样经营公用事业，其经营过程中的立场即是政府的立场——为了公众的利益。因此，城市公用事业特许经营协议本质上是一种信托关系，是政府将城市公用事业经营权信托给了作为受许人的企业。

信托与合同是两种不同的法律制度。信托不是合同的一部分，两者有着本质的区别。信托只是一种委托人将其财产转移到受托人的名下，由受托人为受益人利益管理、处分信托财产的一种财产管理方式。如果信托协议等同于合同，那么双方拥有的权利就是债权，合同财产不可能独立，受许人破产，特许人就只能作为普通债权人分配受许人的破产财产。相反，信托财产是独立的，受许人作为受托人破产，其特许经营权不可能作为破产财产被分配。信托是一种为他人利益而转移财产并加以管理的制度。信托财产作为其载体，具有转让性、物上替代性、独立性等特征。城市公用事业特许经营正是政府通过特许的行为将城市公用事业经营权为了一定的目的而暂时交由受许人管理的制度，其所特许的标的具有信托财产的属性。城市公用事业经营权在经过特许行为由受许人管理之后，该权利相对于受许人的其他权利而言是独立的，它不可以通过自由的方式转移财产，也不可以和自己的其他财产相混同。

#### 四　城市公用事业特许经营协议的核心内容

由于投资—经营型特许经营模式与纯经营型特许经营模式适用项目本身存在较大的差异，所以，在特许经营协议中，对两类项目应区别对待。一般而言，投资—经营型特许经营模式项目的特许经营协议的主要内容应包括特许经营权的具体内容和范围（如供应产品或提供服务的种类、地域范围等）、资本性投资的规定、产品或服务的价格、质量与供给数量的规定、销售收入结算的规定、重要生产要素采购的规定、关于保证持续提供城市公用产品或服务的规定、运营和资产管理的规定、特许经营权取得人的信息报告义务的规定、混业经营的限制的规定、资产移交的规定、补贴机制的规定、争议解决的规定、特许经营权的变更或终止的规定、特许经营权终止的补偿规定以及其他相关事项。

对纯经营型城市公用事业而言，其特许经营协议的主要内容应包括委托运营或作业外包的经营范围的规定，提供产品或服务数量和质量的规定，对管理费、租金以及经营收入的规定，对特许经营权取得人超额完成协议目标的奖励或惩罚的规定，委托资产的维护和保养义务的规定，关于资本性支出的规定，协议生效后和协议终止时对资产移交的规定，合同履约担保的规定，争议解决的规定，合同变更和终止的规定以及其他相关事项。

## 五 城市公用事业的产品或服务的付费机制

在城市公用事业特许经营实践中，主要存在三种不同的城市公用产品或服务的付费机制，即政府付费、使用者付费和可行性缺口补贴。

政府付费是由政府直接付费购买公共产品或服务，政府付费主要产生于城市公用事业领域一些准经营性项目或非经营性项目。在政府付费机制中，政府往往根据特定产品或服务的使用量和服务绩效中的一维或多维属性的组合向特许经营企业付费。其中，按使用量付费是指政府主要依据特许经营企业所提供的产品或服务的实际使用量付费，付费多少与使用量直接相关；绩效付费是指政府依据特许经营企业所提供的公共产品或服务的质量付费，通常与使用量付费联合使用。

使用者付费是指由最终消费用户直接付费购买城市公用产品或服务。特许经营企业通过对消费者或直接使用者征收费用的方式，弥补项目建设与运营成本并获得合理利润。在该类项目中，如果需求具有波动性，项目公司需要承担必要的需求波动风险。使用者付费机制主要适用于具有稳定的收费机制的供水、供热、供气等部分城市公用行业。使用者付费机制的优势是政府无须承担项目运行过程中的需求波动风险，降低政府财政负担。同时，能够激励项目公司提高产品或服务质量，从而激励城市公用产品或服务需求。该机制适用于项目的需求可预测、向使用者付费具有可操作性。由于该类项目直接与需求相联系，对于需求增加较大的项目易于产生超额利润，为此，需要政府设定有关条款限制超额利润。

可行性缺口补贴是指对使用者付费无法使城市公用事业特许经营项目获得合理收益甚至无法弥补建设与运营成本的项目，可由政府依据一定的原则进行适当补助，从而激励社会资本进入该类仅通过使用者付费机制难以吸引社会资本进入的领域。可行性缺口补贴的操作方式具有多样性，可通过投资补助、价格补贴以及倾向性的政策支持等方面，为社会资本进入城市公用事业领域提供相应支持。

## 六 城市公用产品或服务的定价与调价机制

价格补偿是城市公用事业特许经营项目收回投资的最主要方式，城市公用产品或服务的定价与调价机制决定了特许经营企业的进入动力与收益水平。英国、美国等发达国家的经验表明，建立一套完整的城市公用产品定价与调价机制，能够在很大程度上保证城市公用事业特许经营项目的投资回报。目前，我国城市公用产品或服务的定价采用成本加成定价模式，政企之间的信息不对称，常常导致城市公用产品或服务定价偏离价格制定目标。与定价机制相比，城市公用产品的调价机制更为复杂。特别地，随着城市公用事业各领域推行特许经营制度，社会资本开始进入城市公用事业领域，传统单一主体下的价格调整机制难以适用。在现实中，往往存在社会资本运营主体的保本微利与地方政府的政治目标之间的冲突，常常导致城市公用产品或服务难以调价，或调价严重偏离最优水平，从而损害经营企业利益或消费者福利。

在现实中，城市公用产品或服务的调价机制主要存在两个方面的问题，即价格调整缓慢与调价机制不合理并存。城市公用产品或服务涉及社会公众的切身利益，在缺乏透明机制的情况下，制定的价格难以使社会公众满意。为此，地方政府在政治利益的驱使下，在政治任期下往往选择不调整城市公用产品或服务的价格，从而使城市公用产品或服务的价格与成本长期倒挂，造成多数城市公用企业面临亏损，进而缺少改善产品或服务质量的动力，最终将降低社会福利。

城市供水、供电、供热等商品具有紧缺型特征，为减少资源浪费，基于成本基础上的适度调价具有经济上的可行性，从而保证城市公用事业的可持续发展。城市公用事业具有典型的经济垄断性和行政垄断性，消费者对城市公用产品或服务的价格缺乏讨价还价的余地。城市公用企业提出调价要求时，往往从部门或行业的利益出发，向政府提出过分或不合理的要求，甚至采取多报成本支出的办法来达到提高价格的目的。因此，所谓政府定价往往演变成企业与政府价格主管部门之间的讨价还价，结果是成本涨多少，价格就提多少，甚至是价格的上涨比成本的提高还要快。事实上，城市公用事业以成本定价，特别是以经营者个别实际成本定价，缺乏科学性，必然导致成本约束软化，经营效率低下。如供水、供电、公交等城市公用事业领域，一个行业只有少数几家或独家垄断经营，它们不但垄断经营，而且垄断信息，包括价格成本信息。显然，水、燃气等领域出现市场化后，价格上涨问题就是私营部门追求自身利润与公共责任之间矛盾的具体体现。涨价对有着回报压力的私营部门是有益的，但市场化后，私营部门如何平衡盈利和公众利益之间的矛盾则是公共责任的具体要求。基于此，本书认为，城市公用事业产品或服务调价的核心应从考虑经济福利、政治约束的基础上，在制度框架下建立不同城市公用事业"涨多少、何时涨、谁来涨、如何涨"的分类机制，从而形成类似于油品价格的准市场化的城市公用产品调价机制，使城市公用产品使用者了解调价过程和调价决定机制。同时，城市公用产品或服务的价格可以调高，也可以调低，应依据要素成本价格等因素综合决定。随着放开城市公用事业市场准入，允许社会资本运营城市公用事业的快速推进，亟须探索放开市场准入环境下的城市公用产品或服务的初始定价与调价机制，从而激励运营企业提高城市公用产品的质量和服务水平。

### 七　城市公用事业特许经营项目的风险分担

一般而言，城市公用事业特许经营包含建设、拥有、移交、租赁、转让和经营六大基本要素。不同要素的有机组合形成城市公用事业特许经营的基本模式，不同模式的城市公用事业特许经营项目具有不同的风险分担机制，主要分为全部风险特许经营、共担风险特许经营和有限风险特许经营。第一，全部风险特许经营。该类项目需要运营企业承担特许经营项目的投资、建设、运营和管理职责，需要运营主体自主经营、自负盈亏，承担建设和运营风险以及投资、建设与运营过程中所需的费用。而政府无须投资，只需承担对该类项目的管制职责。该类项目的典型特征是企业投资、政府不投资，企业经营、政府不经营，企业承担全部经营风险、政府不承担经营风险。典型模式有BOT以及衍生模式。第二，共担风险特许经营。该类项目的典型特征是企业和政府都需要投资、企业经营而政府不经营、企业和政府都承担部分风险。为此，需要特许经营企业承担建设和运营过程中的技术风险以及额外投资的风险。政府投入部分的经营风险由政府分担。典型模式有租赁模式、服务外包模式和合资合作模式。第三，有限风险特许经营。该类项目的典型特征是企业不投资、政府投资，企业经营、政府不经营，企业承担有限风险、政府承担无限风险。该类项目的主要模式有委托运营模式。

综上所述，城市公用事业特许经营项目的异质性特征决定了特许经营项目差异化的风险分担机制。在城市公用事业特许经营实践过程中产生了一定的负面效应，主要原因在于特许经营协议中缺乏对特许经营项目公司和政府部门的责权利的合理界定。为此，在国家大力推行通过特许经营实行城市公用事业政府和社会资本合作的背景下，重要问题之一是需要进一步设计科学合理的城市公用事业特许经营合同，明确不同利益主体的风险分担机制，从而能够有效地确定政府方和社会资本方的权利及义务，以便于城市公用事业特许经营项目的建设与运营。

**八　城市公用事业特许经营项目的政府管制**

随着城市公用事业放开市场准入、允许社会资本建设或运营城市公用事业，传统以事业单位、国有企业为主要运营主体、政企合一的经营管理模式亟待转变。需要在区别政府与市场职责的基础上，建立以市场为导向、适应城市公用事业特许经营的现代政府管制体系。目前，对城市公用事业特许经营项目的政府管制主要存在以下问题：尚未建立与城市公用事业发展的法规政策体系；城市公用事业政府管制机构多、管制职能交叉分散；利用大数据、信息化、技术化的现代政府管制手段相对滞后；立法监督、行政监督、司法监督、社会监督"四位一体"的政府管制监督体系不健全；缺乏对城市公用事业特许经营项目管制的事前评价与事中（事后）评价机制。为此，亟须利用现代技术手段，建立健全城市公用事业特许经营的政府管制法规政策体系，重构城市公用事业政府管制机构与职能配置，构建城市公用事业特许经营项目的政府管制监督体系，完善城市公用事业特许经营项目的综合评价体系，从而为城市公用事业特许经营企业的选择与运行效率的提升提供制度保障。

在明确城市公用事业特许经营项目管制体系的基础上，建立包含竞标管制、协议管制、运行管制和退出管制四个维度的管制内容。具体包括特许经营权竞标程序管制、特许经营企业准入时的资质管理、特许经营权竞标价格管制、特许经营企业提供产品的质量管制、城市公用产品的调价管制、城市公用事业特许经营项目的成本管制、城市公用事业特许经营项目的合同管制、城市公用事业特许经营项目的退出与移交管制等内容，从而明确政府与市场的关系，强化政府管制在城市公用事业领域的重要作用。

# 第二章 城市公用事业特许经营的现状评估

20世纪80年代末，我国首先在城市供水行业引入社会资本，推行特许经营制度。2002年，随着建设部《关于加快市政公用行业市场化进程的意见》的出台，城市公用事业开始进入特许经营快速发展的新时期。显然，中国城市公用事业特许经营的时间并不长，许多城市政府还缺乏推行特许经营项目的基本经验，这使一些城市在社会资本进入城市公用事业过程中存在某些局部问题，产生了一些负面效应。在国家大力推行城市公用事业政府和社会资本合作、完善特许经营制度的背景下，这些局部问题值得关注和重视。为此，本章将分析城市公用事业特许经营的阶段性特征、特许经营的主要成效、特许经营过程中存在的主要问题以及上述问题的形成机理。

## 第一节 城市公用事业特许经营的阶段性特征

城市公用事业改革的核心是市场化，但市场化改革与特许经营并不等价。特许经营是城市公用事业市场化进程中逐步规范的制度安排，其核心在于通过竞争方式选择可经营性项目的建设和（或）运营主体，推进城市公用产品或服务水平的提升。在实践中，城市公用事业的市场化改革早于特许经营，市场化改革的范围要比特许经营宽泛。特许经营作为城市公用事业市场化改革的一种新型制度安排，在中国城市公用事业市场化改革过程中发挥了重要作用，经历了不同的阶段，并呈现出以政府政策出台时间作为城市公用事业特许经营不同阶段划分标准的特点。基于此，本节将对城市公用事业特许经营的相关政策、城市公用事业特许经营的阶段及其特征和新的政策导向下城市公用事业特许经营的基本方向进行研究，从而有助于从政策层面厘清城市公用事业特许经营的阶段性特征及其发展趋势。

## 一 城市公用事业特许经营的相关政策

1978年党的十一届三中全会提出"对内改革、对外开放"的政策，这为在城市公用事业领域内开展市场化改革提供了重要的政策支持。我国城市公用事业市场化改革始于20世纪80年代，但该阶段市场化的目的或重点是吸引外国或国际组织贷款，并未通过特许经营模式选择城市公用事业的投资、建设和运营主体。21世纪以来，城市公用事业领域的市场化改革进入了逐步深化新阶段，特许经营项目开始增加，特许经营程序逐步规范。2013年国务院以及财政部和国家发展和改革委员会等相继出台了一系列政府和社会资本合作领域的法规制度，这在公用事业和基础设施等领域掀起了新一轮的特许经营热潮。为此，本部分将通过梳理我国城市公用事业领域特许经营的相关政策，明确特许经营政策的重点及其发展脉络，进而为划分城市公用事业特许经营的阶段及其特征，确立新时期城市公用事业特许经营的发展方向提供基本思路。

（一）国家建设部出台的城市公用事业特许经营的有关政策

2002年，建设部出台了《关于加快市政公用行业市场化进程的意见》（建城〔2002〕272号），明确提出了"加快推进市政公用行业市场化进程，引入竞争机制，建立政府特许经营制度"的基本思路，这为中国在城市公用事业领域建立特许经营制度，通过竞争方式选择特许经营项目的运营主体提供了重要的政策支持。该意见规定了城市公用事业特许经营项目特许经营权的获得方式、申请特许经营权的企业应具备的条件、特许经营合同包含的内容、特许经营权的变更和终止等内容，并提出，在城市公用事业市场化改革过程中，要求政府主管部门转变管理方式，由直接管理转变为宏观管理，从管行业转变为管市场，从对企业负责转变为对公众负责、对社会负责。同时，城市公用产品或服务价格由政府审定与监管。

为了加快推进城市公用事业的市场化改革，规范城市公用事业的特许经营，加强城市公用事业的市场监管，保障社会公共利益和公共安全，促进城市公用事业的快速健康发展，2004年，建设部出台了《市政公用事业特许经营管理办法》（建设部令〔2014〕126号）。该办法明确界定了特许经营的基本概念："市政公用事业特许经营，是指政府按照有关法律、法规规定，通过市场竞争机制选择市政公用事业投资者或者经营者，明确其在一定期限和范围内经营某项市政公用事业产品或者提供某项服务的制度。"该办法进一步明确了特许经营权竞标者应当具备的条件、主管部门选择投资者或经营者的程序、特许经营协议的主要内容、主管部门应当履行的责任、特许经营企业应当履行的责任、特许经营期的选择以及转让或接管等相关事宜。该办法明确规定了城市公用事业特许经营的共性问题，但缺乏对不同特许经营项目差异性的考量。

在城市公用事业特许经营的过程中，出现了一些不规范的项目，亟待规范城市公用事业的特许经营与政府监管。在该背景下，2005年建设部出台了《关于加强市政公用事业监管的意见》（建城〔2005〕154号）。该意见指出，市政公用事业监管主要包括对市场准入与退出的监管、运行安全的监管、产品与服务质量的监管、价格与收费的监管、管线网络系统的监管、市场竞争秩序的监管等。市政公用事业监管的重点内容主要包括规范市场准入、完善特许经营制度、加强产品或服务质量的监督检查、落实安全防范措施、强化成本监管等内容。同时，需要转变管理方式，落实监管职责；完善法律法规，依法实施监管；健全监管机构，加强能力建设；统筹兼顾，稳步推进产权制度改革。

（二）国务院出台的城市公用事业特许经营的有关政策

2013年以来，国务院相继出台多部鼓励社会资本进入城市公用事业领域、加强基础设施建设、完善基础设施和公用事业特许经营的法规政策，如《关于加强城市基础设施建设的意见》（国发〔2013〕36号）、《关于政府向社会力量购买服务的指导意见》（国办发〔2013〕96号）、《关于创新重点领域投融资机制　鼓励社会投资的指导意见》

(国发〔2014〕60号)、《基础设施和公用事业特许经营管理办法》(发展和改革委令〔2015〕25号)。这些文件的出台提高了2002年以来由建设部出台的特许经营文件的法律层级，更有利于相关政策的贯彻落实。其中，《基础设施和公用事业特许经营管理办法》明确了基础设施和公用事业特许经营应坚持公开、公平、公正，保护各方信赖利益的原则。明确了特许经营采取的方式有新建或改扩建—运营、新建或改扩建—拥有—运营、新建或改扩建等模式。明确了特许经营期应根据行业特点、所提供公共产品或服务需求、项目生命周期、投资回收期等综合因素确定，最长不超过30年。明确了特许经营项目实施方案应包括项目名称；项目实施机构；项目建设规模、投资总额、实施进度，以及提供公共产品或公共服务的标准等基础经济技术指标；投资回报、价格及其测算；可行性分析；特许经营协议框架草案及特许经营期限；特许经营者应当具备的条件与选择方式；政府承诺和保障、特许经营期届满后资产处置方式等。明确了特许经营可行性评估的核心内容以及特许经营协议的主要内容。并对特许经营协议的履行、变更与终止、争议解决、法律责任等内容进行明确规定。

(三)"两部委"出台的城市公用事业特许经营的有关政策

为了推进基础设施和公用事业领域的政府和社会资本合作，国家发展和改革委员会和财政部（以下简称"两部委"）相继出台多部城市公用事业领域政府和社会资本合作的政策，这为新一轮基础设施和公用事业领域的市场化改革指明了方向，明确了政府和社会资本合作项目的合同主体、操作模式、采购方式、项目公司的出资形式等内容。为此，本部分将从上述几方面内容对"两部委"出台的政府和社会资本合作政策①进行分析。

1. 政府和社会资本合作项目的合同主体

政府和社会资本合作项目的合同主体主要包括政府方和社会资本方。具体内容如下：

(1) 政府方资格。国家发展和改革委员会文件和财政部文件对

---

① "两部委"出台的政府和社会资本合作有关法规政策适用于城市公用事业。

PPP项目政府方的规定基本一致，即指具有相应行政权力的政府或其授权的实施机构。其中，国家发展和改革委员会规定相应的行业管理部门、事业单位、行业运营公司或其他相关机构，作为政府授权的项目实施机构。在授权范围内负责PPP项目的前期评估论证、实施方案编制、合作伙伴选择、项目合同签订、项目组织实施以及合作期满移交等。财政部指出，应由项目所在地相应级别的政府或者政府授权机构作为PPP项目的实施机构，但没有明确政府授权机构范围。

（2）社会资本方资格。国家发展和改革委员会和财政部文件对PPP项目社会资本方资格的界定略有不同。其中，国家发展和改革委员会指出，PPP项目的社会资本方包括国有企业、民营企业、外商投资企业、混合所有制企业或其他投资、经营主体。而财政部规定PPP项目的社会资本方是指国有企业、民营企业、外商投资企业和外国企业。并明确规定本级政府下属的政府融资平台公司及其控股的其他国有企业（上市公司除外）不得作为社会资本方参与本级政府辖区内的PPP项目。显然，国家发展和改革委员会相关文件对PPP项目社会资本方主体的界定范围略大于财政部。但国家发展和改革委员会文件并未对本级政府下属公司能否参与本级政府辖区的PPP项目做出相应的规定。

2. 政府和社会资本合作项目的操作模式

国家发展和改革委员会将项目分为经营性项目、准经营性项目和非经营性项目。对于经营性项目①可以通过政府授予特许经营权，采用建设—运营—移交（BOT）、建设—拥有—运营—移交（BOOT）等模式推进。对准经营性项目②可以通过政府授予特许经营权附加部分补贴或直接投资参股等措施，采用建设—运营—移交（BOT）、建设—拥有—运营等模式推进。对非经营性项目③，可以通过政府购买公共服务，采用建设—拥有—运营（BOO）以及委托运营等市场化模

---

① 经营性项目是指具有明确的收费基础，并且经营收费能够完全覆盖投资成本的项目。
② 准经营性项目是指经营收费不足以覆盖投资成本，需要政府补贴部分资金或资源的项目。
③ 非经营性项目是指缺乏"使用者付费"基础，主要依靠"政府付费"回收投资成本的项目。

式推进。由此可见，国家发展和改革委员会关注的重点在于新建项目，并根据新建项目来选择特许经营模式。而财政部指出，项目的运作方式主要包括委托运营、管理合同、建设—运营—移交、建设—拥有—运营、转让—运营—移交和改建—运营—移交等。具体运作方式的选择主要由收费定价机制、项目投资收益水平、风险分配基本框架、融资需求以及改扩建需求和期满处置等因素决定。

3. 政府和社会资本合作项目的采购方式

关于政府和社会资本合作项目的采购方式，"两部委"对其界定存在一定的差异。国家发展和改革委员会的有关文件指出，可以通过公开招标、邀请招标、竞争性谈判等多种方式，公平择优选择具有相应管理经验、专业能力、融资实力以及信用状况良好的社会资本作为合作伙伴。而财政部文件指出，项目采购方式包括公开招标、竞争性谈判、邀请招标、竞争性磋商和单一来源采购。项目实施机构应根据项目采购需求特点，依法选择适当采购方式。公开招标主要适用于核心边界条件和技术经济参数明确、完整、符合国家法律法规和政府采购政策，且不宜在采购过程中进行更改的项目。

4. 政府和社会资本合作项目的公司出资形式

关于政府和社会资本合作项目的出资形式问题，国家发展和改革委员会、财政部对其有不同的规定。国家发展和改革委员会文件规定，项目公司可由社会资本（一家企业或多家企业组成的联合体）出资设立，或由政府和社会资本共同出资设立。但并未明确政府在项目公司中的持股比例。而财政部文件规定，项目公司可由社会资本（一家企业或多家企业组成的联合体）出资设立，或由政府和社会资本共同出资设立。但政府在项目公司中的持股比例应低于50%，且不具有实际控制力和管理权。

综上所述，2002年，建设部出台了有关政策，明确提出在城市公用事业领域推行特许经营制度，并通过加强政府管制的方式，规范城市公用事业领域的特许经营行为。2013年以来，有关政府购买公共服务、政府和社会资本合作、特许经营三个概念备受关注，城市公用事业特许经营迎来了"第二春"，这些政策的出台为新时期推进城市公用事业领域开展特许经营、规范城市公用事业特许经营项目的市场化改革、提升城市公用事业特许经营项目的运行效率和服务水平具有积极的促进作用。

## 二 城市公用事业特许经营的主要阶段

从城市公用事业特许经营实践来看，主要经历探索阶段、试点阶段、推广阶段、调整阶段和普及阶段。其中，吸引国际组织和国际财团贷款解决中国城市公用事业基础设施建设与运营资金不足问题是城市公用事业特许经营前期的主要特点，本质上并未涉及经营环节，严格意义上说并不属于城市公用事业特许经营的一个阶段，但该阶段对国际资本进入中国城市公用行业起到了积极的促进作用。为此，本书将其作为城市公用事业特许经营的探索阶段。因此，城市公用事业特许经营的主要阶段具体如下：

（一）探索阶段

改革开放以后，很多境外投资进入中国，其中一部分资金尝试性地进入中国城市公用事业基础设施领域，并将外国的投资方式引入中国。1982—1992 年是我国城市公用事业特许经营模式发展的探索阶段，该阶段以国际组织和国际财团通过贷款方式进入城市公用行业为特征。

长期以来，我国城市公用事业基础设施的供需矛盾越发突出，政府财力较为有限，难以满足城镇化进程对城市公用事业基础设施的投资需求。为了改善和缓解城市公用事业建设阶段投融资不足问题，原国家计划委员会给城市公用事业基础设施批准了部分外资贷款，这改善了城市公用事业基础设施的融资能力，促进了城市公用事业基础设施服务水平的提高。

以城市供水行业为例，长期以来，国家和地方政府几乎成为城市供水行业的唯一投资者。由于政府投资约束的限制，使其无法满足城市供水行业所需的全部资金需求。为此，城市供水企业只能通过银行贷款来缓解融资难题，但由于多数企业长期处于保本微利甚至亏损状态，难以按期归还贷款，这种困境极大地制约了城市供水企业的借贷能力。为了扭转这一局面，20 世纪 80 年代以来，随着改革开放的深入，政府越发重视引进外资发展城市供水等基础设施的重要性，并将其作为投融资体制改革的一项重要内容。到1998年年底，中国先后利用世界银行、亚洲开发银行等国际金融组织和日本、奥地利、法国、德国等西方主要国家政府提供的中长期优惠贷款，吸引外商直接投资建设城市供水项目140多项，利用外资金额18亿美元。

(二) 试点阶段

1993—2002年是我国城市公用事业特许经营的试点阶段，政府开始注意到特许经营模式在城市公用事业基础设施领域投融资的作用，并在小范围内进行试点。该阶段以特许经营期内产权转移为特征的BOT模式和TOT模式为主。

随着市场经济的发展以及分税制改革的推进，中央政府开始着手研究BOT模式的可行性并进行试点，本阶段的社会资本仍以外国资本为主，国内民间资本也开始尝试性地进入中国城市公用行业。BOT既是城市公用事业特许经营的主要模式，也是外国资本进入中国城市公用事业市场的最主要形式。外国资本以BOT模式建设运营城市公用事业是在国家相关部门出台一系列政策支持的基础上进行的，如对外贸易经济合作部于1994年发布了《关于以BOT方式吸收外商投资有关问题的通知》，该通知提出，外商可以通过合作、合资或独资的方式建立BOT项目公司，以BOT投资方式吸引外资应符合国家关于基础设施领域利用外资的行业政策和有关法律，政府机构一般不对项目做任何形式的担保或承诺。1995年，国家计划委员会、电力部以及交通部联合发布了《关于试办外商投资特许权项目审批管理有关问题的通知》，该通知规定，政府部门通过特许权协议，在规定的时间内，将项目授予外商为特许权项目成立的项目公司，由项目公司负责项目的投融资、建设、运营和维护。在特许期内，项目公司拥有特许权项目设施的所有权，以及为特许权项目进行投融资、工程设计、施工建设、设备采购、运营管理和合理收费的权利，并承担对特许权项目设施进行维修保养的义务。政府部门具有对特许权项目监督、检查、审计以及如发现项目公司有不符合特许权协议规定的行为予以纠正并依法处罚的权力。这些政策的出台为外国资本以BOT方式进入中国城市公用行业提供了重要的政策保障。

推行BOT模式的主要目的是解决城市公用事业基础设施投资不足,改善城市公用事业运营管理效率低下的局面。城市公用事业BOT项目主要有:1992年第一家由外资运营的中山坦洲供水BOT项目正式实施,开启了外资进入中国城市供水市场的先河。1995年中法水务以BOT方式与沈阳水务公司合资经营沈阳第八水厂。在城市污水处理领域,上海竹园第一污水处理厂、北京市北苑污水处理厂、深圳宝安区龙华污水处理厂、哈尔滨太平污水处理厂采用BOT模式进行运营。此外,在城市垃圾处理厂、城市管道燃气等领域也在积极尝试BOT模式。

与BOT模式相比,在城市公用事业领域推行TOT模式是为了实现资产变现,改善企业的生产效率,但在TOT项目实践早期常常出现以变卖国有资产为最主要目的、忽视了城市公用事业运营企业效率的提升问题。城市供水领域的TOT项目主要有佳木斯供水公司TOT项目、遵义市市南水厂以及北郊水厂的TOT项目等。污水处理领域的TOT项目主要有合肥王小郢污水处理厂TOT项目、常州市城北污水处理厂TOT项目、兰州七里河安宁污水处理厂TOT项目等。此外,燃气、供热、垃圾处理等领域的部分项目也采用TOT模式进行运作。

城市公用事业BOT和TOT项目的实践,改善了传统上由国有企业和事业单位提供城市公用事业产品的基本模式,扩宽了城市公用事业的融资渠道,提高了城市公用企业的运营效率和服务水平。BOT和TOT是现代合同式管制的主要实现方式,机制设计和政府管制体制重建是市场化改革过程中的重要问题。在城市公用事业BOT和TOT项目推进过程中,面临着投资回报率的设定与领导更迭过程中政府承诺可信度两个核心问题。固定投资回报或变相固定投资回报是其中的主要问题,如1998年以后成都自来水需求下降直接导致成都自来水厂六厂B水厂净水购买合同难以执行,沈阳第八水厂高额的固定回报率则直接导致了沈阳财政负担过于沉重,上海浦东水厂由于在建设跨江管网投资成本分摊问题上出现了分歧,导致外方难以承受额外成本负担。① 此外,这三个案例还暴露出当地政府希望将其作为政绩工程、样板项目的愿望。同时,政府换届导致下届政府往往否定上届政府的行为。为此,在新常态下需要规范城市公用事业 BOT、TOT 项目的主体行为,论证 BOT、TOT 项目的适用条件,明确其操作方式与后评估机制。

(三) 推广阶段

2003—2007 年是中国城市公用事业特许经营发展的推广阶段。市场经济制度的完善和经济的发展是特许经营模式得以推广的主因。2003 年,《中共中央关于完善社会主义市场经济体制若干问题的决定》明确提出,"放宽市场准入,允许非公有资本进入法律法规未禁入的基础设施、公用事业及其他行业和领域"。同时,由于我国经济的高速增长,对基础设施和公共服务的需求也在急速地增加,为了填补经济增长所需的巨额基础设施投资缺口,地方政府纷纷开始积极鼓励和引导社会资本参与城市公用事业基础设施建设和运营。自此,特许经营模式作为社会资本进入城市公用事业领域的主要方式,开始被地方政府大力推广。

在城市公用事业特许经营模式推广阶段,国务院和建设部出台了相应的法规政策,以鼓励和规范城市公用事业的发展。其中,2002 年,建设部发布了《关于加快市政公用行业市场化进程的意见》,提出开放城市公用行业市场,鼓励社会资本和外国资本采取独资、合资、合作等多种形式参与城市公用事业基础设施的建设。2004 年,建设部出台了《市政公用事业特许经营管理办法》,提出竞争性招投标制度,为该阶段规范城市公用事业特许经营项目提供了制度保障。2005 年,国务院出台了《关于鼓励支持和引导个体私营等非公有制经济发展的若干意见》,允许非公有资本进入公用事业和基础设施领域。

---

① 周耀东、余晖:《政府承诺缺失下的城市水务特许经营——成都、沈阳、上海等城市水务市场化案例研究》,《管理世界》2005 年第 8 期。

随着鼓励和引导社会资本参与城市公用事业建设及运营政策的相继出台,城市公用事业特许经营项目涉及的行业越发广泛,有城市供水、污水处理、燃气、公共交通等多种城市公用事业。如合肥王小郢污水处理厂 TOT 项目、兰州自来水 BOT 项目、北京亦庄燃气 BOT 项目等。该阶段城市公用事业特许经营模式的主要特征有四个方面:第一,初步形成国有、民营、外资等多种所有制企业共同竞争的局面,民营资本在社会资本中占据较大比重。第二,建立了公开、公平、公正的市场竞争环境。第三,溢价收购成为产权转让项目的典型特征,促进了城市公用事业特许经营项目效率的提升。第四,促进了传统城市公用企业的再造创新,实现了改革的深化。但是,由于该阶段城市公用事业特许经营项目的推进速度在加快,在这一过程中也出现了一些失败案例,增加了政府以及项目的运作风险。

(四) 调整阶段

2008—2012 年,中国城市公用事业特许经营进入了调整阶段,特许经营项目的数量和规模呈现出下降趋势。2008 年发生了国际金融危机,为了改善可能带来的经济增速下滑局面,中国政府推出应对国际金融危机的"四万亿"经济刺激计划,其中 2.8 万亿元由地方政府进行配套实施。

"四万亿"经济刺激计划由政府主导,主要由政府融资平台公司参与项目。鉴于地方政府无法以市场主体身份直接参与项目投资,于是各级地方政府纷纷成立了许多投资建设公司、城建开发公司等融资平台,并大规模地开展城市公用事业等基础设施建设。自 2009 年以来,城市公用事业基础设施等公共产品或服务的投融资职能主要由各地的融资平台公司承担,项目的运作方式主要是 BOT 模式。

这一阶段,民营资本和外国资本难以参加城市公用事业的特许经营。尽管没有政策禁止民营资本和外资进入,但是,由于国有企业在各级政府的支持下,挤占了其他社会资本参与城市公用事业特许经营的空间，社会上出现了"玻璃门"①"弹簧门"②和"国进民退"等说法。许多存续的特许经营项目被迫提前终止，或者转为国有企业运营。在新开工的项目中，国有企业取代了民营企业，成为城市公用事业特许经营过程中重要的社会资本方。尽管2010年国务院发布了《关于鼓励和引导民间投资健康发展的若干意见》（国发〔2010〕13号），但是，各方反应一般，城市公用事业特许经营并未发生根本性转变。该阶段社会资本对城市公用事业特许经营的关注度在降低。同时，在社会资本参与城市公用事业特许经营过程中，也出现了合谋、贪污腐败等问题。

（五）普及阶段

2013年以来，国务院、国家发展和改革委员会和财政部等部门相继推出多项基础设施、公用事业领域政府和社会资本合作的指导意见，为城市公用事业新一轮的市场化改革、规范城市公用事业特许经营提供制度条件，拓宽了城市公用事业特许经营项目的融资渠道。

在城市公用事业特许经营调整时期，"四万亿"经济刺激计划留下了诸多后遗症，如地方政府债务膨胀、产能过剩严重、货币存量过高等。随着中国步入中等收入国家行列，中国经济发展进入"新常态"，在增长速度换挡期、结构调整阵痛期和前期刺激政策消化期"三期叠加"的新形势下，中国政府一方面要控制地方政府债务，消化前期刺激政策的不良影响；另一方面又要转变经济发展方式，应对经济增长速度放缓带来的系列问题，因此，单纯依靠政府的传统模式难以满足经济新常态的客观需求。同时，2009年以来，地方政府大规模地利用融资平台公司推动城市公用事业基础设施建设投资，从而导致地方债规模骤增。根据审计署全国政府性债务审计公告，截至2013年6月底，全国各级政府负有偿还自认的债务20.70万亿元，负有担保责任的债务2.93万亿元，可能承担一定救助责任的债务6.65万亿元。严重的地方政府债务已成为影响我国经济持续健康发展、社会稳

---

① "玻璃门"是指看着可以进去，真的想进去的时候，头上会撞个大包。
② "弹簧门"是指刚刚把脚挤进去之后稍稍不小心就被弹出来了。

定和政治安全的重要因素。此外，长期以来，中国城市公用事业基础设施建设均由国有企业或地方政府主导，财政支出和政府预算外支出是资金的主要来源。投资体制改革要求"建立市场引导投资、企业自主决策、银行独立审贷、融资方式多样、中介服务规范、宏观调控有效的新型投资体制"，这要求厘清政府与市场关系、规范地方政府的投融资行为。随着中国投融资体制改革，政府将不断地改变在城市公用事业基础设施领域的投资主体地位，社会资本将成为城市公用事业基础设施和公共服务的主要投资者。城市公用事业基础设施和公共服务具有较强的公益属性，政府不可能完全退出，而特许经营作为城市公用事业基础设施的载体，在政府和社会资本合作过程中必将发挥重要的作用。

2013年以来，国务院、财政部、国家发展和改革委员会、住房和城乡建设部等相继出台了数十部政策文件，意在鼓励社会资本参与城市公用事业等基础设施和公共服务领域的政府与社会资本合作。目前，国务院法制办发布了《基础设施和公用服务领域政府和社会资本合作条例（征求意见稿）》，有利于加快推进我国基础设施和公共服务领域PPP的发展，提高政府和社会资本合作模式的法律地位。该阶段，参与政府和社会资本合作模式的社会类型多样，各类社会资本积极探索PPP之路，国有企业、民营企业和外资企业已成为城市公用事业特许经营的多元化运作主体，但是，国有企业的主导地位尚未改变。单纯的BOT、TOT模式难以适应城市公用事业全面推行特许经营需要，委托运营、服务外包等模式应运而生。银行、保险、信托等金融机构，拥有建设资质、运营资质以及具有资金实力和融资能力的企业相继参与到城市公用事业等基础设施领域特许经营的投资、建设及其运营活动。

## 第二节 城市公用事业特许经营的主要成效

特许经营是城市公用事业建设与运营主体选择的主要方式。随着城市公用事业市场化改革的深入，特许经营项目的目标已由缓解资金供需矛盾，逐步转向提升运营效率和服务水平上来，这一转变在一定程度上提升了城市公用事业特许经营项目的经济绩效。市场化改革以来，城市公用事业特许经营已由单一的以BOT为主的模式逐步向多元化方向发展，由单纯依靠外国资本逐渐转为由国有、民营、外资构成社会资本方的投资、建设与运营主体，由传统的行政授予制转为特许经营权竞标机制来遴选特许经营项目运作主体，通过市场化改革与特许经营的有序推进，城市公用事业特许经营项目的运行效率获得了大幅度提升。

## 一 城市公用事业特许经营模式由单一性走向多元化

20世纪80年代以来，我国率先在城市供水行业推行特许经营制度，初衷是为了解决城市公用事业基础设施建设的投资不足问题。该时期特许经营主要以BOT模式为核心、引进外资参与城市供水等基础设施建设为重点，资金驱动成为城市公用事业市场化改革初期的重要特征。这一时期，在追求资金、解决建设的过程中，城市公用事业特许经营领域出现了一些运作不规范项目，为政府高价回购埋下了诸多隐患。随着中国经济的快速发展，城市公用事业领域特许经营的投资驱动越发向多元目标发展，逐步转为投资、绩效等多重目标。城市政府推行城市公用事业特许经营项目的取向发生根本性变化，这为城市公用事业特许经营模式由单一走向多元提供了可能。

2013年以来，国务院以及国家发展和改革委员会和财政部等部门相继出台多项政府和社会资本合作文件，力求通过政府和社会资本合作方式，促进城市公用事业的持续健康发展。在该背景下，传统BOT模式一统天下的局面逐步被打破，BOT、TOT及其衍生模式以及委托运营、服务外包等多元化的特许经营模式开始在城市公用事业领域中应用，从而特许经营模式呈现出多元化发展趋势。以供水行业为例，截至2017年3月，根据财政部、国家发展和改革委员会PPP项目库的数据统计结果，BOT模式的城市供水项目有311个，TOT模式的城市供水项目有32个，ROT模式的城市供水项目有27个，其他特许经营模式有88个，由此可见，城市供水行业呈现出以BOT模式为主、多种特许经营模式并存的局面。同时，由于城市公用事业不同行业的技术经济特征存在一定的差异，因此，不同行业、不同项目所采用的特许经营模式必然呈现出差异化发展趋势。

## 二 城市公用行业特许经营项目的资金渠道逐步扩展

长期以来，城市公用事业投融资渠道较为单一，国有企业或事业单位主要依赖地方政府财政支持或预算外资金投资建设城市公用事业基础设施，由此造成城市公用事业基础设施投资的供需矛盾越发突出。在市场化改革初期，外国资本和国际组织贷款成为城市公用事业拓宽投融资渠道的主要选择方式。随着市场化改革的深化和城镇化进程的加快，民营资本、外国资本开始成为城市公用事业发展的重要补充，甚至在一些城市公用事业领域，民营资本在其行业投资总额中已经占据了较大的比例。

目前，从城市公用事业特许经营项目的资金构成来看，国有及国有控股企业依然占据主体地位。随着国家大力支持社会资本进入城市公用事业领域政策的出台和市场化改革的逐步深化，社会资本特别是民营资本开始成为城市公用事业特许经营项目的重要提供者。如2000年武汉海达企业集团开始负责武汉市新洲区供水业务的运营工作。又如滨州市邹平县为解决地下水源枯竭问题，邹平县委、县政府决定向社会融资，组建股份制供水企业，在县城近郊的大型引黄灌区韩店镇建设引黄调蓄平原水库向城区供水，水库设计年供水能力为7000万立方米，总投资1.7亿元。2003年1月，成立山东省第一家民营股份制供水企业——邹平黄河供水有限公司，并于2004年8月正式供水，日供水量11万立方米。此外，广东省清远市自来水公司由作为民营企业的广东锦龙发展股份有限公司控股。从燃气行业产权结构来看，截至2013年上半年，在燃气行业中，民营企业数量已达到19.90%。目前来看，由于政策的引导和行业之间的差异，城市燃气、城市排水与污水处理、城市垃圾处理行业成为民营企业最为热衷的投资领域，而城市供水、城市供热等安全性较高的行业，社会资本特别是民营资本进入的情况仍不多见。

由此可见，城市公用事业经过近40年的市场化改革，投资建设与运营城市公用事业特许经营项目的资金渠道已经由单一化逐步向多维化发展,目前已经呈现出国有资本、民营资本和外国资本共同参与城市公用事业基础设施建设与运营的局面。其中,在市场化程度较高、公共安全性相对较低的领域,民营资本的参与力度较高。而在公共安全性较高、网络性较强的领域,国有企业依然占据非常重要的地位。

### 三 城市公用事业特许经营项目的运作过程日趋规范

在城市公用事业市场化改革初期,基础设施投资建设资金供需矛盾突出问题制约着城市公用事业的快速发展。以国际财团、国外组织和外国资本为特征的国外资金贷款,成为中国城市公用事业市场化改革初期解决资金矛盾的主要方式。从20世纪80年代到21世纪初,如何形成适应城镇化进程的城市公用事业基础设施建设规模成为各级政府关注的重点。为了缓解或解决城市公用事业建设资金的供需矛盾,全国开始进入招商引资的黄金时期。在该背景下,外国资本、民营资本等非国有资本逐渐成为国有企业、事业单位[①]的重要补充,这在一定程度上增强了城市公用事业的供给能力,提高了城市公用行业的运行效率,但在城市公用事业特许经营过程中也出现了"保底水量""溢价收购"等问题,这增加了地方政府的财政负担和项目运行过程中要挟政府提价的概率。

在城市公用事业特许经营过程中,市场准入条件设定、特许经营制度设计、产品或服务质量以及成本监管等成为城市公用事业特许经营过程中政府监管的重要内容。随着城市公用事业特许经营过程中不规范行为的出现,建设部开始重视如何规范城市公用事业特许经营项目的运行问题,并于2005年12月出台了《关于加强市政公用事业监管的意见》(建城〔2005〕154号),自此,城市公用事业市场化改革由缺乏有效监管时期逐步进入强化政府监管、规范特许经营项目运行

---

[①] 城市公用事业单位从非经营性、公益性向国有经营性企业改革,建立现代企业法人治理结构,通过界定边界和理顺关系,将政府特许经营的公共资源性资产与企业的法人资产分离。改制后的城市公用企业可通过申请,由政府授予其特许经营权。

的新时期。在城市公用事业特许经营相关法律法规制度以及监管文件的约束下，城市公用事业特许经营项目的规范性大幅提升。同时，城市公用事业的特许经营模式选择、特许经营企业的遴选方式、特许经营权竞标机制的规范性也有了一定程度的提高，如公开招标成为城市公用事业特许经营项目选择建设、运营主体的重要方式，并在城市公用事业社会资本方的选择上发挥了重要的促进作用。此外，一些城市政府在行业主管部门竞争锦标赛考核机制倒逼下，越发加强城市公用事业特许经营项目的政府监管，由此呈现出政府监管力度与监管有效性和城市发展水平呈正相关的局面。

### 四　城市公用事业特许经营项目的发展速度十分迅猛

随着城市公用事业市场化改革的深入，特别是 2013 年以政府和社会资本合作为特征的城市公用事业领域新一轮市场化改革的启动，实现了城市公用事业特许经营项目的快速发展。主要表现在城市公用事业特许经营项目数量增加、特许经营项目签约金额提高等方面。

在国家和地方政府的推动下，城市公用事业特许经营项目取得了快速发展。根据住房和城乡建设部的统计，截至 2016 年年底，城市供水行业社会资本参股控股项目规模已占城市公共供水规模的两成，民营企业在城市燃气行业占四成以上，城市供热行业社会资本占六成以上，新建城市污水处理设施中六成为社会资本投资运营，城市垃圾无害化处理设施中三成以上为社会资本投资运营。社会资本进入城市公用事业，对促进城市公用事业建设和服务能力提升发挥了重要的保障作用。进一步地，从城市供水行业特许经营项目的签约金额分布来看[①]，签约金额在 1 亿—5 亿元的项目有 237 项，5000 万—1 亿元的项目有 75 项，两者约占特许经营项目总数的 68%。另外，小于 5000 万元签约金额的项目有 60 项，占项目总数的 13%。而大于 10 亿元的项目数仅 36 项，占项目总数的比重不足 8%。大于 20 亿元的项目只有 5 项，主要分布在辽宁省、黑龙江省、湖南省、河南省以及福建省等地区。其中，甘肃省和青海省地面有 4 个项目的签约金额大于 30 亿

---

① 数据来自国家财政部 PPP 项目库。

元，分别是天水曲溪城乡供水工程、青海省湟水干流（东部城市群）供水PPP项目、引洮供水二期工程和石化园区供水工程。河南省大别山革命老区引淮供水灌溉工程的签约金额超过50亿元。由此可见，城市供水行业特许经营项目呈现出快速发展的态势，具有小型项目多、大型项目少的特点。同时，近年来，随着国家大力推进政府和社会资本合作模式，城市供热领域的特许经营项目发展十分迅速，如黑龙江省2015年共推广41个特许经营项目。其中，对城市集中供热新增项目分三批进行公开招标，总投资额达到220亿元。酒泉市城区热电联产集中供热项目，总投资额约4.4亿元。通过特许经营，政府不仅利用社会资本加快城市供热基础设施建设，也提高了城市供热行业的质量和服务水平，增进了社会福利。

## 第三节　城市公用事业特许经营过程中存在的主要问题

我国自20世纪80年代末首先在城市供水行业中引入社会资本，社会资本较大规模地进入城市公用事业是在2002年建设部出台《关于加快市政公用行业市场化进程的意见》之后。社会资本进入城市公用事业后，促进了城市公用事业运营能力和服务水平的提升，但是，由于社会资本较大规模地进入我国城市公用事业的时间还比较短，许多城市政府还缺乏相应的监管经验，以及特许经营立法缺乏顶层设计、立法层级较低、法规体系不完善、内容不统一等原因[①]，使一些城市在城市公用事业特许经营过程中存在一些局部问题，产生了一定

---

① 目前，我国没有进行城市公用事业特许经营立法的顶层设计，国家立法机关还没有制定统一法律来规范城市公用事业特许经营。当前，关于特许经营的法律文件多为国务院和各部委的"意见""通知""指南""办法"等，属于部门规章和规范性法律文件，立法层级较低。同时，目前的特许经营法规主要由各部委自行制定，部委分散立法，缺乏协调。此外，各部委出台的特许经营法规具有鲜明的部门利益倾向，追求的政策目标各异，许多规定不一致甚至相互冲突，从而造成特许经营项目实施部门往往无所适从。

的负面效应。在国家鼓励社会资本进入城市公用事业的背景下，这些局部问题值得总结和关注。这些局部问题主要表现在以下几个方面：

## 一 国有资产流失和腐败问题

国有资产流失是指具有管理或经营国有资产责任的单位或个人，以低于真实价值的价格出售国有资产，从而使国有资产受到一定程度的损失。国有资产流失主要有两种表现形式：一是对国有资产负有管理或经营责任的单位或个人低估国有资产价值，并且以这一被低估的价值作为出售国有资产的实际价格；二是对国有资产负有管理或经营责任的单位或个人在事先知晓国有资产真实价值的情形下，由于某种目的以低于真实价值的价格出售国有资产。随着城镇化进程的加快，社会资本进入城市公用事业的规模和范围也不断扩大，在这一过程中，一些城市为了缓解财政资金短缺所造成的投资不足问题，在对已建项目缺乏科学评估，急于出售国有资产，从而造成国有资产流失。此外，腐败常常与国有资产流失相伴而生，这表现在社会资本进入以及运营城市公用事业的过程中所产生的"寻租"问题，主要表现在为了获得国有资产转让项目的特许经营权而实施的"寻租"行为、为获得区域性垄断高价而采取的"寻租"行为以及为争取更宽松的政府监管环境而实施的"寻租"行为等。

## 二 溢价收购和固定回报问题

溢价收购和固定回报主要发生在国外资本进入我国城市公用事业的过程中。国外资本为了快速获得我国城市公用项目的特许经营权，在项目竞标中往往以高于实际价值数倍的价格竞标，实现溢价收购。同时，一些地方政府为了增加资产变现所得，片面追求盘活国有资产，也以溢价方式转让，从而附加了许多不合理，甚至违背我国法律的商务条款，违背了利益共享、风险共担的商业合作原则，部分社会资本采取垄断并购、恶意并购的方式，这种模式虽然实现了投资主体的多元化，但并未改善资金的实力和流动性，也给下一任政府工作埋下了诸多隐患。更为重要的是，在城市公用项目溢价收购的过程中，往往伴随着固定回报和变相固定回报问题。以城市供水行业为例，社会资本进入该行业的溢价收购和固定回报问题主要经历三个阶段：第一阶段是高额固定回报。如沈阳市自来水公司和中法水务1995年合资经营的第八水厂项目，第1年外方不计投资回报；第2—3年，外方的回报率为12%；第4—5年，外方的回报率为15%；第6—12年外方的回报率不少于18%；第13—30年，外方的回报率为18%。[1]第二阶段，当国家明确规定禁止高额固定回报以后，国外资本又采取变相高额回报，主要有按照一定比例上调水价和保底水量两种形式。如辽宁某市采取保底水量的形式，根据协议，当该市消耗的自来水量低于保底水量时，政府需要对其进行补贴，仅2006年该市就补贴了1539万元，大大增加了政府的负担。[2] 第三阶段是2006年开始的溢价收购，表现突出的是法国威立雅水务集团在兰州、海口、昆明、天津的收购价格数倍高于标底。如2007年3月法国威立雅水务集团溢价206.45%收购海口水务集团50%的股权。[3] 尽管溢价收购获得了大量的资金，但地方政府并未将溢价中的大部分变现所得资金用于城市公用事业的发展，而被挪作他用。此外，在变卖国有股权之后，一些水厂成为资本逐利的工具，同时供水规划难以落实、供水安全无法保障。可见，社会资本进入城市公用事业过程中出现的溢价收购和固定回报问题，给地方政府和社会公众带来了较大的负担。

### 三 政府承诺和责任缺失问题

政府承诺缺失是指对政府缺乏长期有效的制度性监管，政府代理人可以利用这一缺陷，在自身效用最大化目标的驱动下，盲目承诺或不进行承诺，从而造成制度性承诺缺失。政府承诺缺失主要有三种表现形式，即政府监管者滥用承诺或前任与下任政府之间的政策不连续性；缺乏实施政府监管职能的相对独立的监管机构，从而造成各项监管职责缺位、错位和不到位；社会资本进入城市公用事业的法规政策体系不完善，从而在城市公用事业特许经营权竞标与特许经营项目运

---

[1] 张春红：《水务市场整合演绎变奏曲》，《辽宁日报》2008年7月31日。
[2] 中国社会科学院经济研究所《国内外经济动态》课题组：《由水价上涨引发的公用事业定价机制改革探讨》，《经济走势跟踪》2009年第67期。
[3] 傅涛、常杪、钟丽锦：《中国城市水业改革实践与案例》，中国建筑工业出版社2006年版。

营过程中缺乏必要的制度保障。上述三种情况在社会资本进入城市公用事业的过程中同时存在，有时甚至交互作用。此外，在城镇化进程中，随着社会资本的进入，一些地方政府不但表现为承诺缺失，同时责任缺失问题也十分突出。主要表现在一些社会资本进入城市公用事业后，与之相适应的准入制度、特许经营合同、监管评估机制等制度相对缺失或不健全，在这种情况下，政府仍然按照传统管理国有企业的方式管理由社会资本（特别是民营资本）运营的企业，从而造成政府监管责任缺失。此外，一些本该由政府投资的城市公用事业领域或环节，政府不投资或少投资，从而导致了政府投资责任缺失。在实践中，政府承诺缺失和责任缺失并存，往往难以保障城市公用事业特许经营项目的规范性与效率性。

**四 产品的质量威胁健康问题**

在城镇化进程中，一些城市为了急于解决城市公用事业的投资难题，在缺乏科学评估特许经营企业资质的前提下，片面地招商引资，引入了一些不具备城市公用产品生产和运营能力的企业，影响了政府的声誉，甚至扰乱了居民的正常生产和生活，严重的还造成了社会公众恐慌和群体性事件的发生。如2009年5月湖北省南漳县自来水水质浑浊度高达5200度，远远高于国家规定的生活饮用水浑浊度不大于3度的标准，而且该自来水厂还存在细菌总数和一些菌群总量超标问题。原因在于该水厂管网老化，没有蓄凝沉淀池，而且该公司的运营企业浙江浦峰集团有限公司主要生产水泥、喷浆棉，缺乏自来水企业的生产经验，在很大程度上讲就是一家投资公司，而且在浙江浦峰集团有限公司运营南漳县自来水公司之前政府并未对其资质进行审核。[①] 又如，2009年7月发生在赤峰市新市区的水污染事件，导致4200余人出现腹泻、呕吐、头晕、发热等症状，经调查，雨污水是本次事件的主要原因，但也与九龙供水有限公司缺乏经验、补救措施不

---

① 敬一丹：《自来水何以浑浊》，《焦点访谈》2009年6月15日。

及时有一定的关系。① 由此可见，社会资本进入城市公用事业后，由于准入机制缺失或不健全以及管理不规范，在一些城市中产生了产品低质的问题，这严重影响了政府形象和社会公众的正常生产和生活。

**五 可能使政府高价回购问题**

近年来，随着城镇化进程的加快，国家对低碳经济、水质、污水和垃圾处理等标准的要求有所提高，而一些地方政府在引入社会资本过程中缺乏科学评估与合理预见，从而在国家提高城市公用产品标准后，地方政府难以约束特许经营企业。如 2007 年 7 月 1 日公布的《生活饮用水卫生标准》将原有的 35 项提高到 106 项，在生活饮用水卫生标准提高的条件下，一些城市自来水厂的生产工艺无法达标，需要进行更新改造，但在特许经营合同中没有明确规定企业的更新改造条件，因此，在利益驱动与投资资金有限的情况下，社会资本缺乏通过投资提高生活饮用水质量的动力，地方政府为了保护社会公众的饮水安全，被迫高价回购城市自来水厂，从而增加了政府负担。如 2003 年 5 月 10 日民营企业淮阴东方自来水公司获得江苏省淮阴自来水公司的经营权，此后，虽然淮阴东方自来水公司的水质经过一、二、三期工程后有所提高，但由于特许经营合同对投资的约定不够清晰，使该企业仅对供水设备进行简单的更新改造，改造后的水质没有达到 106 项标准要求，而且居民区水压较低等问题也降低了居民的满意度，最终政府被迫回购。② 一般而言，为弥补社会资本退出城市公用事业特许经营项目造成的损失，特许经营期内的回购事件大多表现为高价回购。需要说明的是，目前一些城镇污水处理厂在推行特许经营或第三方运营过程中，由于负荷率较低，企业缺乏运营动力，在这一前提下，地方政府为了吸引社会资本进入，往往在运营合同中约定"保底水量"，在运营期内如果保底水量大大高于实际水量将会极大地增加政府的财政负担，最终结局将是"政府回购"。但考虑政府承诺

---

① 李松涛：《一场暴雨如何引发千人患病赤峰水污染事件折射公用事业改革困境》，《中国青年报》2009 年 8 月 3 日。

② 杨丹丹、陈华中：《从公到私再从私到公淮阴自来水公司九年两改制》，中国江苏网，2012 年 8 月 15 日。

机制，在签订"保底水量"的项目运营过程中没有违反运营合同时，政府往往难以实行回购。因此，对未来城市公用事业领域推行特许经营或PPP过程中，要慎重签订"保底水量"合同。

在城市公用事业特许经营过程中还面临着一些挑战。如在以非经营性和准经营性特许经营项目为主的情况下，如何构建合理的社会资本投资回报机制还缺乏标准。政府方和社会资本方是民事关系还是行政关系问题尚未理顺。[①] 同时，特许经营并非是一种单纯的融资模式，更是包括规划、融资、建设、运营维护等众多环节的综合管理模式，但"重建设、轻运营"依然是当前城市公用事业特许经营过程中的一个重要问题。国家发展和改革委员会和财政部在关于政府和社会资本合作的规范性文件中，对国有企业和平台公司能否担任政府和社会资本合作项目的社会资本方问题，基本上是认可的，但仍有分歧。大多数地方政府仍将特许经营看作一种融资工具，而非政府和社会资本之间利益共享、风险共担的合作伙伴关系。此外，在城市公用事业特许经营实践过程中，还存在特许经营项目融资难、收益回报不稳定、信息透明度低、社会资本退出渠道不畅等问题。这些问题的存在制约了城市公用事业特许经营项目的开工率，限制了城市公用事业的快速发展。

## 第四节 城市公用事业特许经营存在问题的形成机理

在城市公用事业特许经营过程中出现的一些问题，是多种因素共同作用的结果。本书认为，原因主要有以下四个方面：

---

[①] 根据财政部《政府和社会资本合作模式操作指南（试行）》第二十八条的规定，PPP项目协议为民事合同，发生纠纷可根据我国《民事诉讼法》和《仲裁法》规定，申请仲裁或提起民事诉讼。另外，国家发展和改革委员会将PPP合同认定为特许经营合同。按照最高人民法院的司法解释，特许经营合同属于行政合同，发生纠纷应该通过行政诉讼解决。

## 一 对社会资本进入城市公用事业目标缺乏足够认识

社会资本进入城市公用事业的初衷是形成国有、民营和外资等多种所有制企业独立经营或合作经营的局面，建立多种所有制企业之间平等竞争的制度环境，实现城市公用项目资源以及产权结构的优化配置。更具体的目标是缓解快速城镇化进程中城市公用事业基础设施的投资矛盾，增加城市公用事业的供给能力，从而满足快速城镇化对城市公用事业基础设施的客观需求。此外，社会资本进入能够发挥竞争活力和创新动力，从而有助于缓解国有企业垄断经营的低效率问题。但在社会资本进入城市公用事业参与特许经营的过程中，一些城市政府对社会资本进入目标的认识依然不够清晰，这主要表现为：①增加财政收入、减少财政补贴是一些城市政府引进社会资本参与城市公用事业特许经营过程中首先考虑的目标，为此，多参照"土地财政"的做法，转移城市公用事业特许经营项目的产权或经营权。②有的城市政府将具有公益性、需要政府不断投入的城市公用事业视为"包袱"，一卖了之，推卸政府责任。③有的城市政府在城市公用事业特许经营过程中盲目招商引资，搞"政绩工程"，表现为融资冲动，只要能圈到钱，政府就给企业特许经营权；只要某个企业给的钱比其他企业多，政府就给这个企业特许经营权。其结果是增加了城市公用企业的融资成本，削弱了政府对城市公用事业特许经营项目的控制力。

## 二 社会资本进入城市公用事业的法规政策相对滞后

社会资本（特别是民营资本）进入城市公用事业后改变了传统国有企业垄断经营的局面，这必然要求管理体制发生变革，其中法规政策体系创新是保障社会资本进入城市公用事业参与特许经营的关键因素。为此，国务院相继出台了《鼓励支持非公有制经济发展的若干意见》和《关于鼓励和引导民间投资健康发展的若干意见》，从宏观上提出了鼓励社会资本参与城市公用事业建设与运营的相关政策。建设部也相继出台了有关城市公用事业市场化改革以及鼓励社会资本进入城市公用事业的相关政策，如《关于加快市政公用事业市场化进程的意见》《关于进一步鼓励和引导民间资本进入市政公用事业领域的实施意见》等，以及国家发展和改革委员会、财政部出台的系列政府和社会资本合作的法规政策,这对鼓励社会资本进入城市公用事业起到了积极的促进作用。一些城市政府以上级政府的法规政策为依据,形成了本地区的政策文件,但现有政策还缺乏必要的实施细则。此外,地方政府大多强调上下级之间的政策对接,忽视了城市之间以及行业之间的差异,从而导致地方性法规政策多反映共性问题,忽视了地区差异,这增加了地方政府的自由决策权,从而使在城镇化进程中社会资本进入城市公用事业参与特许经营的过程中缺乏可操作性和针对性强的法规政策与实施细则。

### 三 城市公用事业市场化的准入与运行机制不够完善

健全的准入机制是选择高效的城市公用事业特许经营企业的关键。社会资本竞标城市公用事业的特许经营权,是一项系统性、综合性的工作,涉及组织、规划、建设以及运营等多方面内容。同时,由于城市公用事业涉及多个行业,不同行业的技术经济特征之间存在一定的差异,而且城市之间也存在一定的差别,因此,需要依据行业特征、项目特点以及城市特殊性,分类确定不同城市公用事业项目的特许经营期。此外,还需要制定适宜的社会资本准入程序、准入标准、定价与调价机制以及特许经营期满后的退出机制等。但从实践来看,不少城市政府还缺乏较为健全的社会资本进入城市公用事业的准入机制与运行机制。具体表现在:①一些城市对特许经营项目缺乏必要的准入标准,难以限制低效率的企业进入城市公用事业;②对城市公用事业特许经营期的选择缺乏科学性,多通过经验判断选择20—30年的某一时间作为项目的特许经营期;③特许经营合同条款还不完备;④特许经营合同中对质量监管、定价与调价机制等的规定还不全面。综上所述,社会资本进入城市公用事业进行特许经营的准入机制与运行机制还不健全,这是实践中一些低效率的企业参与城市公用行业特许经营后导致政府高价回购的主要原因之一。

### 四 社会资本进入城市公用事业后的监管体系不健全

社会资本进入城市公用事业打破了国有企业垄断经营的局面,这需要建立与多元化产权结构相适应的城市公用事业现代政府监管体系。但在实践过程中,与社会资本进入相适应的政府监管体系尚未建立。这主要表现在：①缺乏与社会资本进入相适应的现代政府监管理念。城市公用事业的公益性特征以及社会资本的利润最大化动机决定了社会资本进入城市公用事业后需要加强政府监管，并且要从监管内容、监管手段等多个方面建立与城市公用事业技术经济特征相适应的现代政府监管理念。但目前不少地方政府仍然沿用传统的管理国有企业的思路来监管民营企业。②缺乏相对独立的、专业化的城市公用事业政府监管机构。不断加快的城镇化进程以及社会资本的进入，使城市公用事业面临的问题更多、更复杂，这需要建立相对独立的、专业化的政府监管机构。但在实际上，城市公用事业政府监管机构依然是多部门协同监管体制，在城市一级城市公用事业监管部门多由建设部门、水利部门、发改部门、环保部门以及物价部门等多部门协同监管，这增加了部门之间的协调成本，降低了政府的监管效率。③缺乏立法监督、行政监督、司法监督和社会监督"四位一体"的现代政府监管监督体系。社会资本进入城市公用事业后，可能会在利益的驱动下降低产品或服务质量，因此，更需要政府实施有效监管。然而，目前尚未建立与社会资本进入相适应的现代政府监管监督体系。④缺乏城市公用事业政府监管的绩效评价体系。这主要表现在上级行业主管部门对下级行业主管部门的监管绩效评价体系缺失，以及市县行业主管部门对由城市公用事业特许经营项目缺乏有效的绩效评价体系两个方面。

综上所述，由于政府部门对社会资本进入城市公用事业的目标缺乏足够的认识、当前社会资本进入城市公用事业的法规政策相对滞后、城市公用事业市场化的准入与运行机制不够完善以及社会资本进入城市公用事业后的监管体系不健全等原因，导致了当前城市公用事业特许经营过程中已经出现了一些问题，同时为未来一段时间内在城市公用事业特许经营过程中出现一些负面效应或问题埋下了诸多隐患。为此，需要建立城市公用事业项目特征与特许经营模式的匹配机制，分类设计城市公用事业特许经营权竞标机制，形成较为完善的城市公用事业特许经营监管政策体系，从而为中国城市公用事业特许经营项目的规范运作提供重要的制度保障。

# 第三章　项目特征与城市公用事业特许经营模式的匹配机制

城市公用事业是由多个具有普遍服务特征的行业组成的集合体，不同行业的技术经济特征之间存在一定的差异，按照项目的新旧程度可将项目分为新建项目、存量项目和改扩建项目。因此，城市公用事业的行业多重性和属性多样性特征，决定了需要利用分类思想建立项目特征与特许经营模式的匹配机制，并以此为基础形成分类设计城市公用事业特许经营权竞标机制的理论体系。基于此，本章将在测算城市公用事业不同行业特许经营程度、分析城市公用事业特许经营模式及其合同特征、对项目特征与特许经营模式匹配机制理论分析的基础上，对城市公用事业项目特征与特许经营模式匹配机制进行研究。

## 第一节　城市公用事业不同行业特许经营程度测算

城市公用事业不同行业的技术属性和经济属性存在一定的差异，这影响了城市公用事业是否具有可特许经营性和特许经营程度的高低。不同城市公用行业是否具有可特许经营性或特许经营程度的高低，不仅与行业的技术特征、经济特征、社会特征、自然属性等本质特征有关，还受制于所在城市的经济社会发展水平、市场范围、消费需求、社会环境、技术进步等诸多因素，显然，城市公用事业特定项目特许经营模式的选择是复杂机制决策下均衡的结果。由于特许经营模式的选择是城市公用事业特许经营项目有效性的先决条件，为此，有必要甄别影响城市公用事业不同行业特许经营程度的主要因素，测算城市公用事业不同行业的特许经营程度，从而为决定城市公用事业特许经营属性和特许经营强度提供理论依据。

## 一 构建城市公用事业特许经营程度的指标体系

研究城市公用事业是否具有可特许经营性或测算特许经营程度的高低，将为形成科学化的城市公用事业特许经营发展路径提供重要的理论支撑。为此，本部分将通过构建城市公用事业特许经营程度指标体系，来测算不同城市公用事业的特许经营程度。具体而言，本部分将在系统梳理相关文献和征求有关专家意见的基础上，将外部性、市场可竞争性和项目可收益性作为衡量城市公用事业特许经营属性的重要指标。其中，将生产外部性和消费外部性作为外部性的二级指标；[①]将潜在进入者数量、制度性壁垒、产品或服务的可替代性和行业风险性作为市场竞争性的二级指标；将产品或服务的可收费性和资产的可变现性作为项目可收益性的二级指标。关于城市公用事业特许经营程度测算指标体系见图3-1。下面对衡量城市公用事业特许经营程度指标进行分析。

（一）外部性

普遍服务性是各类城市公用事业所提供的产品或服务的重要特征，因此，城市公用事业具有典型的生产正外部性。同时，在价格或收费机制下，居民消费城市公用产品或服务将会产生消费的正外部性，但不同城市公用事业的生产外部性和消费外部性之间存在一定的差异。如果城市公用事业的生产外部性和消费外部性越强，那么边际社会收益与边际私人收益之间的"剪刀差"就越大。在缺乏高额政府补贴的情况下，"剪刀差"越大意味着企业越缺乏进入城市公用事

---

① 一般而言，潜在进入者的数量越多，说明行业的可竞争性越强；反之则越弱。制度性壁垒越强，说明行业的可竞争性越弱。因此，为了通过制度性壁垒变量的变形，从而使该指标数值越大越能反映行业竞争性越强的特点，本书将制度性壁垒数值取倒数。产品或服务的可替代性越强，说明行业的可竞争性越强；行业风险性越强，说明行业可竞争性越弱。同样，本书将行业风险性数值取倒数。由于其他指标都是正向指标，故此不再赘述。

```
                    城市公用事业特许经营程度测算指标体系
         ┌──────────────────┬──────────────────┐
        外部性            市场可竞争性         项目可收益性
      ┌────┬────┐     ┌────┬────┬────┐      ┌────┬────┐
     生产  消费   潜在   制度  产品  行业    产品   资产
     外部  外部   进入   性壁  或服  风险    或服   的可
     性    性    者数   垒    务的  性      务的   变现
                 量          可替          可收    性
                             代性          费性
```

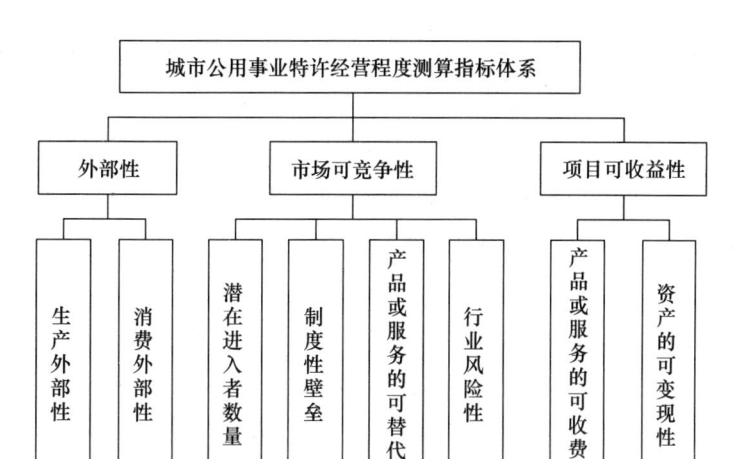

**图 3-1 城市公用事业特许经营程度测算指标体系**

业参与特许经营的动力。如果一味地鼓励社会资本进入边际社会收益与边际私人收益"剪刀差"越大的行业或领域，将会造成城市公用事业产品或服务供求关系以及定价或收费机制的扭曲。其中，为消费者提供城市公用产品或服务的便利程度反映生产外部性的高低，而消费外部性是指消费者消费城市公用产品或服务所带来的城市公用事业发展程度的高低。

（二）市场可竞争性

不同城市公用事业的技术经济特征和城市异质性决定了城市公用事业的市场竞争程度。一般而言，对社会资本或民营经济较为发达的城市而言，潜在进入者进入城市公用事业参与特许经营权竞标的热度较高；反之则较低。同时，城市公用事业具有典型的区域垄断性特征，因此，自然垄断性是城市公用事业是否具有可特许经营性的外生变量。

此外，对城市公用事业而言，行政壁垒是市场竞争性的重要衡量指标。行政壁垒越低的城市，吸引社会资本进入的能力越强，同一类型的城市公用事业选择特许经营模式的概率就越高。其中，用参与特定城市公用事业特许经营权竞标的企业数量与同一行政区域内社会资本运营的企业数量之比来近似地衡量潜在进入者数量。制度性壁垒用潜在进入者进入城市公用事业的法律法规和社会习俗两个指标来衡量；产品或服务的可替代性指标用产品或服务在生产和消费上的替代性来衡量；行业风险性用产品或服务的安全性风险、产品或服务的消费量风险和产品或服务的收入稳定性风险来衡量。

（三）项目可收益性

所谓项目可收益性，是指运营某一城市公用行业项目所获取的收益或资产变现补偿初始投资的能力。项目可收益性是社会资本参与城市公用事业特许经营权竞标的先决条件。在城市公用事业实践过程中，项目可收益性以产品或服务需求的稳定性为前提，以项目可收费性为核心，以资产可变现性为补充。需要说明的是，资产可变现性是项目可收益性的充分非必要条件。当资产可变现、产品或服务需求的稳定性和项目的可收费性同时存在时，项目必然存在可收益性。而当有稳定的产品或服务需求、可收费机制带来稳定的收益但不存在资产变现时，只要稳定收益能够弥补资产价值后有吸引社会资本进入的收益，该城市公用事业同样具有可收益性。其中，产品或服务的可收费性用成本补偿和合理利润两个指标来衡量。资产的可变现性用产权转让难易程度和资产专用性两个指标来衡量。

## 二 城市公用事业特许经营程度测算的理论模型

城市公用事业特许经营程度测算涉及多维度指标以及多级指标的合成问题。为此，本部分将对城市公用事业特许经营程度测算的指标层级、城市公用事业特许经营程度测算的判断矩阵、各个指标重要性的判断矩阵构造以及判断矩阵的权重计算四方面进行研究，从而实现构建城市公用事业特许经营程度测算理论模型的目的。

（一）城市公用事业特许经营程度测算的指标层级

基于城市公用事业特许经营程度测算的指标体系，本部分将运用层次分析方法建立城市公用事业特许经营程度的判断矩阵。具体而言，假定将上一层次元素 A（城市公用事业特许经营程度）作为评价准则，且对下一层次元素 $B_1$、$B_2$、$B_3$ 有支配关系（同理，B 层对 C 层有支配关系）。在此基础上，邀请城市公用事业特许经营领域具有丰富理论与实践经验的专家对该指标体系中各矩阵两两元素的重要性做出判断。其中，用1、3、5、7、9分别表示同等重要、稍微重要、明显重要、非常重要和极端重要。反之，判断数值为上述判断数值的倒数。将专家打分数值作为矩阵中的元素，构成两两元素的比较矩阵，如图3-2所示。

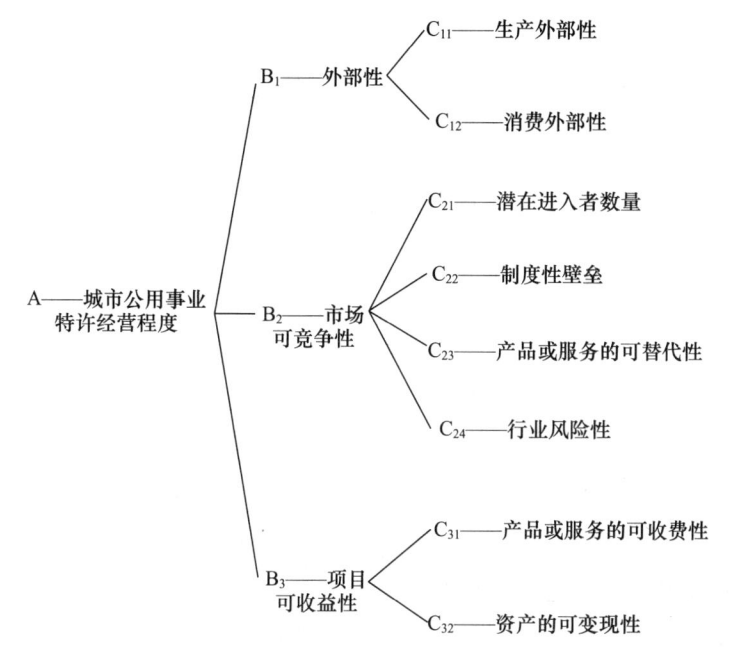

```
                                C₁₁——生产外部性
                    B₁——外部性
                                C₁₂——消费外部性

                                C₂₁——潜在进入者数量
A——城市公用事业                 C₂₂——制度性壁垒
   特许经营程度   B₂——市场
                    可竞争性      C₂₃——产品或服务的可替代性
                                C₂₄——行业风险性

                                C₃₁——产品或服务的可收费性
                    B₃——项目
                       可收益性   C₃₂——资产的可变现性
```

**图3-2　城市公用事业特许经营程度评价多级递阶结构模型**

1. 目标层

目标层泛指研究问题的预定目标。在本书中，目标层可以描述为A——城市公用事业特许经营程度。

2. 准则层

准则层由若干个层级构成，包括为实现预定目标所涉及的全部中间过程。在本书中，准则层描述为 $B_1$ 即外部性、$B_2$ 即市场可竞争性和 $B_3$ 即项目可收益性。

3. 指标层

指标层在决策分析中表示为可供选择的各个实现目标的方案。在本书中，可将指标层描述为 $C_{11}$ 即生产外部性、$C_{12}$ 即消费外部性、$C_{21}$

即潜在进入者数量、$C_{22}$即制度性壁垒、$C_{23}$即产品或服务的可替代性、$C_{24}$即行业风险性、$C_{31}$即产品或服务的可收费性和$C_{32}$即资产的可变现性。

（二）城市公用事业特许经营程度测算的判断矩阵

根据层次分析法，判断矩阵$A=(a_{ij})n \times n$具有如下性质，即$a_{ij}>0$，$a_{ij}=1/a_{ji}$，$a_{ij}=1(i,j=1,2,\cdots,n)$，其中，$a_{ij}$代表元素$A_i$和$A_j$相对于其上一层元素重要性的比例标度。本书建立的判断矩阵值反映了调研数据、统计资料和专家对各因素相对重要性的认知程度，见表3-1。

表3-1　　　　　　　　准则层判断矩阵

| | 外部性（$B_1$） | 市场可竞争性（$B_2$） | 项目可收益性（$B_3$） |
| --- | --- | --- | --- |
| 外部性（$B_1$） | | | |
| 市场可竞争性（$B_2$） | | | |
| 项目可收益性（$B_3$） | | | |

资料来源：笔者整理。

如表3-2所示，按照1—9标度法，1表示同等重要；3表示稍微重要；5表示明显重要；7表示非常重要；9表示极端重要。为了更加客观地保证变量之间的相对重要性，本书将结合调研数据、统计资料以及专家意见，对各变量的相对重要性进行赋值，从而实现对表中行指标与列指标的相对重要性进行表征的目的。

表3-2　　　　　　　　标度及其含义

| 标度 | 含义 |
| --- | --- |
| 1 | 说明两个指标的重要程度相同 |
| 3 | 两个指标相比，一个指标比另一个指标稍微重要 |
| 5 | 两个指标相比，一个指标比另一个指标明显重要 |
| 7 | 两个指标相比，一个指标比另一个指标非常重要 |
| 9 | 两个指标相比，一个指标比另一个指标极端重要 |
| 2，4，6，8 | 取上述两个相邻判断的中值 |
| 倒数 | 若元素i与元素j的重要性之比为$a_{ij}$，那么元素j与元素i的重要性之比为$a_{ji}=1/a_{ij}$ |

资料来源：笔者整理。

### (三) 各个指标重要性的判断矩阵构造

本书将综合运用专家咨询法和调查访谈法两种方法，通过两两对比具体指标的重要程度，来对判断矩阵进行赋值。

1. 判断矩阵 A—B

外部性、市场可竞争性和项目可收益性是衡量城市公用事业特许经营程度的重要指标。明确外部性、市场可竞争性和项目可收益性的重要程度，是测算城市公用事业不同行业特许经营程度的重要前提。本部分将采用专家咨询法确定判断矩阵 A—B 的分值。具体而言，邀请 5 名城市公用事业特许经营理论研究与实务领域经验较为丰富的专家组成专家组，通过专家讨论会的方式确定准则层 B 中不同指标之间的重要程度评分。结果见表 3-3。

表 3-3　　　　　准则层 B 对应目标层 A

| A | 外部性（$B_1$） | 市场可竞争性（$B_2$） | 项目可收益性（$B_3$） |
|---|---|---|---|
| 外部性（$B_1$） | 1 | 1/3 | 1/5 |
| 市场可竞争性（$B_2$） | 3 | 1 | 1/3 |
| 项目可收益性（$B_3$） | 5 | 3 | 1 |

资料来源：笔者整理。

2. 判断矩阵 B—C

在确定判断矩阵 A—B 中不同指标之间的相对重要性后，本书同样采取专家打分的方式，分别确定 $B_1$—$C_1$、$B_2$—$C_2$、$B_3$—$C_3$ 中各个指标重要程度的得分。外部性准则层各个指标之间的相对重要性、市场竞争潜力层各指标之间的相对重要性和运营收益预期层各指标之间的相对重要性见表 3-4。

表 3-4　　　　　市场竞争潜力层各指标比较

| 外部性准则层各指标之间相对重要性情况 |||
|---|---|---|
| $B_1$ | 生产外部性（$C_{11}$） | 消费外部性（$C_{12}$） |
| 生产外部性（$C_{11}$） | 1 | 3 |
| 消费外部性（$C_{12}$） | 1/3 | 1 |

续表

| $B_2$ | 潜在进入者数量（$C_{21}$） | 制度性壁垒（$C_{22}$） | 产品或服务的可替代性（$C_{23}$） | 行业风险性（$C_{24}$） |
|---|---|---|---|---|
| 潜在进入者数量（$C_{21}$） | 1 | 7 | 3 | 5 |
| 制度性壁垒（$C_{22}$） | 1/7 | 1 | 1/5 | 3 |
| 产品或服务的可替代性（$C_{23}$） | 1/3 | 5 | 1 | 5 |
| 行业风险（$C_{24}$） | 1/5 | 1/3 | 1/5 | 1 |

市场竞争潜力层各指标之间相对重要性情况

运营收益预期层各指标之间相对重要性情况

| $B_3$ | 产品或服务的可收费性（$C_{31}$） | 资产的可变现性（$C_{32}$） |
|---|---|---|
| 产品或服务的可收费性（$C_{31}$） | 1 | 5 |
| 资产的可变现性（$C_{32}$） | 1/5 | 1 |

资料来源：笔者整理。

（四）判断矩阵的权重计算

目前，存在较多计算排序向量的方法，比如以反映判断矩阵偏差的一致性指标作为拟合程度好坏的最小偏差法和混合最小二乘法、广义最小偏差法及混合最小二乘法等。根据研究需要，本书将采用和积法计算各层次的相关权重和总权重，并进行排序。

运用和积法计算各层权重，主要有三个步骤：第一步：对A中元素按行做归一化处理；第二步：将归一化后的各行相加；第三步：将相加后的向量除以n得到权重向量。根据以上步骤，将判断矩阵A的n个行向量归一化后的算术平均值近似地作为权重向量。计算公式如下：

$$w_i = \frac{1}{n}\sum_{j=1}^{n}\frac{a_{ij}}{\sum_{k=1}^{n}a_{kj}} \quad (i=1,2,\cdots,n)$$

（1）计算B层对A层的权重。运用和积法计算B层对A层的权重。将判断矩阵B按列做归一化处理，即每列各元素除以该列全部元素之和，得到一个新的矩阵（见表3-5），然后按行加总得到一列，该列归 1 即为权重。

表 3-5　　　　　　　　　B 层对 A 层的权重

| | 外部性($B_1$) | 市场可竞争性($B_2$) | 项目可收益性($B_3$) | 权重 |
|---|---|---|---|---|
| 外部性（$B_1$） | 1 | 1/3 | 1/5 | 0.11 |
| 市场可竞争性（$B_2$） | 3 | 1 | 1/3 | 0.26 |
| 项目可收益性（$B_3$） | 5 | 3 | 1 | 0.63 |
| 加总 | 9 | 4.33 | 1.53 | 1 |
| 归 1 化 | 0.11 | 0.08 | 0.13 | — |
| | 0.33 | 0.23 | 0.22 | — |
| | 0.56 | 0.69 | 0.65 | — |

资料来源：笔者整理。

（2）计算 C 层对 B 层的权重。根据层次分析法的基本步骤，本书将运用和积法计算 C 层对 B 层的权重，并将判断矩阵 C 按列做归一化处理（每列各元素除以该列全部元素的和），从而得到一个新的矩阵，进而实现计算出 C 层对 B 层权重的目的（见表 3-6 和表 3-7）。

表 3-6　　　　　　　　　C 层对 B 层的权重

| 外部性准则层各指标之间相对重要性情况 ||||
|---|---|---|---|
| $B_1$ | 生产外部性（$C_{11}$） | 消费外部性（$C_{12}$） | W |
| 生产外部性（$C_{11}$） | 1 | 3 | 0.75 |
| 消费外部性（$C_{12}$） | 1/3 | 1 | 0.25 |
| 市场竞争潜力层各指标之间相对重要性情况 ||||

| $B_2$ | 潜在进入者数量（$C_{21}$） | 制度性壁垒（$C_{22}$） | 产品或服务的可替代性（$C_{23}$） | 行业风险性（$C_{24}$） | W |
|---|---|---|---|---|---|
| 潜在进入者数量（$C_{21}$） | 1 | 7 | 3 | 5 | 0.54 |
| 制度性壁垒（$C_{22}$） | 1/7 | 1 | 1/5 | 3 | 0.10 |
| 产品或服务的可替代性（$C_{23}$） | 1/3 | 5 | 1 | 5 | 0.29 |
| 行业风险性（$C_{24}$） | 1/5 | 1/3 | 1/5 | 1 | 0.07 |

续表

| $B_3$ | 运营收益预期层各指标之间相对重要性情况 | | W |
|---|---|---|---|
| | 产品或服务的可收费性（$C_{31}$） | 资产的可变现性（$C_{32}$） | |
| 产品或服务的可收费性（$C_{31}$） | 1 | 5 | 0.83 |
| 资产的可变现性（$C_{32}$） | 1/5 | 1 | 0.17 |

注：C 层对 B 层的权重同表 3-5，这里未列示出加总与归一化过程。

资料来源：笔者整理。

表 3-7　　　　　　　　C 层对 B 层的权重合成

| | 外部性 | 市场可竞争性 | 项目可收益性 |
|---|---|---|---|
| 生产外部性 | 0.75 | — | — |
| 消费外部性 | 0.25 | — | — |
| 潜在进入者数量 | — | 0.54 | — |
| 制度性壁垒 | — | 0.10 | — |
| 产品或服务的可替代性 | — | 0.29 | — |
| 行业风险性 | — | 0.07 | — |
| 产品或服务的可收费性 | — | — | 0.83 |
| 资产的可变现性 | — | — | 0.17 |

资料来源：笔者整理。

（3）计算总权重并进行排序。通过计算得到 C 层对 B 层的权重后，本书将进一步计算出 C 层指标对顶层指标 A 的权重，即总体权重，如表 3-8 所示。

表 3-8　　　　　　底层指标对顶层指标的权重计算

| B 层指标 | 外部性 | 市场可竞争性 | 项目可收益性 | 总权重 |
|---|---|---|---|---|
| B 层对 A 层权重 | 0.11 | 0.26 | 0.63 | |
| 生产外部性 | 0.75 | — | — | 0.25 |
| 消费外部性 | 0.25 | — | — | 0.08 |
| 潜在进入者数量 | — | 0.54 | — | 0.18 |
| 制度性壁垒 | — | 0.10 | — | 0.03 |

续表

| B层指标 | 外部性 | 市场可竞争性 | 项目可收益性 | 总权重 |
|---|---|---|---|---|
| 产品或服务的可替代性 | — | 0.29 | — | 0.10 |
| 行业风险性 | — | 0.07 | — | 0.02 |
| 产品或服务的可收费性 | — | — | 0.83 | 0.28 |
| 资产的可变现性 | — | — | 0.17 | 0.06 |

资料来源：笔者整理。

在城市公用事业特许经营程度的评价指标体系中，指标权重排序从大到小依次为产品或服务的可收费性、生产外部性、潜在进入者数量、产品或服务的可替代性、消费外部性、资产的可变现性、制度性壁垒和行业风险性。城市公用事业特许经营程度评价指标权重及其排名见表3-9。

表3-9　城市公用事业特许经营程度评价指标权重排序

| 城市公用事业特许经营程度评价指标 | 权重 | 排序 |
|---|---|---|
| 产品或服务的可收费性 | 0.28 | 1 |
| 生产外部性 | 0.25 | 2 |
| 潜在进入者数量 | 0.18 | 3 |
| 产品或服务的可替代性 | 0.10 | 4 |
| 消费外部性 | 0.08 | 5 |
| 资产的可变现性 | 0.06 | 6 |
| 制度性壁垒 | 0.03 | 7 |
| 行业风险性 | 0.02 | 8 |

资料来源：笔者整理。

### 三　城市公用事业特许经营程度测算的实证研究

城市公用事业特许经营程度，泛指通过特许经营模式提供城市公用产品或服务的难易程度。本部分将以城市公用事业特许经营程度评价指标权重为依据，通过专家评分的方式，确定城市供水、污水处理、垃圾处理、管道燃气、城市集中供热和城市公共交通六大行业的特许经营程度。具体来说，本书将设定城市公用事业特许经营程度的产品或服务的可收费性、生产外部性、潜在进入者数量、产品或服务的可替代性、消费外部性、资产的可变现性、制度性壁垒以及行业风险性指标数值的上限和下限。其中，上限设为1，下限设为0。

（一）不同城市公用事业的外部性指标测算

选择城市公用事业理论与实践领域的5名专家组成专家组，通过召开专家讨论会的方式，确定构成不同城市公用事业外部性指标的产品或服务的可收费性、生产外部性的指标数值，结果如表3-10所示。

表3-10　　　　城市公用事业外部性指标测算

| 行业 | 生产外部性 | 消费外部性 | 外部性 |
| --- | --- | --- | --- |
| 城市供水 | 0.6 | 0.3 | 0.174 |
| 城市污水处理 | 0.6 | 0.2 | 0.166 |
| 城市垃圾处理 | 0.6 | 0.2 | 0.166 |
| 城市管道燃气 | 0.8 | 0.3 | 0.224 |
| 城市供热 | 0.6 | 0.6 | 0.198 |
| 城市公共交通 | 0.8 | 0.2 | 0.216 |

资料来源：笔者整理。

（二）不同城市公用事业的市场可竞争性指标测算

类似的，对构成城市公用事业市场可竞争性指标的潜在进入者数量、制度性壁垒、产品或服务的可替代性和行业风险性指标进行赋值，并利用表3-9中各指标的权重，通过加权求和的方式测算出不同城市公用事业的市场可竞争性程度，见表3-11。

表3-11　　　　城市公用事业市场可竞争性指标测算

| 行业 | 潜在进入者数量 | 制度性壁垒 | 产品或服务的可替代性 | 行业风险性 | 市场可竞争程度 |
| --- | --- | --- | --- | --- | --- |
| 城市供水 | 0.4 | 0.2 | 0.1 | 0.4 | 0.096 |
| 城市污水处理 | 0.8 | 0.8 | 0.2 | 0.8 | 0.204 |

续表

| 行业 | 潜在进入者数量 | 制度性壁垒 | 产品或服务的可替代性 | 行业风险性 | 市场可竞争程度 |
|---|---|---|---|---|---|
| 城市垃圾处理 | 0.8 | 0.8 | 0.2 | 0.8 | 0.204 |
| 城市管道燃气 | 0.6 | 0.6 | 0.4 | 0.6 | 0.178 |
| 城市供热 | 0.4 | 0.4 | 0.5 | 0.6 | 0.146 |
| 城市公共交通 | 0.9 | 0.8 | 0.6 | 0.8 | 0.262 |

注：由于制度性壁垒和行业风险性两个指标是逆向指标，即制度性壁垒越高或行业风险性越强，该行业的市场可竞争程度越弱。为此，如果制度性壁垒高，取值较小；反之则较大。同理，行业风险性高，取值较小；反之则较大。

资料来源：笔者整理。

（三）不同城市公用事业的项目可收益性指标测算

城市公用事业特许经营项目产品或服务的可收费性和资产的可变现性是决定其是否具有项目可收益性的重要衡量指标。类似的，经过专家会议方式，通过讨论最终形成对不同城市公用事业产品或服务的可收费性、资产的可变现性进行评分，并利用加权方式将产品或服务的可收费性和资产的可变现性分值加总形成项目可收益性分值，见表3-12。

表3-12　城市公用事业项目可收益性指标测算

| 行业 | 产品或服务的可收费性 | 资产的可变现性 | 项目可收益性 |
|---|---|---|---|
| 城市供水 | 0.8 | 0.3 | 0.242 |
| 城市污水处理 | 0.6 | 0.8 | 0.216 |
| 城市垃圾处理 | 0.6 | 0.7 | 0.210 |
| 城市管道燃气 | 0.8 | 0.5 | 0.254 |
| 城市供热 | 0.4 | 0.3 | 0.130 |
| 城市公共交通 | 0.7 | 0.6 | 0.232 |

资料来源：笔者整理。

（四）不同城市公用事业特许经营程度测算

在分别确定城市供水、城市污水处理、城市垃圾处理、城市管道燃气、城市供热以及城市公共交通六大行业的外部性、市场可竞争程度和及项目可收益性指标后,本书将对外部性、市场可竞争程度和项目可收益性的得分进行加总,从而形成六大行业的特许经营程度(见表3-13)。其中,城市公共交通行业因为具有非常强的市场可竞争程度、项目可收益性和外部性特征,所以其特许经营程度最高,达到0.710。城市管道燃气行业的特许经营程度次之,具有非常强的特许经营程度。城市污水处理和城市垃圾处理行业的特许经营程度较强,是近年来国家大力鼓励和引导社会资本进入的领域。相比较而言,城市供水行业的特许经营程度较低,与其他行业相比,该行业的市场可竞争程度相对较低,从而导致其特许经营程度相对较低。近年来,在国家积极推进城市公用事业市场化改革的过程中,城市供水行业的安全属性在一定程度上限制了民营企业特别是外资企业的进入。同时,城市供水行业的市场可竞争程度相对较低。在多种因素共同作用下,形成了城市供水行业特许经营程度相对较低的局面。在本书研究的六大城市公用事业中,城市供热行业的特许经营程度最低,仅为0.474,主要原因在于在所有行业中城市供热的项目可收益性得分最低,这与计划经济时期长期形成的福利供热机制所造成的市场化或特许经营的基础缺失相匹配,从而无法形成与市场竞争机制相适应的价格或收费机制,阻碍了潜在进入者的进入,限制了城市供热行业的特许经营。

表3-13　　　　　城市公用事业特许经营程度测算

| 行业 | 外部性 | 市场可竞争程度 | 项目可收益性 | 特许经营程度 |
| --- | --- | --- | --- | --- |
| 城市公共交通 | 0.216 | 0.262 | 0.232 | 0.710 |
| 城市管道燃气 | 0.224 | 0.178 | 0.254 | 0.656 |
| 城市污水处理 | 0.166 | 0.204 | 0.216 | 0.586 |
| 城市垃圾处理 | 0.166 | 0.204 | 0.210 | 0.580 |
| 城市供水 | 0.174 | 0.096 | 0.242 | 0.512 |
| 城市供热 | 0.198 | 0.146 | 0.130 | 0.474 |

资料来源:笔者整理。

综上所述，在城市公用事业六大行业中，特许经营程度按照从高到低依次为城市公共交通、城市管道燃气、城市污水处理、城市垃圾处理、城市供水和城市供热。需要说明的是，随着市场化改革的深入和城市公用事业技术经济特征的变化，不同城市公用事业的特许经营程度也会发生相应的变化，甚至一些特许经营程度较低的行业可能具备较高的特许经营程度。

## 第二节 城市公用事业特许经营模式及其合同特征

特许经营既可以在城市公用产品或服务整个生命周期的单个或多个环节实施，也可以贯穿于整个生命周期。特许经营并不完全等同于当今的热词"政府和社会资本合作"（PPP）。从严格意义上讲，特许经营是PPP的真子集，特许经营的核心要义在于经营。从城市公用事业特许经营的实践来看，根据是否具有有限期的资产属性以及项目新旧程度的双重属性，可将城市公用事业分为仅涉及运营管理的特许经营模式、有限产权特许经营模式和永久产权特许经营模式。基于此，本书将对城市公用事业特许经营的主要模式及其合同特征进行分析。

### 一 城市公用事业特许经营的主要模式

（一）仅涉及运营管理的特许经营模式

1. 委托运营模式

委托运营模式是指政府通过与委托运营企业签订合同，由专业化运营公司负责城市公用事业基础设施运营和维护。委托运营模式是一种典型的运营和管理合同。在这类合同中，社会资本只参与一些服务或管理项目的运营。委托运营企业负责城市公用事业具体项目的运营工作，但无须承担资本投资与风险，由委托方向运营企业支付运营服务费。委托运营模式只考虑运营企业的运营能力，不涉及运营企业的投资问题，有助于实现专业化运营，通过引入专业化团队负责具体城市公用事业委托运营项目的运营管理，有助于降低城市公用事业特许经营项目的运营成本,提高设施的运行效率。为了保证委托运营期内的成本以及政策波动不大,便于特许经营合约的签订和执行,委托运营项目的特许经营期一般较短,多以五年以内为宜。由于委托运营项目的特许经营期较短,责任边界界定较为清晰,因此,在满足项目运行效率的前提下可以通过公开竞争的方式来竞标运行服务价格,从而大大降低项目委托方的支付成本,也能有效地规避委托与运营双方的成本不对称问题。

2. 作业外包模式

作业外包是指政府或直属企业通过签订作业外包合同的方式,将某些作业性、辅助性工作委托给外部企业或个人去承担和完成。作业外包可以通过公开竞争方式进行外包作业委托,使委托方获得更丰厚的合同条件,合同期通常在五年以下。对正在运营的项目在特许经营期满前可以采用管理竞争的方式,让现有运营企业和潜在竞争者进行竞争。

(二) 有限产权特许经营模式

1. 建设—运营—移交模式

建设—运营—移交模式(Build – Operation – Transfer,BOT)主要针对城市公用事业中的新建项目,该类项目采用由特许经营企业建设或法律规定的特许经营企业委托第三方建设,但特许经营期内的运营主体必须是中标企业,运营期内要保障产品或服务的连续性与产品质量的优质性。此外,建设—运营—移交模式要求特许经营项目到期后无偿或有偿地转让给当地政府或行业主管部门。[①] 因此,BOT 项目实质上是特许经营企业在特许经营期内拥有招投标中规定的建设项目经营权,一般用于建设城市公用设施投资数额较大、需要长时间运营才能回收建设成本的项目。

---

[①] 基于城市公用事业特许经营项目到期后不增加政府负担以及保障设施设备的完好可用性的双重考虑,本书建议 BOT 项目在特许经营协议中写明到期后无偿移交给政府或行业主管部门,同时到期前对城市公用项目的设施设备进行恢复性大修,保证特许经营合同中约定的到期后若干年内设施设备的可用性,从而保证 BOT 型城市公用事业特许经营项目特许经营期满后的平稳过渡,避免到期后增加政府回购以及设施设备更新更换的经济负担。

由于 BOT 项目涉及建设、运营和移交三个环节。因此，BOT 模式是城市公用事业特许经营过程中模式较为复杂且对运营主体要求较高的模式。与特许经营期内不涉及产权转让的项目相比，参与特定城市公用事业 BOT 项目的竞标企业数量一般较少。同时，由于城市公用事业 BOT 项目的特许经营期较长[①]，一般在运营期内将面临价格调整、质量标准提升、设施设备更新以及其他不可预测因素，从而增加了项目的不确定性和风险性。因此，对城市公用事业 BOT 项目而言，要通过特许经营权竞标机制的选择，甄选出最有效率的特许经营企业参与项目运营。同时，需要优化特许经营项目的合同体系，建立有效的监管体系，从而降低城市公用事业 BOT 项目的建设、运营与移交等多个环节的风险。

2. 建设—拥有—运营—移交模式

建设—拥有—运营—移交模式（Build – Own – Operation – Transfer，BOOT）是指政府与参与竞标的企业通过特许经营权竞标的方式，遴选出由综合效率最高的企业负责特许经营期内约定范围的城市公用事业特许经营项目的建设和运营的权利，同时约定特许经营企业在特许经营期限内拥有新建项目的有限产权，特许经营期满后，获得特许经营权的企业将新建的设施设备有偿或无偿移交给当地政府或政府指定机构。

BOOT 模式与 BOT 模式区别主要有两个方面：其一，在特许经营期内是否拥有有限产权。其中，BOT 模式在特许经营期内只拥有经营权或运营权，而 BOOT 模式在特许经营期内既拥有运营权，也拥有新建设设施设备的所有权。其二，特许经营期的长短。由于 BOOT 项目在特许经营期内拥有有限产权，为此，在特许经营期内可将项目资产抵押给银行并获得优惠贷款条件，进而降低融资成本，从而在同等情况下实现比 BOT 模式更为低廉的城市公用产品价格。一般情况下，基

---

[①] BOT 项目的特许经营期一般为 20—30 年，根据具体项目的特征不同，需要明确规定城市公用事业 BOT 项目的特许经营期限，但在城市公用事业特许经营实践中，多以 20 年或 30 年作为特许经营期，忽略了特许经营期选择需要考虑城市公用事业的异质性特征。

于项目的回收机制，同一项目选择 BOOT 模式的特许经营期限往往长于 BOT 模式。

3. 建设—拥有—运营模式

建设—拥有—运营模式（Build - Own - Operation，BOO）是指特许经营企业通过特许经营权招投标的方式，获得城市公用事业特许经营项目的建设、拥有以及运营的权利。一般而言，除非特许经营企业发生严重违法违规事件或者特许经营企业放弃特许经营权，否则特许经营企业将长期拥有特定城市公用事业特许经营项目的运营权和所有权。在该类合同的安排下，项目的控制权和所有权始终归属于特许经营企业或社会资本。对 BOO 模式的城市公用事业特许经营项目而言，社会资本将实体融资、建设、拥有并永久运营一座城市公用事业基础设施。

BOO 模式与 BOT 模式的相同之处，在于两者都是利用社会资本投资、负责城市公用事业等基础设施项目的运营。在这两种模式中，社会资本根据政府或政府指定机构授予的特许经营协议，从事授权项目的设计、融资、建设及其运营。在特许经营期内，特许经营企业拥有项目的占有、使用、收益等权益，以及对特许经营企业进行投融资、工程设计、施工建设、设备采购、运营管理、合理收费等权利，并承担项目设施的维修、保养等义务。同时，与 BOT 项目相比，BOO 项目的典型特征是公司不受任何时间限制拥有并运营城市公用事业特许经营项目的基础设施。

4. 建设—移交—运营模式

建设—移交—运营模式（Build - Transfer - Operation，BTO）是指在政府授权下，特许经营企业负责城市公用事业基础设施的融资与建设，当特许经营项目建成后即将设施的所有权[1]移交给政府或行业主管部门；随后政府再与该特许经营企业签订经营该城市公用事业基础设施的长期合同，通过收费机制回收城市公用事业特许经营项目的建设和运营成本并获得合理收益。从实践来看，我国一些名义上的 BOT

---

[1] 项目的实体资产仍归特许经营企业占有。

项目，严格意义上说是 BTO 项目。

BTO 模式与 BOO 模式的共同特征是：两种模式的特许经营合同均为长期合同，适用于建设投资额度大需要通过长期收费才能回收的城市公用事业特许经营项目。同时，BTO 模式的典型特征是：在特许经营期内实现了所有权与使用权的分离，更有利于提升政府或行业主管部门对城市公用事业资产的控制能力。

5. 转让—运营—移交模式

转让—运营—移交模式（Transfer – Operation – Transfer，TOT）是指政府通过转让存量城市公用事业特许经营项目并获得资产权转让收益，同时，允许特许经营企业获得较长期限的运营权，通过收费机制来弥补特许经营项目的转让收益、运营成本并获得合理回报，同时在特许经营期满后保障城市公用事业设施设备的可用性前提下无偿或有偿移交给当地政府。

政府对存量城市公用事业特许经营项目实行 TOT 模式的优点主要表现为：第一，通过盘活存量城市公用事业基础设施资产，为城市发展提供新的经营理念。推进新型城市化建设要求新建大量城市公用事业基础设施，单纯依靠政府财政投资难以满足增量资金需求。同时，存量城市公用事业基础设施存在资产沉淀问题，通过 TOT 模式能够有效地盘活存量资产，最大限度地发挥经济效益和社会效益。第二，通过特许经营权竞标机制的有效运用，增加存量城市公用事业特许经营项目基础设施的服务能力和运行效率，从而增进社会福利。但 TOT 模式需要重视存量项目的转让价格、特许经营期限服务价格或费用。

（三）永久产权特许经营模式

1. 股权或产权转让模式

股权或产权转让是指政府将国有独资或国有控股的城市公用事业的部分股权或产权转让给外资或其他民营企业，从而形成投资主体多元化的公司治理结构。同时，新公司获得项目的特许经营权，政府许可其在一定期限内经营特定范围业务的活动。通过股权或产权转让，政府实现城市公用事业基础设施的投资变现，从而缓解了城市政府的财政压力。政府通过推行股权或产权转让特许经营模式，不仅引入多元化的投资主体，还完善了公司治理结构，提高了企业的经济绩效。

2. 合资合作模式

合资合作是指政府以城市公用事业的资产与外资或其他民营企业（通常以现金的方式进行出资）共同组建合资公司，负责经营原有独资的城市公用企业的设施和业务。同时，政府将特许经营权授予给新的合资公司，并许可其在一定期限和业务范围内经营的权利。通过合资合作，可以扩大原有国有企业的资产规模，缓解城市公用事业的资金压力。但是，合资合作模式会使原有企业的股权被稀释，影响企业的经营决策，在一定程度上会影响企业的发展。

## 二 城市公用事业特许经营的合同特征

特许经营是20世纪80年代以来城市公用事业市场化改革的重要制度创新。随着城市公用事业市场化改革的深入，对城市公用事业特许经营的认知能力越发提高。目前，城市公用事业特许经营呈现出伙伴关系、利益共享和风险分担三大特征。其中，伙伴关系是城市公用事业特许经营的核心，利益共享和风险分担是伙伴关系的基础。基于利益共享和风险分担，城市公用事业特许经营方可建立伙伴关系，从而形成政府方和社会资本方之间共同合作的基础，进而为社会公众提供充足的城市公用产品或公共服务。

（一）伙伴关系

城市公用事业特许经营的伙伴关系主要通过契约关系、长期合作关系和合法的政商关系三个方面来体现。

第一，伙伴关系是契约关系。城市公用事业特许经营是在政府方和社会资本方之间平等协商的基础上形成的合作共赢关系，是以双方共同签订的城市公用事业特许经营合同为基础，明确政府方和社会资本方的权利与义务，形成约束政府方和社会资本方权利与义务的契约关系，体现政府方和社会资本方之间相互支持、相互理解、相互尊重、平等协商的契约精神，也体现了双方之间共同参与整个城市公用事业特许经营项目的过程或者在组织或管理框架下共同行事的组织安排。

第二，伙伴关系是长期合作关系。与一般的商业合同不同，大多数城市公用事业特许经营项目的特许经营期较长,一般为10—30年,个别特许经营项目的特许经营期甚至更长。在城市公用事业特许经营过程中,政府方和社会资本方之间的协商、谈判、运营及其监管等必然体现为长期关系,这决定了各方建立的伙伴关系贯穿于项目的整个特许经营期。

第三,伙伴关系是合法的政商关系。在城市公用事业特许经营过程中,政府方既是合作者,又是监督者和管理者。通过特许经营权竞标的方式,政府或政府指定机构选择合适的特许经营运作主体或社会资本方。同时,政府方承担城市公用事业的发展战略制定、政府监管和绩效评估等职责,以及城市公用事业特许经营项目的识别、准备、采购、执行和移交等活动。

总之,城市公用事业特许经营项目建立的政府方和社会资本方的合作关系,在财政预算和现有税收政策下以提供低成本、高质量的公共产品为目标,是一种合法的政商关系。

(二)利益共享

城市公用事业特许经营项目的利益共享主要包括社会效益的共享和政府方与社会资本方之间经济利益的共享两个方面。

第一,利益共享是社会效益的共享。几乎所有城市公用事业特许经营项目都具有社会公共性质,城市公用事业特许经营项目并不以投资效益和经济利润最大化为追逐目标,而是通过特许经营模式,在实现社会资本获得合理经济利益的同时,增加基础设施和公共服务的供给,提高基础设施和公共服务的质量,使社会公众享受城市公用事业特许经营的社会效益,最终实现政府方、社会资本方和社会公众的多赢。

第二,利益共享也是政府方和社会资本方之间经济利益的共享。根据项目性质,政府方或政府指定机构可以给予社会资本方相应补偿或优惠措施,如税收优惠、贷款担保以及沿线土地优先开发权等。同时,根据项目盈亏机制,政府方通过购买公共服务、可行性缺口补贴以及参与盈利分红等多种方式,让社会资本方获得相对合理稳定的投资回报。在城市公用事业特许经营过程中,政府也能改善传统行政授予制度下单纯依靠政府财政投资所带来的投资不足问题。

（三）风险分担

城市公用事业特许经营项目政府方与社会资本方之间的伙伴关系，不仅意味着利益共享，也意味着风险分担。利益与风险是相对应的，如果没有风险分担，也无法形成政府方与社会资本方的伙伴关系。同时，风险分担也是区别于公共部门与民营部门其他交易的重要标志。风险分担是在政府方和社会资本方之间合理分配风险，将城市公用事业特许经营项目的政府方和社会资本方的整体风险最小化，风险分担也是社会资本方参与城市公用事业特许经营项目成败的重要因素。在城市公用事业特许经营过程中，应该综合政府方和社会资本方的风险控制与化解能力等，按照"风险由最适宜一方来承担"的原则，考虑双方风险的最优应对、最佳分担机制，合理分配城市公用事业特许经营项目风险，并实现项目整体风险最小化的目标。

## 第三节 项目特征与特许经营模式匹配机制理论分析

城市公用事业涉及多个行业，同一城市不同行业、不同城市同一行业以及不同城市不同行业的技术经济特征具有较强的差异性。项目特征是一个广义的概念，主要包括城市公用事业特有的技术经济特征、所在城市的特点和项目本身的特殊性。城市公用事业特许经营项目的异质性特征决定了最优特许经营模式选择的唯一性。为了规避城市公用事业特许经营项目特许经营模式选择的误配问题，本节将对城市公用事业特许经营项目的特征、特许经营模式的特征和项目特征与特许经营模式匹配机制进行分析。

### 一 城市公用事业特许经营项目的特征

前文的研究表明，城市公用事业特许经营程度由高到低依次为城市公共交通、城市管道燃气、城市污水处理、城市垃圾处理、城市供水以及城市供热，这一研究结论的得出是将行业作为一个整体进行考量的，并未根据城市公用事业不同行业的特征进行分拆处理，进而确定不同业务或环节的可特许经营程度。理论上说，城市公用事业的项目特征是最优特许经营模式选择的重要依据。一般而言，不同城市公用事业特许经营项目之间呈现出强弱不同的异质性特征，不同特征的项目所选择的特许经营模式具有类似性。最优特许经营模式的选择是城市公用事业特许经营的重要前提，而项目特征是决定特许经营模式优化选择的关键。为此，本书首先明确城市公用事业特许经营项目的异质性特征，从而为最优特许经营模式选择机制提供理论支撑。

(一) 城市公用事业的自然垄断性与竞争性

从理论上看，可竞争性是城市公用事业能否市场化或特许经营的先决条件。多数城市公用事业依托于固定的或限定的物理网络，拥有网络性业务或环节，这也是长期以来学术界将城市公用事业作为自然垄断性行业的重要依据。传统意义上看，从行业角度研究城市公用事业问题成为分析惯例，而未将同一城市公用行业按照技术经济特征分环节进行细化分析。事实上，同一城市公用行业涉及多种不同业务，不同业务可能具有不同的属性特征，不同属性下的城市公用事业环节或业务是其特许经营模式选择的重要依据。

根据城市公用事业不同环节的自然垄断性和竞争性特征，可将城市公用事业的业务类型划分为自然垄断性业务和竞争性业务，不同业务的排列组合是城市公用事业特许经营模式优化选择的重要基础。从城市公用事业不同行业的自然垄断性和竞争性特征来看，除城市垃圾处理行业外，城市供水、城市污水处理、城市管道燃气、城市供热以及城市公共交通等行业拥有自然垄断性的网络基础设施，同时存在（潜在）竞争性业务或环节。其中，自来水是城市居民的生活必需品，产品或服务的替代性几乎为零，需要整个城市或在较大城区范围内实行联网联供，同时实行分块联网处理污水，显然，城市供水和城市污水处理行业的自然垄断性最强。城市燃气与集中供热行业可以由电力、石油等产品来替代，因此，自然垄断性要弱于城市供水和污水处理行业。同时，更改城市公交网络的成本较低，同一公交专用道上并非只有唯一的公交线路，往往在某一区段的公交网络上有多条公交线路交叉,显然,城市公交行业的自然垄断性特征要弱于城市供水、城市污水处理、城市管道燃气和城市供热行业。此外,城市垃圾处理行业涉及清扫、运输以及处理等多个环节,与其他城市公用事业相比,这些环节缺乏固定网络支撑。因此,城市垃圾处理行业是缺乏自然垄断性特征的行业。

除自然垄断性业务外,在多数城市公用事业中,还存在竞争性业务或环节。经济理论表明,在城市公用事业的竞争性业务或领域允许多家企业通过特许经营权竞标的方式来参与特定项目的生产、运营以及服务等活动。从不同城市公用事业来看,(潜在)竞争性业务主要包括城市供水行业的供水生产、销售和维护等环节,城市污水处理行业的污水收集、处理、维护等环节,城市管道燃气生产、储存、销售、维护等环节,城市供热行业的热能生产、销售环节,城市垃圾处理行业的垃圾收集、清扫、运输、处理等环节,以及城市公共交通行业的公交车辆运行、票务业务等环节。详见表 3 – 14。

表 3 – 14　　城市公用事业自然垄断性业务与竞争性业务

| 城市公用事业名称 | 自然垄断性业务 | 竞争性业务 |
|---|---|---|
| 城市供水 | 供水管网设施 | 供水生产、销售、维护等 |
| 城市污水处理 | 污水处理管网设施 | 污水收集、处理、维护等 |
| 城市垃圾处理 | 无 | 垃圾收集、清扫、运输、处理等 |
| 城市管道燃气 | 燃气管网设施 | 燃气生产、储存、销售、维护等 |
| 城市供热 | 热力管网设施 | 热能生产、销售、维护等 |
| 城市公共交通 | 城市公交道路网络设施 | 公交车辆运行、票务业务等 |

资料来源:仇保兴、王俊豪等:《中国城市公用事业特许经营与政府监管研究》,中国社会科学出版社 2014 年版。

(二)城市公用事业项目的新建性与已有性

按照项目在运作之前是否存在,可将城市公用事业特许经营项目分为新建项目和已建项目。项目的新建性与已有性特征直接决定着城市公用事业市场化项目的特许经营模式选择。与已建城市公用事业特许经营项目相比，新建城市公用事业特许经营项目对社会资本方的选择要求更高。对构成社会资本方的单一企业或企业联合体而言，需要同时具备与新建项目相匹配的投融资能力、建设能力和运营服务能力。同时，新建城市公用事业特许经营项目的初始投资额度较大，这决定了该类项目的特许经营期一般较长。与新建城市公用事业特许经营项目相比，已建项目不涉及建设环节，但却存在涉及资产权转让的项目和只涉及经营权转让的项目两种类型。其中，不涉及资产转让的已建城市公用事业基础设施的特许经营期往往较短；反之则较长。因此，城市公用事业特许经营项目的新建性与已有性特征是项目选择最优特许经营模式的关键。

（三）城市公用产品或服务的政府付费、使用者付费和可行性缺口补贴

项目的技术经济特征决定了城市公用事业的付费方式，目前存在政府付费、使用者付费和可行性缺口补贴三种付费机制。其中，政府付费，是指政府直接付费购买公共产品或服务。在政府付费机制下，政府可以依据项目设施的可用性、产品或服务的使用量以及质量向项目公司付费。政府付费是公用设施类和公共服务类项目应用最为广泛的付费机制，公共交通特许经营项目常常采用该种付费机制。使用者付费，是指由最终消费用户直接付费购买公共产品或服务。项目公司直接向最终用户收取费用，从而实现回收项目建设和运营成本并获得合理收益的目的。地铁、供水、供热等公用设施项目通常采用使用者付费机制。可行性缺口补贴（Viability Gap Funding，VGF），是指在使用者付费不足以满足项目公司成本回收和合理回报时，由政府给予项目公司一定的经济补助，以弥补使用者付费之外的缺口部分。可行性缺口补助是政府付费机制与使用者付费机制之外的折中选择。在实践中，存在多种可行性缺口补助形式，如土地划拨、投资入股、投资补助、优惠贷款、贷款贴息、放弃分红权、授予项目相关开发收益权等。

## 二 城市公用事业特许经营模式的特征

本书已对城市公用事业特许经营程度和特许经营模式进行了研

究，分析了特许经营合同的性质，但尚未对不同特许经营模式的基本特征进行分析。然而，城市公用事业特许经营模式的基本特征是建立项目特征与特许经营模式匹配机制的重要前提，为此，非常有必要对城市公用事业特许经营模式的基本特征进行系统研究。总体上说，特许经营模式适用于政府负有提供责任、适宜市场化运作、需求长期稳定、价格调整机制相对灵活、收费机制相对透明、风险分担机制合理、包含运营环节的城市公用事业等基础设施和公共服务项目，但不同特许经营模式有其特定的适用范围。为此，本部分将对特许经营模式的基本特征进行分析。

（一）不同特许经营模式的运作方式

城市公用事业特许经营项目包括仅涉及运营管理的特许经营模式、有限产权特许经营模式和永久产权特许经营模式，不同类型特许经营项目的运作方式存在一定的差异。其中，对仅涉及运营管理的特许经营模式而言，政府通过采购方式获得产品或服务，与中标企业或企业联合体签订特许经营协议，由特许经营企业或企业联合体负责城市公用事业特许经营项目的运营管理并获得相应报酬。对有限产权的特许经营模式而言，企业或企业联合体组建城市公用事业特许经营项目公司，并由政府或政府指定机构与项目公司签订特许经营协议，同时由项目公司或企业联合体负责城市公用事业特许经营项目的建设和（或）运营并获得相应收益，特许经营期满后无偿移交给当地政府。对永久产权特许经营模式而言，通过向企业或企业联合体转让股权或合资的方式组建合资公司，政府或政府指定机构与合资公司签订特许经营协议，由合资公司负责城市公用事业特许经营项目的建设和（或）运营，并获得相应的投资回报。

（二）不同特许经营模式的参与程度

城市公用事业特许经营项目的生命周期由设计、融资、建设、运营、拥有和移交等多个环节组成，不同特许经营模式的运作方式存在一定的差异，这决定了政府方和社会资本方参与特许经营项目的环节和程度是不同的（见表3-15）。其中，作业外包和委托运营模式特许经营项目仅涉及运营环节。同时，根据特许经营合同有关规定，

BOT 及其衍生的有限产权模式特许经营项目在不同程度上参与城市公用事业的不同环节。此外，对股权转让或合资合作模式而言，合资公司的股权结构决定了特许经营企业将在一定比例上拥有城市公用事业基础设施的所有权。

表 3-15　特许经营企业参与城市公用事业特许经营项目的环节对比

| 特许经营模式 | | 设计 | 融资 | 建设 | 运营 | 拥有 |
|---|---|---|---|---|---|---|
| 仅涉及运营管理的特许经营模式 | | × | × | × | √ | × |
| 有限产权模式 | BOT | × | √ | √ | √ | √（特许期内） |
| | BOOT | × | √ | √ | √ | √（特许期内） |
| | BT | × | √ | √ | × | × |
| | TOT | × | × | × | √ | √（特许期内） |
| | BTO | × | √ | √ | √ | × |
| | ROT | × | √ | √ | √ | √（特许期内） |
| | BOO | × | √ | √ | √ | √ |
| 永久产权模式 | | √ | √ | √ | √ | √（按占股比例） |

资料来源：笔者整理。

（三）不同特许经营模式的产权归属

仅涉及运营管理的特许经营模式由于不涉及项目由无到有的建设过程以及产权转让问题，因此，这一模式的特许经营企业或项目公司不拥有项目的有限产权。有限产权模式涉及项目投融资、建设以及运营等多个环节，涉及建设环节决定了城市公用事业特许经营项目在特许经营期内拥有有限产权。在所有特许经营模式中，BOO 模式的特许经营期最长，几乎等同于永久产权模式的运营期限。对永久产权模式而言，已通过出售股权或者增资扩股的方式完全或部分地实现了私有化，各个投资人将根据股权结构决定不同的产权比例。同时，项目特征决定了同一模式、不同项目的特许经营期会存在一定的差异。对有限产权或永久产权的特许经营项目而言，特许经营期限与产权归属时间是一致的。如图 3-3 所示，产权归属时间越长的特许经营模式，其特许期也越长，基本在 20—30 年甚至更长。反之，服务合同则越短，有的甚至低至 3—5 年。

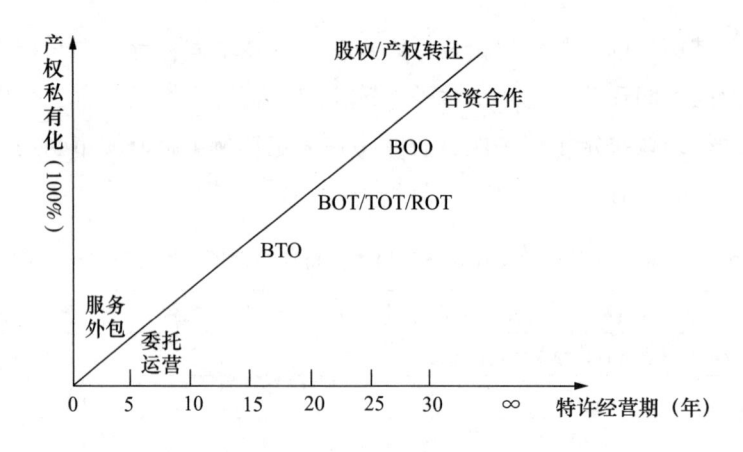

图 3-3　不同模式下的产权归属与特许期

（四）不同特许经营模式的风险收益

在不同的特许经营模式下，政府和企业的参与程度以及对项目产权的拥有程度存在一定的差异，由此构成了不同的风险分担与利益获取矩阵。在仅涉及运营管理的特许经营模式中，政府方承担投资与建设风险，社会资本方或特许经营企业承担项目的运营管理风险，特许经营企业通过政府付费、使用者付费和可行性缺口补贴的方式来弥补成本并获得一定的报酬。对有限产权模式中新建城市公用事业特许经营项目而言，特许经营企业需要承担投资、建设与运营风险；而对有限产权模式中已建城市公用事业特许经营项目而言，特许经营企业需要承担融资与运营管理风险。在永久产权特许经营模式中，特许经营企业承担投资、运营和政治风险，该种模式下的政治风险远大于有限产权模式，一旦法规政策变迁或者政企关系恶化，将增加特许经营企业收回投资的风险。同时，永久产权特许经营模式下的特许经营企业能够最大限度地获取自主权，对市场的控制力更强，有助于提升企业的运营效率和收益水平。不同特许经营模式下的政企风险分担和收益分配关系见图 3-4。

三　项目特征与特许经营模式匹配机制研究

从广义上看，决定或匹配城市公用事业特许经营模式的项目特征主要有项目是已建的还是新建的、项目所在地政府的财政实力、项目

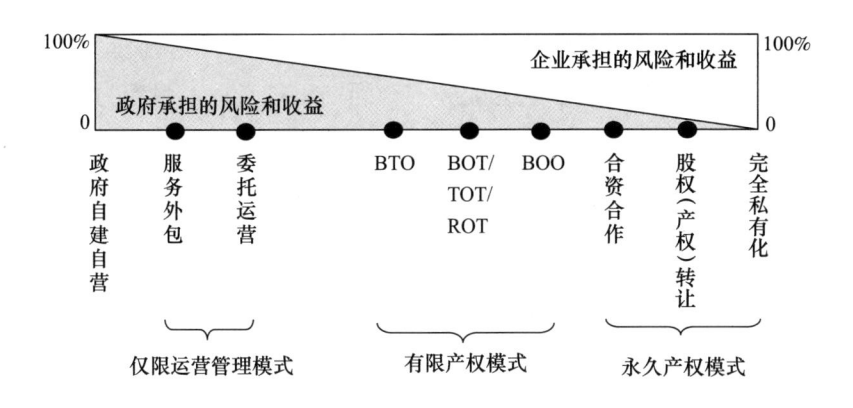

图3-4 不同特许经营模式下的政企风险分担和收益分配关系

所在地政府是否愿意推行特许经营模式、项目所在地政府对不同特许经营模式的风险偏好程度、城市公用事业特许经营环节的主辅性、特许经营项目的合同期限以及特许经营项目的收费补偿机制等。从理论上看，任何特征的项目都存在理想化的或理论上的最优特许经营模式，但现实中常常产生偏离最优特许经营模式的特许经营模式错配问题，这将背离通过选择特许经营模式提升项目运作效率的初衷。为此，通过理论分析逻辑求索出项目特征与特许经营模式的匹配机制具有重要的理论意义与现实价值。实践表明，BOT模式、TOT模式以及委托运营模式是城市公用事业特许经营过程中应用最为广泛的特许经营模式，其他特许经营模式是上述三种特许经营模式的拓展或延伸。为此，本部分将主要以上述三种特许经营模式为例，对其项目特征与特许经营模式的匹配机制进行研究。

（一）项目特征与BOT模式的匹配机制

在城市公用事业市场化改革项目选择特许经营模式的过程中，是否为新建项目是政府方选择BOT或其衍生模式的前提条件。在此基础上，项目所在地的政府财政实力、项目所在地政府是否愿意采取特许经营模式、项目所在地政府对不同特许经营模式的风险偏好程度、城市公用事业特许经营环节的主辅性、特许经营项目的合同期限以及特许经营项目的收费补偿机制等决定了政府方是否必须选择BOT模式进行市场化运作。项目特征与BOT模式的匹配机制见表3-16。其中，

BOT 模式的选择需要同时满足新建项目、地方政府的财政压力较大、地方政府偏好特许经营、主营业务、合同期限较长以及付费方式为使用者付费或可行性缺口补贴等条件。

表 3-16　　　　　项目特征与 BOT 模式的匹配机制

| 是否选择 BOT 模式 | 项目特征 | 条件关系 | 满足条件 |
| --- | --- | --- | --- |
| 是 | 新建项目 | 必要条件 | 同时满足 |
| | 地方政府财政压力较大 | — | |
| | 地方政府偏好特许经营 | 必要条件 | |
| | 主要业务 | 必要条件 | |
| | 合同期限较长 | 必要条件 | |
| | 付费方式为使用者付费或可行性缺口补贴 | 必要条件 | |
| 否 | 已建项目 | 充要条件 | 满足 |
| 否 | 地方政府不偏好特许经营 | 充分条件 | 满足 |
| 否 | 辅助业务 | 充分条件 | 满足 |
| 否 | 合同期限较短 | 充分条件 | 满足 |
| 否 | 缺乏付费机制 | 充分条件 | 满足 |

注：只有同时满足上述条件，方可选择 BOT 模式。否则，缺少任何一个条件都将难以决定是否一定选择 BOT 模式。需要说明的是，在现实中，地方政府的财政压力大越偏好 BOT 模式，但若地方政府财政压力不大但在其他约束下也可以选择 BOT 模式。

资料来源：笔者整理。

## （二）项目特征与 TOT 模式的匹配机制

与 BOT 模式类似，TOT 模式也是城市公用事业特许经营的典型模式。TOT 模式的选择需要基于一定的理论依据，忽视项目特征而片面选择 TOT 模式，难免会造成 TOT 模式的错配问题。目前，无论是学术界还是业界对项目特征与 TOT 模式匹配机制问题的认识依然莫衷一是，仍然缺乏对项目特征与 TOT 模式匹配机制的理论研究，只是片面地将其作为存量项目市场化改革的重要方式。一般而言，存量项目仅仅是城市公用事业市场化改革过程中 TOT 模式选择的必要条件，在实践过程中决定存量项目能否选择 TOT 模式进行特许经营还受制于其他因素的影响，多种因素综合作用构成城市公用事业 TOT 的充要条件。基于此，本书将在充分挖掘城市公用事业项目特征的基础上，尝试性地建立项目特征与 TOT 模式的匹配机制。一般而言，存量项目是城市公用事业特许经营项目是否选择 TOT 模式运作的基本前提，对合同期限较长、地方政府偏好特许经营模式、付费方式为使用者付费或可行性缺口补贴的城市公用事业主营业务特许经营而言，城市政府更偏好于 TOT 模式。基于上述条件，当城市政府的财政压力较大的情况下，城市政府选择 TOT 模式的概率将大大增加。关于项目特征与 TOT 模式的匹配机制大致归纳如表 3-17 所示。

表 3-17　　　　　项目特征与 TOT 模式的匹配机制

| 是否选择 TOT 模式 | 项目特征 | 条件关系 | 满足条件 |
| --- | --- | --- | --- |
| 是 | 存量（已建）项目 | 必要条件 | 同时满足 |
| | 地方政府财政压力较大 | — | |
| | 地方政府偏好特许经营 | 必要条件 | |
| | 主要业务 | 必要条件 | |
| | 合同期限较长 | 必要条件 | |
| | 付费方式为使用者付费或可行性缺口补贴 | 必要条件 | |
| 否 | 新建项目 | 充要条件 | 满足 |
| 否 | 地方政府不偏好特许经营 | 充分条件 | 满足 |
| 否 | 辅助业务 | 充分条件 | 满足 |
| 否 | 合同期限较短 | 充分条件 | 满足 |
| 否 | 缺乏付费机制 | 充分条件 | 满足 |

资料来源：笔者整理。

（三）项目特征与委托运营项目的匹配机制

委托运营项目与 BOT 项目的显著差异为是不是存量项目，与 TOT 项目的显著差异为是否涉及资产转让以及特许经营企业的准入门槛高低。效率导向是委托运营项目选择特许经营企业的重要标准，同时委托运营项目的特许经营期较短，降低了地方政府选择 TOT 项目所带来的长周期波动风险与负面效应。从委托运营项目的基本特征出发，存量项目、特许经营期较短、效率性原则、辅助业务、具有收费属性以及不涉及资产转让的特许经营项目是地方政府选择委托运营模式的必要条件。同时，即便满足上述条件，当地方政府不偏好特许经营模式的情况下，也无法触发政府方选择委托运营机制；反之，委托运营将是该类项目特许经营的重要选择方式。关于项目特征与委托运营模式的匹配机制见表3-18。

表3-18　　　　项目特征与委托运营模式的匹配机制

| 是否选择委托运营模式 | 项目特征 | 条件关系 | 满足条件 |
| --- | --- | --- | --- |
| 是 | 存量（已建）项目 | 必要条件 | 同时满足 |
| | 地方政府偏好特许经营 | 必要条件 | |
| | 效率导向 | 必要条件 | |
| | 不涉及资产转让 | 必要条件 | |
| | 辅助业务 | 必要条件 | |
| | 合同期较短 | 必要条件 | |
| | 政府付费、使用者付费 | 必要条件 | |
| 否 | 新建项目 | 充要条件 | 满足 |
| 否 | 地方政府不偏好特许经营 | 充分条件 | 满足 |
| 否 | 资产导向 | 充分条件 | 满足 |
| 否 | 合同期较长 | 充分条件 | 满足 |
| 否 | 缺乏付费机制 | 充分条件 | 满足 |

资料来源：笔者整理。

## 第四节　城市公用事业项目特征与特许经营模式匹配机制

本章第三节从理论上对项目特征与特许经营模式的匹配机制进行了研究，针对特许经营模式中比较常见的BOT模式、TOT模式和委托运营模式，建立了项目特征与特许经营模式的匹配机制。在此基础上，本节将通过剖析不同城市公用事业的基本特征，建立城市公用事业的项目特征与特许经营模式的匹配机制，从而规避在实践过程中城市公用事业特许经营模式的错配问题，进而提高城市公用事业特许经营模式选择的有效性。前文研究表明，具有竞争性特征的城市公用事业特定业务或环节是其特许经营的理论基础，而这些竞争性的业务或环节基本可以进一步细分为生产、销售、维护、运输等主要环节，不同环节的经济属性以及主辅业务特征决定了其选择特许经营模式的差异性。鉴于生产环节是不同城市公用事业特许经营项目的主要业务，为此，本部分将从生产环节和除生产环节以外的其他环节两部分出发，对城市公用事业的项目特征与特许经营模式的匹配机制进行研究。

**一 城市公用事业生产环节的特许经营模式选择**

是否具有生产环节是判断城市公用事业特许经营业务是主要业务还是辅助性业务的重要前提。从城市公用事业竞争性业务或环节来看，城市供水、城市污水处理、城市垃圾处理、城市管道燃气、城市供热以及公共交通运行都具有典型的生产属性，是城市公用事业的主营业务领域。但是，由于不同行业的生产业务存在一定的特征差异，固然形成多种特许经营模式与城市公用事业生产业务群的向量组合。新建项目与已建项目、投资数额较大和投资数额较少是构成特许经营模式匹配机制的两类重要特征变量。为此，本部分将基于第三节的理论分析，重点从超额投资与相对较少投资、新建项目与已建项目双维度对城市公用事业生产环节的特许经营模式选择问题进行研究。城市公用事业生产环节的特许经营模式选择示意如图 3-6 所示。

（一）投资数额较大前提下新建项目与已建项目特许经营模式的匹配机制

一般情况下，形成城市供水、城市污水处理、城市垃圾处理、城市管道燃气和城市供热五大行业以及城市公共交通中的地铁的生产能力需要大量投资，这五大行业的新建项目需要特许经营企业出资建设，而这五大行业的已建项目在特许经营过程中涉及特许经营期内资产权的转让问题。无论是新建项目还是已建项目,特许经营企业的投资数额均较大,这决定了城市供水行业、城市污水处理行业、城市垃圾处理行业、城市管道燃气行业以及城市供热行业生产环节的特许经营期一般较长、需要具备市场化的定价与调价机制等。因此,对城市供水、城市污水处理、城市垃圾处理、城市管道燃气和城市供热以及城市公共交通中的地铁在进行特许经营的过程中,一般选择BOT、TOT或其衍生的特许经营模式。

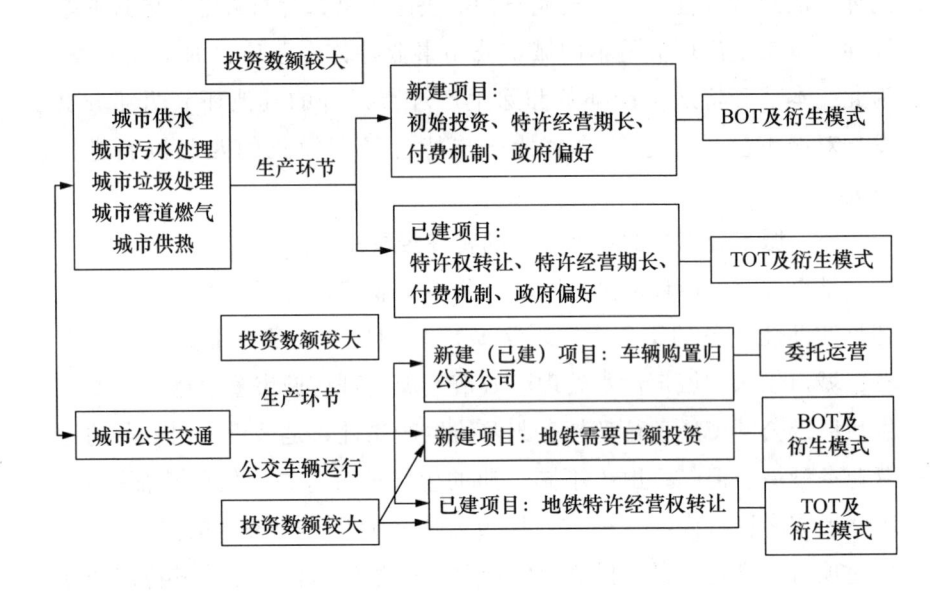

图3-6 城市公用事业生产环节的特许经营模式选择示意

(二)投资数额较少前提下新建项目与已建项目特许经营模式的匹配机制

一般而言,涉及生产环节的城市公用事业需要以较大额度的投资为支撑,从而维系建设过程中所需要的成本投入或弥补特许经营权的转让价格投资。但是,在城市公用事业市场化改革的过程中,并非所有涉及生产环节的特许经营项目都具有较大额度的投资属性,除地铁以外的公共交通是所有城市公用事业生产环节投入最低的行业。特别地,如果购置车辆的所有权归属于所在城市公共交通集团(或公司),

那么对公共交通领域生产环节推进市场化改革，其实质上是政府购买公共服务，所采取的特许经营模式类似于委托运营。需要说明的是，尽管地铁与公交同属于公共交通系统，但是，因投资额度的差异以及网络强弱的不同，从而形成了不同的特许经营模式。原因在于，对投资数额较少的新建项目或已建项目而言，在较短的特许经营期内即可回收成本并获得合理收益，因此，特许经营期较短，最优化理论决定无法选择BOT、TOT等特许经营模式。同时，由于投资数额较少的新建或已建项目的边界较为清晰，在特许经营期内，如果控制住服务质量等变动因素，通过竞标服务价格能够甄选出高效的特许经营企业，从而实现效率的最优化目标。委托运营模式的特许经营期较短、约束性较强，更加适用于投资数额较少的新建或已建项目。

二　城市公用事业非生产环节特许经营模式选择

城市公用事业的非生产环节又称为辅助环节，是为城市公用事业的正常生产提供辅助业务的环节，如销售环节、维护环节、运输环节等，这些环节与生产环节共同作用，从而保障城市公用事业的有效运行。与生产环节相比，城市公用事业非生产环节一般无须投入大量资金，而且业务缺乏专业化属性。由经济理论可知，专业化程度是衡量市场竞争程度的重要因素。一般而言，专业化程度越低的业务或领域其市场竞争程度越高，就越具备市场化基础。鉴于城市公用事业的非生产环节的固定资产投资额度较低，在合理回报机制下，项目或业务的投资回收期相对较短，这为特许经营期内确定合同边界，有效地规避特许经营期内风险提供重要基础。

城市公用事业的非生产环节主要有城市供水行业的销售和维护环节，城市污水处理行业的维护与污水处理费的收取环节，城市垃圾的收集、清扫、运输与垃圾处理费的收取环节，城市管道燃气的销售与维护环节，城市供能的销售与维护环节，以及城市公共交通的票务业务环节。其中，城市公用事业维护环节的专业化程度高于其他非生产环节，从理论上说，既可以同生产环节组合起来选择市场化运作方式，也可以分开选择市场化运作方式。由于城市公用事业非生产环节的共性特征，其选择市场化方式时具有类似性，即可以选择特许经营期较短的不涉及资产转让的委托运营或服务外包模式,这两种模式能够规避合同期内外界因素变化对合同的冲击,以及能够清晰地界定特许经营期内委托运营或服务外包主体的权责边界,从而实现特许经营期内城市公用事业非生产性业务的高效性和平稳性。

# 第四章　城市公用事业 BOT 项目特许经营权竞标机制研究

特许经营权竞标是城市公用事业市场化改革项目选择建设与运营主体的重要机制。BOT 是新建项目特许经营的重要方式，解决了政府财政进行初始建设投资的资金供求矛盾，也在一定程度上提升了城市公用事业特许经营项目的运行效率。本章将对城市公用事业 BOT 项目的特许经营权竞标机制进行研究。主要包括分析城市公用事业 BOT 项目的特许经营权竞标要素、建立城市公用事业 BOT 项目特许经营权竞标模型、分析城市公用事业 BOT 项目特许经营权竞标风险以及研究城市公用事业 BOT 项目特许经营权竞标机制应用四个方面。

## 第一节　城市公用事业 BOT 项目特许经营权竞标要素

根据第三章建立的项目特征与特许经营模式的匹配机制，分析得出 BOT 模式适用于城市政府试图通过特许经营方式新建城市公用事业基础设施，并由社会资本方运营，到期后移交给政府或政府指定机构的项目。从理论上看，城市公用事业 BOT 项目特许经营企业的选择主要考虑产品或服务质量、特许经营期长短、产品或服务价格等要素，要素之间的排列组合形成多种不同的关键要素选择机制。通常意义上说，明确特许经营权竞标要素是城市公用事业特许经营权竞标机制设计的前提条件。本书在借鉴多个城市公用事业 BOT 项目特许经营权竞标经验与教训的基础上，从技术标和商务标两个方面对城市公用事业

BOT项目的特许经营权竞标要素进行分析。

## 一 技术标要素

技术标要素是城市公用事业BOT项目特许经营权竞标机制的核心要素之一，是特许经营企业遴选的重要依据。为了保证城市公用事业BOT项目通过竞标能够选择出优质的特许经营企业，需要对竞标企业或潜在进入者的进入条件进行有效约束。由于投资与建设是城市公用事业BOT项目运营的前提，为此，雄厚的资金实力、较先进的技术或工艺、较强的建设能力或建设同类项目的经验以及拥有稳定的材料供应商，是该类项目选择特许经营企业时需要重点考虑的因素。需要说明的是，城市公用事业BOT项目的竞标主体既可以是单一企业，也可以是由多个企业组成的联合体，其中以建筑企业和运营企业组成联合体共同投标的形式最为常见。除投资与建设外，运营环节也是城市公用事业BOT项目选择特许经营企业的核心要素。

结合城市公用事业BOT项目的特许经营权竞标实践，本书认为，该类项目的技术标要素主要包括投标企业资质是否满足项目的基本要求、是否具有较强的资金实力、是否拥有较为先进的技术和（或）工艺、是否具有独立的建设能力、是否具有良好的管理经验和管理能力、已有项目与政府的沟通是否顺畅、是否具有稳定的设施设备和原材料供应商、是否具有较强的履约能力、是否具有低成本、多渠道的融资途径、是否与保险机构建立了长期的友好合作关系、提供的产品或服务是否具有稳定的质量保障、是否拥有较好的应对环境变化的措施、是否具有应对突发事件的预案、是否能够根据消费者需求进行及时必要的变更以及能否有效控制项目的成本。

## 二 商务标要素

产品或服务价格是影响城市公用事业BOT项目实施主体选择的重要因素。产品或服务价格的高低直接反映消费者的价格可承受能力、消费者的满意度以及政府财政负担的承受力。在城市公用事业BOT项目特许经营权竞标过程中，商务标要素并非仅仅包含产品或服务价格这一个数值，而是产品或服务价格的整套测算体系，但最终通过产品或服务价格来综合反映。商务标是城市公用事业BOT项目选择特许经营运作主体的重要参照系。特别地，对政府财政负担较重、经济欠发达地区的城市公用事业 BOT 项目而言，商务标要素的重要性更为突出。

综上所述，技术标要素和商务标要素是城市公用事业 BOT 项目特许经营权竞标机制的核心要素。其中，技术标反映投标企业的质量属性，经济标反映投标企业的产品或服务价格（或服务费用），两者之间的比例关系决定着地方政府或行业主管部门的主观偏好和特许经营企业的选择结局。为此，需要综合考虑技术标要素和经济标要素，来设计城市公用事业 BOT 项目的特许经营权竞标机制。

## 第二节 城市公用事业 BOT 项目特许经营权竞标模型

技术标要素和商务标要素共同构成了构建城市公用事业 BOT 项目特许经营权竞标机制的重要元素。特许经营期的长短直接关系着特定城市公用事业 BOT 项目的初始竞标价格决策与特许经营期内的调价机制以及项目的收益情况，但从城市公用事业 BOT 项目特许经营权竞标实践来看，往往将特许经营期作为外生给定的变量，一般将特许经营期确定为 25 年或 30 年。基于此，本书将在理论与实践的基础上，设计两类 BOT 项目的特许经营权竞标机制模型：其一为竞标（质量，特许经营期）的特许经营权竞标模型；其二为竞标（服务价格，特许经营期）的特许经营权竞标模型。

### 一 竞标（质量，特许经营期）BOT 项目特许经营权竞标机制设计

一般来说，质量和价格是城市公用事业特许经营权竞标的主要决定机制，在实践过程中，往往选择固定质量属性、竞标最低价格的机制，由于城市公用事业产品或服务价格是受政府管制的，同时，城市公用事业的技术经济特征决定了该类产品或服务的价格相对较低，因此，固定价格竞标更高产品或服务质量成为固定质量竞标最低产品或

服务价格的衍生机制。考虑到特许经营期长短对城市公用事业特许经营企业至关重要,为此,本部分将在城市公用事业 BOT 项目的产品或服务价格已知的前提下,从研究假设、理论模型构建与求解等方面对(质量,特许经营期)的竞标机制进行研究。

(一) 研究假设

政府的决策目标、竞标企业的成本函数、竞标企业的平均运营成本以及某种城市公用事业产品或服务的年供应量是设定城市公用事业 BOT 项目特许经营权竞标机制研究假设的重要前提。

(1) 政府或行业主管部门的目标是社会福利最大化,这里用特许经营期内中标企业所创造的社会价值和企业利润之和来表示。

(2) 竞标企业 i 承诺提供一维质量属性为 $q_i$ 的产品或服务($i=1$, $2,\cdots,N$)。为了不失一般性,这里将价格以外所有能够反映城市公用事业 BOT 项目质量水平的属性(如产品质量、服务能力、管理能力、融资能力等)合成为一维质量属性。

(3) 令 $c(a_i, q_i)$ ($i=1, 2, \cdots, N$)[①]为竞标企业 i 提供 $q_i$ 质量时的投资成本。其中,$a_i$ 为企业 i 的成本效率参数,或为企业 i 的成本类型,是企业 i 的私人信息,其他竞标企业及其招标者不能无成本地真实地知道企业 i 的成本效率参数,但是,知道企业 i 的成本效率参数 $a_i$ 的概率分布。为了简便起见,这里仅仅讨论对称模型,即 $a_i$ 是独立的且定义于 $A_i = [\underline{a}, \overline{a}]$ 上的随机变量,竞标企业都服从相同的分布函数 $F(\cdot)$ 和概率密度函数 $f(\cdot) \geqslant 0$,同时是 N 个竞标企业的共同知识。进一步地,本书假设每个竞标企业的一维质量属性为 $q_i = [\underline{q}, \overline{q}]$,也是所有竞标企业的共同知识。此外,我们设企业 i 的成本独立于其他 N−1 企业的成本效率参数和一维质量属性。

(4) 竞标企业 i 获取特许经营权后,提供 1 单位产品或服务所花费的平均运营成本与维护成本之和为常数 $C_v$,这里 $C_v > 0$。

---

① 政府在对城市公用事业 BOT 项目的特许经营权竞标前,已根据该地区的该类城市公用事业项目的需求预计出设计能力,因此,设计能力是常数,而非企业成本函数的自变量。

(5) 竞标企业 i 的年服务数量为 y（$a_i$，$q_i$）①，且是关于成本效率参数和一维质量属性的增函数。

基于此，本书提出如下假设：

假设 4-1：当企业 i 获取城市公用事业 BOT 项目的特许经营权并提供质量为 $q_i$ 的产品或服务时，给该地区带来的额外收益为 V($q_i$)。其中，V($q_i$) 关于 $q_i$ 是递增的且是凹的，同时 V(0) = 0 成立。

假设 4-2：c($a_i$，$q_i$) 关于 $q_i$ 是递增的和凸的，即 $c'_{q_i} > 0$，且 c($a_i$, 0) = 0。

假设 4-3：c($a_i$，$q_i$) 关于 $a_i$ 是递减的和凸的，即 $c'_{a_i} < 0$，且 $\partial^2 c(a_i, q_i)/\partial a_i \partial q_i < 0$。

假设 4-4：企业成本效率参数满足单调风险率性质，即 F(·)/f(·) 是单调不减的。

假设 4-5：城市公用事业 BOT 项目在特许经营权竞标过程中不存在合谋行为和败德行为。

假设 4-6：参与投标的企业以及招标主体都是风险中性的。

(二) 模型构建

根据显示原理（Myerson，1981），即直接显示机制能够揭示出特许经营权的最优竞标机制，本书只需要将分析定义在直接显示机制上。由上述分析可知，对竞标（质量，特许经营期）的城市公用事业 BOT 项目的特许经营权竞标机制而言，其特许经营权竞标机制的实质是包含（T，q）的二元组。其中，q 为竞标企业的一维质量属性，T 为城市公用事业 BOT 项目的特许经营期。企业的成本类型向量为 a = ($a_1$, $a_2$, …, $a_N$)，质量向量为 q = ($q_1$, $q_2$, …, $q_N$)。在具体函数形式和参数的基础上，通过选择 $q_i$ 和 $T_i$ 来实现特许经营期内社会福利最大化目标。同时，该机制需要满足：①参与约束，即最优特许经营权竞标机制能够保证竞拍企业 i 参与竞标；②激励相容约束，即真

---

① 为了简便起见，本书假设特许经营期内各年城市公用事业的产品或服务数量是相等的，只与初始竞标企业提供的质量及其成本类型有关。同时，设计能力一般超过实际提供量。

实显示自身成本类型是竞标企业的贝叶斯均衡。

1. 理论模型建立

基于上述相关规定和研究假设,可将参与竞标的企业 i 的利润函数表示为:

$$\pi_i = (m - C_v)Ty(a_i, q_i)(1 - \lambda) - c(a_i, q_i) \tag{4-1}$$

式中,λ 为企业 i 的筹资成本①,这里 $\lambda \in (0, 1)$。

令:

$$U_i(a_i) = E_{A_{-i}}\{(m - C_V)y[a_i, q_i(a)](1 - \lambda) - c(a_i, q_i(a))\} \tag{4-2}$$

$$U_i(\tilde{a}_i, a_i) = E_{A_{-i}}\{(m - C_v)y[\tilde{a}_i, q_i(\tilde{a}_i, a_{-i})]T(1 - \lambda) - c[\tilde{a}_i, q_i(\tilde{a}_i, a_{-i})]\} \tag{4-3}$$

$\forall a_i, \tilde{a}_i, a_i \neq \tilde{a}_i, i = 1, 2, \cdots, N$

其中,$E_{A_{-i}}$ 为期望算子,$U_i(a_i)$ 为企业 i 说真话的期望效用,$U_i(\tilde{a}_i, a_i)$ 是当企业 i 的成本类型为 $a_i$ 时,谎称自己的成本类型为 $\tilde{a}_i$ 的期望效用。

那么,在城市公用事业 BOT 项目的特许经营权竞标机制 (T, q) 下,可以将期望社会福利问题表述为:

目标函数:

$$w = E_A\left\{\sum_{i=1}^{N}[V(q_i) + (m - C_v)y(a_i, q_i)T(1 - \lambda) - c(a_i, q_i) + (m - C_v)y(a_i, q_i)(T' - T)]\right\} \tag{4-4}$$

约束条件为:

(1) 参与约束。保证参与城市公用事业 BOT 项目特许经营权竞标的企业 i 的期望利润是非负的。即:

$$\forall i, U_i(a_i) \geq 0 \tag{4-5}$$

(2) 激励相容约束。真实显示自身成本类型是城市公用事业 BOT 项目特许经营权竞标企业的最优选择。换言之,竞标企业真实显示自身成本类型的利润不小于虚假报告自身成本类型的利润。即:

---

① 这里的筹资成本是指建设期的成本和特许经营期的成本的加权平均值。

$$\forall i、a_i、\tilde{a}_i, \ U_i(a_i) \geqslant U_i(\tilde{a}, a_i) \qquad (4-6)$$

激励相容约束式（4-6）等价于：

$$U_i(a_i, q_i) = \underset{\tilde{a}_i}{\text{Max}} E_{A_{-i}}[(m-C_v)Ty(\tilde{i}, q_i)(1-\lambda) - c(a_i, q_i)]$$
$$(4-7)$$

式（4-7）的一阶条件为：

$$\frac{dU_i(a_i, q_i)}{da_i} = -E_{A_{-i}}[c_{a_i}(a_i, q_i)] \qquad (4-8)$$

从而，由式（4-8）可知，最优机制下竞标企业 i 的期望利润表达式为：

$$U_i(a_i, q_i) = U_i(\underline{a}, q_i) - E_{A-i}\left[\int_{\underline{a}}^{a_i} c'_{a_i}(x, q_i)dx\right] \qquad (4-9)$$

结合式（4-2）和式（4-9），可得：

$$(m-C_v)Ty(a_i,q_i)(1-\lambda) = U_i(\underline{a},q_i) + E_{A_{-i}}[c(a_i,q_i)] - E_{A_{-i}}\left[\int_{\underline{a}}^{a} c'_{a_i}(x,q_i)dx\right] \qquad (4-10)$$

将式（4-10）代入式（4-4）中，可得：

$$w(a_i,q_i) = E_A\left\{\sum_{i=1}^{N}\left[V(q_i) - \frac{\lambda}{1-\lambda}U_i(\underline{a},q_i) - \frac{1}{1-\lambda}c(a_i,q_i) - \frac{\lambda}{1-\lambda}\int_{\underline{a}}^{a} c'_{a_i}(x,q_i)dx + (m-C_v)y(a_i,q_i)T'\right]\right\} \qquad (4-11)$$

因为 $\partial c(a_i, q_i)/\partial a_i \leqslant 0$，所以由式（4-8）可知，$dU_i(a_i)/da_i \geqslant 0$，因此，对于任意 $a_i \in [\underline{a}, \overline{a}]$，都有 $U_i(a_i, q_i) \geqslant U_i(\underline{a}, q_i)$。同时，由式（4-11）可知，期望社会福利 $w(a_i, q_i)$ 关于 $U_i(\underline{a}, q_i)$ 是递减的。那么，为了满足期望社会福利最大化，需要保证 $U_i(\underline{a}, q_i) = 0$。

通过变换积分顺序和分部积分，将城市公用事业 BOT 项目特许经营权竞标最优机制下期望社会福利 $w(a^*, q^*)$ 简化为：

$$w(a^*,q^*) = E_A\sum_{i=1}^{N}\left\{[V(q_i^*) + (m-C_v)y(a_i,q_i^*)T] - \frac{1}{1-\lambda}c(a_i,q_i^*) - \frac{\lambda}{1-\lambda}\frac{1-F(a_i)}{f(a_i)}\frac{\partial c(a_i,q_i^*)}{\partial a_i}\right\} \qquad (4-12)$$

将式（4-12）大括号内的项用 $H^*(a_i)$ 表示，$H^*(a_i)$ 为对于竞标（质量，特许经营期）城市公用事业 BOT 项目而言，将特许经营权分配给参与竞标企业 i 的实际社会福利。

鉴于城市公用事业 BOT 项目的不可分性，因此，特许经营权将分配给带来社会福利最大化的企业。即当竞标企业的成本类型向量为 $a = (a_1, a_2, \cdots, a_N)$ 时，如果 $H^*(a_i) = \text{Max}\{H^*(a_1), H^*(a_2), \cdots, H^*(a_N)\}$，那么，对政府主管部门或指定机构而言，将城市公用事业 BOT 项目的特许经营权分配给企业 i 是最优选择。

由假设 4-4 可知，$H^*(a_i)$ 关于 $a_i$ 递增，因此，社会福利最大化问题可以转化为成本效率最高的问题，用符号表示为：$a_i = \text{Max}\{a_1, a_2, \cdots, a_N\}$。那么，对竞标（质量，特许经营期）城市公用事业 BOT 项目而言，当企业 i 被选择时，$q_i^*$ 需要满足式（4-13）：

$$\text{Max}_{q_i(a)} E_A \sum_{i=1}^{N} \left\{ [V(q_i^*) + (m - C_v) y(a_i, q_i^*) T'] - \frac{1}{1-\lambda} c(a_i, q_i^*) - \frac{\lambda}{1-\lambda} \frac{1-F(a_i)}{f(a_i)} \frac{\partial c(a_i, q_i^*)}{\partial a_i} \right\}$$

$$q_j(a) = 0, j \neq i。 \tag{4-13}$$

假设用 $\{T^*, q^*\}$ 表示竞标（质量，特许经营期）城市公用事业 BOT 项目的特许经营权竞标的最优机制，那么该问题的最优解可由命题 4-1 和命题 4-2 来决定。

命题 4-1：对竞标（质量，特许经营期）城市公用事业 BOT 项目而言，当竞标企业成本效率参数向量为 $a = (a_1, a_2, \cdots, a_N)$ 时，如果 $a_i = \text{Max}\{a_1, a_2, \cdots, a_N\}$，那么，$q_i^* > 0$ 由式（4-14）来定义，即：

$$\frac{dV[q_i^*]}{dq_i} - \frac{1}{1-\lambda} \frac{\partial c[a_i, q_i^*]}{\partial q_i} = \frac{\lambda}{1-\lambda} \frac{1-F(a_i)}{f(a_i)} \frac{\partial^2 c[a_i, q_i^*]}{\partial a_i \partial q_i} - (m - C_v) \frac{\partial y[a_i, q_i^*]}{\partial q_i} T' \tag{4-14}$$

否则，$q_j(a) = 0, j \neq i$。

命题 4-2：对竞标（质量，特许经营期）城市公用事业 BOT 项目而言，最优特许经营期由式（4-15）来定义，即：

$$T^* = \frac{1}{(m-C_v)y(a_i,q_i^*)(1-\lambda)}\left\{E_{A-i}[c(a_i,q_i^*)] - \int_{\underline{a}}^{q} c'_{a_i}(x,q_i^*)\mathrm{d}x\right\}$$

(4-15)

另外，鉴于选择最有效率的竞标企业是城市公用事业 BOT 项目选择特许经营企业的基本原则。因此，该项目的特许经营权将分配给成本效率最高的企业。

2. 数值检验

笔者基于激励理论和机制设计理论，考虑价格在特许经营权竞标前已经确定的前提下，构建竞标（质量，特许经营期）城市公用事业 BOT 项目的特许经营权竞标机制，并求出最优解，该机制能够激励竞标企业以自身类型参与投标。为了使该机制更好地实践，本书基于命题 4-1 和命题 4-2 及其在构建具体参数和函数形式的基础上，对该机制的实施做进一步的说明，并对该机制的有效性进行验证。

（1）得分函数的设定。Che（1993）最早提出得分拍卖理论，这对于由拍卖理论过渡到拍卖实践具有重要意义。[①] 本书认为，得分拍卖与基于（质量，特许经营期）城市公用事业 BOT 项目的特许经营权最优竞标机制是等价的，因为两者的核心都是在满足企业参与约束和激励相容约束下的社会福利最大化问题，区别仅仅在于目标函数不同，特许经营权最优竞标机制的目标函数是社会福利最大化，而得分拍卖的目标函数是社会剩余福利（不考虑企业利润前提下的社会福利）最大化，但是，企业利润最大化是得分拍卖的约束条件，因此，两者是等价的。鉴于此，本书借鉴 Che（1993）、Asker 和 Cantillon（2008）[②] 的得分拍卖理论，同样，将作为城市公用事业 BOT 项目的特许经营权最优竞标机制，按照式（4-14）和式（4-15）决定最优质量属性和特许经营期，最后，基于社会剩余函数来构建得分函数

---

[①] Yeon-Koo Che, "Design Competition through Multidimensional Auctions", *Rand Journal of Economics*, Vol. 24, No. 4, Winter 2000, pp. 668-680.

[②] John Asker and Estelle Cantillon, "Properties of Scoring Auctions", *Rand Journal of Economics*, Vol. 39, No. 1, Spring 2008, pp. 69-85.

[见式 (4-16)], 从而求出最有效率的竞标企业得分。如果该机制是有效的, 那么, 最有效率企业将与成本类型最优企业是同一企业。

假设用 $S(q_i, T_i)$ 表示参与竞标的企业 i 的得分, 那么城市公用事业 BOT 项目的竞标企业的得分函数为:

$$S(q_i, T_i) = V(q_i) + (m - C_v) y(a_i, q_i)(T' - T_i) \qquad (4-16)$$

(2) 最优竞标机制的运用。为了便于上述设计的竞标(质量, 特许经营期)城市公用事业 BOT 项目的特许经营权竞标机制的实施, 下面将对上述参数及其函数形式进行具体化, 并求解出最优一维质量属性、特许经营期以及最优得分, 最后验证该机制的有效性。本部分将以城市供水行业 BOT 项目为例, 来说明其特许经营权竞标机制的实施过程。

①成本函数。设企业 i 的成本函数为 $c(a_i, q_i) = 10^9 a_i^{-1} q_i^2$, 则 $\partial c(a_i, q_i)/\partial a_i = -10^9 a_i^{-2} q_i^2 < 0$, $\partial c(a_i, q_i)/\partial q_i = 2 \times 10^9 a_i^{-1} q_i > 0$, $\partial^2 c(a_i, q_i)/\partial a_i \partial q_i = -2 \times 10^9 a_i^{-2} q_i < 0$, 显然, 满足假设条件。

②效用函数。由于效用函数具有不易观察性和后知性, 因此, 对竞标(质量, 特许经营期)城市供水行业 BOT 项目而言, 如何确定效用函数将十分困难。为了分析方便, 本部分从假设条件出发, 将效用函数设为 $V(q_i) = 10(1 - e^{-q_i})$, 那么, 将有 $V'(q_i) = 10e^{-q_i} > 0$, $V''(q_i) = -10e^{-q_i} < 0$, 显然, 满足假设条件。

③确定价格。鉴于水价主要由发展和改革委员会、物价局等部门确定。同时, 对 BOT 模式的城市供水特许经营项目而言, 在特许经营期内会依据调价公式调整水价, 但是, 由于政治因素以及公众压力, 调价空间十分有限且具有滞后性。鉴于此, 本部分假设特许经营期内城市供水价格保持固定不变。同时通过分析 2002—2016 年中国 36 个重点城市的水价后, 将水价 m 设为 2.50 元/吨。

④年供水量函数。供水流量是城市供水设计能力载荷率的重要衡量指标。为了简化, 假设年城市供水量函数为 $y(a_i, q_i) = 10^4 q_i a_i$, 那么 $\partial y(a_i, q_i)/\partial q_i = 10^4 a_i$, 显然, 满足假设条件。

⑤设计使用寿命。在不考虑其他约束的条件下, 设计使用寿命是特许经营期的最高限值。因此, 对设计使用寿命的确定将十分重要。

本部分在充分考虑城市供水行业的技术特征、城镇化进程对城市供水行业厂网需求以及与业内人士进行沟通的基础上,将城市供水行业 BOT 项目的设计使用寿命设定为 50 年。

⑥单位水量的年均运营成本与维护成本之和。本部分在借鉴国内城市供水企业单位流量的运营成本与维护成本的基础上,将其设定为 $C_v = 2.00$ 元。

⑦成本效率参数。假设成本效率参数 $a_i$ 在 $[\underline{a}, \overline{a}]$ 上服从均匀分布 $F(a_i)$,令 $\underline{a} = 10$,$\overline{a} = 12$,那么,$F(a_i) = (a_i - 10)/2$,$f(a_i) = 0.5$。假设有 10 家企业参与竞标,设 $a_{max} = \max\{10, \cdots, 11.8\}$[①],那么,$F(11.8) = 0.9$,$f(11.8) = 0.5$。

⑧筹资成本。为了分析方便,这里将筹资成本 $\lambda$ 设为 10%。

(3) 最优特许经营权竞标机制求解。将上述相关设定代入式(4-14)中,可得:$q^*_{max} = 0.0164$。

同时,对式 (4-15) 作进一步整理,可得:

$$T^* = \frac{1}{(m - C_v)y(a_i, q^*_i)(1 - \lambda)} \left\{ E_{A_{-i}}[c(a_i, q^*_i)] - \int_{\underline{a}}^{a_i} c'_{a_i}(x, q^*_i) dx \right\}$$

$$= \frac{1}{(m - C_v)y(a_i, q^*_i)(1 - \lambda)} \left\{ c(a_i, q^*_i) - \frac{1}{G(a_i)} \int_{\underline{a}}^{a_i} \left[ \int_{\underline{a}}^{a_i} c'_{a_i}(x, q^*_i) dx \right] dG(a) \right\}$$

(4-17)

式中,$G(a_i) = \Pr(a_{i(1)} < a_i) = F^{n-1}(a_i) = [(a_i - 10)/2]^9$,并将上述假定代入式(4-17)中,可得:$T^*_{a_{max}} = 23.8709$。

基于此,我们将 $q^*_{max} = 0.0164$ 和 $T^*_{a_{max}} = 23.8709$ 代入式(4-15),可以得出城市供水行业 BOT 项目特许经营企业的均衡得分为:$S^E_{a_{max}} = 25267.00$。

(4) 验证最优竞标机制的有效性。假设拥有 $a_{max} = 11.8$ 的高效率竞拍企业谎称自己的成本类型为 $a_i = 11.6$,重复上述步骤,计算出对

---

[①] 本书将成本效率参数的范围设定为 [10, 11.8],但经过验证,成本效率参数的范围并不影响城市供水 BOT 项目特许经营权竞标机制的有效性。

应的特许经营期为 $T_{a=11}=22.8613$，显然，小于 $T_{a_{max}}^*$。那么，理性的竞标者将会真实显示自身的成本类型。综上所述，可以验证本书所设计的城市公用事业 BOT 项目的特许经营权竞标机制是有效的。

3. 主要结论

本部分利用激励理论和机制设计理论，在特许经营权竞标前已经确定服务价格的城市公用事业 BOT 项目，本书设计了竞标（质量，特许经营期）特许经营权竞标机制，该机制能够诱导企业真实显示自身类型，并且能够实现社会福利的最大化。为了解决所设计的特许经营权竞标机制的复杂形式，本书利用得分拍卖与特许经营权最优竞标机制的等价性，构建得分方程，并在对特许经营权竞标机制中所需要的函数形式及其参数进行设定的基础上，提供特许经营权竞标机制的实施思路，并验证机制的有效性。

## 二 竞标（服务价格，特许经营期）BOT 项目特许经营权竞标机制设计

对以（服务价格，特许经营期）作为竞标机制的城市公用事业 BOT 特许经营项目而言，首先需要明确竞标企业的进入条件，并在确定特许经营期的前提下[①]，竞标最低服务价格。这一特许经营权竞标机制一般适用于在特许经营权竞标之前已经确定了竞标企业的准入条件和最低服务标准的 BOT 项目。为了考虑特许经营期对城市公用事业 BOT 特许经营项目的影响，本书先对一系列的前提条件进行界定，在此基础上，分两个步骤分别构建特许经营期的决策机制和竞标价格的特许经营权竞标机制。

（一）界定城市公用事业 BOT 项目的基本特征

对竞标（服务价格，特许经营期）城市公用事业 BOT 项目而言，在设计特许经营权竞标机制之前，需要明确该类项目的基本特征。

1. 确定特许经营期

为了利用特许经营期的决策机制来确定项目的特许经营期，首先

---

① 这里可以通过设计特许经营权的竞标机制，来决定服务价格和特许经营期。本部分先设计城市公用事业 BOT 项目的特许经营期决策机制，并以此为基础，再设计城市公用事业 BOT 项目竞标价格的特许经营权竞标机制。

需要明确界定城市公用事业 BOT 项目特许经营期的范围。对在特许经营权竞标前尚未规定价格的项目而言，假定城市公用事业 BOT 项目的设计年限为 $T_0$，不包括建设期的特许经营期为 $T_2$，建设期为 $T_1$，那么包含建设期的特许经营期为 $T = T_1 + T_2$，同时要求 $T_0$ 大于等于 T。

2. 测算特许经营期的成本区间

在特许经营期内特许经营企业的总成本 C 包括建设成本（$C_0$）和运营和维护成本（$C_1$）两个部分，且 $C_1$ 随着 $C_0$ 的增加而减少，即 $\partial C_1 / \partial C_0 < 0$。同时，C 随着 $T_2$ 的增加而减少，这种效应在特许经营期越长的情况下越发明显。同时，$C_1$ 随着 $C_0$ 的减少而增加，而 C 随着 $T_2$ 的增加而增加。所以，当 $T_2$ 较短时，特许经营企业将会选择较小的 $C_0$，这时城市公用事业 BOT 项目的质量也相对较差，随之可能降低特许经营企业的服务质量，甚至特许经营期满后项目无法正常运营，从而大幅增加项目后期的运营和维护成本。反之，当 $T_2$ 较长时，特许经营企业将会选择较高的建设成本 $C_0$（见图 4-1）。

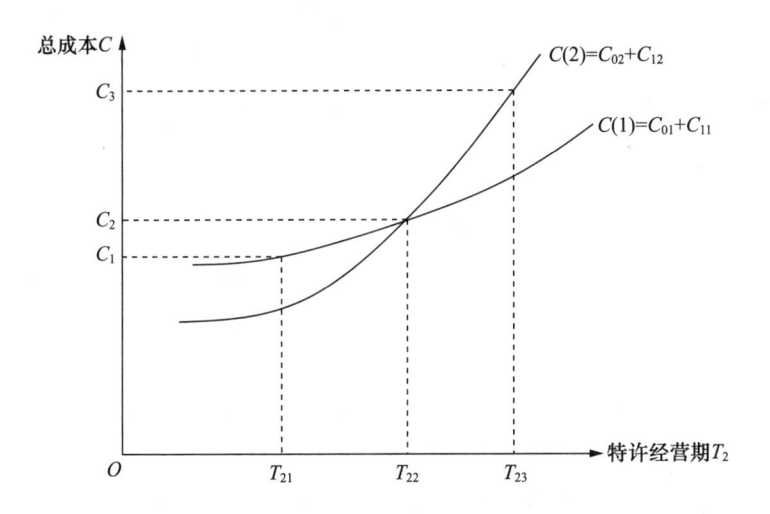

**图 4-1　城市公用事业 BOT 项目总成本与特许经营期的关系**

3. 其他特征

除特许经营期和测算特许经营期的成本区间这两个关系着城市公

用事业 BOT 项目的特许经营权竞标机制的重要因素外，在城市公用事业 BOT 项目特许经营权竞标机制设计前，还应对该类项目的特征进行规定，主要有：①城市公用事业具体企业的服务质量和生产工艺。②项目的设计能力。根据项目的服务范围，结合城镇化发展趋势以及其他干扰因素等，确定城市公用事业 BOT 项目的设计能力。③城市公用事业 BOT 项目应该具有稳定的服务能力。④政府或行业主管部门依据相似地区、同类项目的运营服务费标准，测算出该类城市公用事业 BOT 项目单位服务费的上限和下限。⑤规定特许经营期内的税收优惠政策与基础电价。⑥规定特许经营企业的资产、利润、负债以及资金筹集等重要变量的最低值。

（二）研究假设

为了建立竞标（服务价格，特许经营期）城市公用事业 BOT 项目特许经营权竞标机制，需要以系列假设为前提，为此，本书提出如下竞标（服务价格，特许经营期）特许经营权竞标机制的研究假设。

假设 4-7：不考虑产品或服务使用数量的波动情况，那么，政府承诺的特许经营期内的运营服务量均值 Q 是一个常数，其分布函数为 $f(Q)$，则 $\int Qf(Q)dQ = Q'$，其中，$Q'$ 是一个常数。

假设 4-8：城市公用事业 BOT 项目不但会给政府和特许经营企业带来直接收益，而且会给社会带来直接或间接的收益，但是，难以确定具体的函数形式，为此，这里并不将该特许经营项目给社会带来的效用纳入考虑范围之内。所以，竞标（服务价格，特许经营期）城市公用事业 BOT 项目的收益主要包括两个部分，即特许经营企业在特许经营期 $T_2$ 内的经营收益和政府在特许经营期满后剩余使用年限所获得的经营收益。

假设 4-9：特许经营期 $T_2$ 的年运营和维护成本 $C_1$ 随着建设成本 $C_0$ 的增加而减少，即 $\partial C_1/\partial C_0 < 0$，为了更加形象地反映两者之间的关系，本书假设 $C_1$ 和 $C_0$ 满足：$C_1 = m\beta^\gamma Q'^a C_0^{-n} + g$（$m>0$，$\beta>0$，$\gamma>0$，$a>0$，$n>0$，$g>0$），$\beta$ 为城市公用事业 BOT 项目的特许经营企业的成本效率参数，其中，对效率越高的企业而言，效率参数值越低；反之则相反。特许经营期满后到项目的设计年限这一时期内，由于项目已经使用多年，因此，运营和维护费用都将大幅增加，为此，我们假设特许经营期 $T_2$ 以后的年均运营和维护费用为 $kC_1(k>1)$。

假设 4-10：假设存在 m 个企业同时参与城市公用事业 BOT 项目的特许经营权竞标，这 m 个竞标企业宣布的效率参数为 $(\tilde{\beta}_1, \tilde{\beta}_2, \cdots, \tilde{\beta}_m) = \tilde{\beta}$。假定 m 个竞标企业的效率参数 $\beta_i$ 是独立的，并且在区间 $[\underline{\beta}, \overline{\beta}]$ 上服从同一累积分布函数 $F(\cdot)$ 和密度函数 $f(\cdot)$，同时，$f(\cdot)$ 在 $[\underline{\beta}, \overline{\beta}]$ 上严格为正且向下降的。此外，$F(\cdot)$ 为 m 个竞标企业的共同知识，并且具有单调风险率特征，即 F/f 是非递减的。

假设 4-11：m 个参与城市公用事业 BOT 项目的竞标企业以及政府与社会资本方之间不存在合谋和败德行为。

假设 4-12：参与竞标城市公用事业 BOT 项目的 m 个企业具有独立建设、运营和维护的能力，或者能够委托其他企业建设但自身拥有运营和维护的能力。

假设 4-13：假设参与竞标城市公用事业 BOT 项目的企业 i 在特许经营期内的成本由建设成本、运营成本和维护成本三部分组成。其中，建设成本则是特许经营企业的效率参数、工艺水平和设计能力的函数，而运营成本和维护成本则是特许经营企业的效率参数、努力水平和项目质量的函数。

假设 4-14：假设城市公用事业 BOT 项目的工艺为 M，设计能力为 $\overline{Q}$，这里假设 $Q \leq \overline{Q}$。[①]

假设 4-15：假设城市公用事业 BOT 项目的产品或服务的单位价格为 $p_i(\beta_i)$。在一般情况下，当 $Q \leq \overline{Q}$ 时，单位价格为 $p_i(\beta_i)$；当 $Q > \overline{Q}$ 时，$\overline{Q}$ 的单位价格仍为 $p_i(\beta_i)$，$Q - \overline{Q}$ 的单位价格一般小于 $p_i(\beta_i)$。本书只考虑 $Q \leq \overline{Q}$ 的情况。

---

① 随着城镇化水平的提高，城市公用事业 BOT 项目的期望服务能力可能超过初始设计能力，这时需要新建或改扩建，本书这里并不考虑这一情况。

## (三) 模型构建

本书通过构建政府主管部门或指定机构同特许经营企业之间的动态博弈模型,确定特许经营前尚未决定价格的城市公用事业BOT项目的特许经营期。同时,依据类似城市公用事业BOT项目确定模型中的有关参数,并在给定项目的工艺水平、设计能力、设计年限等指标数值的基础上,确定城市公用事业BOT项目的特许经营期,进一步设计出竞标(价格)的特许经营权竞标机制。

### 1. 确定项目的特许经营期

在城市公用事业BOT项目的实践过程中,特许经营期常常是被忽视的对象。目前,学术界多利用净现值方法来核算特许经营期问题。本书认为,城市公用事业BOT项目具有建设期和运营期较长、特许经营期现金流不确定性较强的特征,因此,利用净现值方法,确定城市公用事业BOT项目的特许经营期往往存在一定的局限。一般而言,竞标企业具有运营项目的经验,能够较好地预测项目在运行过程中可能存在的诸多问题,那么,通过政府和企业之间的动态博弈,能够较好地确定城市公用事业BOT项目的特许经营期。鉴于此,本部分将通过建立动态博弈模型来确定城市公用事业BOT项目的特许经营期。

(1) 模型构建及其求解。为了研究方便,本部分先对特许经营期决策模型的变量进行说明,即设计年限为$T_0$,不包含建设期的特许经营期为$T_2$,单位产品价格或服务费为$p$,年产量或服务量为$Q$,特许经营企业的建设成本为$C_0$,特许经营期$T_2$内的年运营和维护成本之和为$C_1$。

基于假设4-7至假设4-10,参照城市公用事业BOT项目所在城市以及相邻或相近城市相同或相近设施的运营服务费情况,通过一定的方法,预测城市公用产品或服务的单位价格$p$,同时假设单位价格$p$在特许经营期内保持不变。下面通过构建政府与特许经营企业之间的动态博弈模型来确定特许经营期$T_2$。

政府的目标函数:

$$\max_{T_2} \int_T^{T_0} \left[ p \int Qf(Q) dQ - kC_1 \right] dt \qquad (4-18)$$

## 第四章 城市公用事业 BOT 项目特许经营权竞标机制研究

$$\text{s.t.} \int_{T_1}^{T} \left[ p \int Q f(Q) \, dQ - C_1 \right] dt - C_0 - U \geqslant 0 \qquad (4-19)$$

政府确定目标时需要考虑竞标企业的参与约束,即保证当竞标企业获得该项目特许经营权时所获得的效用大于或等于不竞标时获得的最大效用,即需要满足式(4-19),其中,U 为城市公用事业 BOT 项目竞标企业的机会成本。

令 $p \int Qf(Q) \, dQ = R$,将 $C_1 = m\beta^\gamma Q'^a C_0^{-n}$ 代入式(4-18)和式(4-19),得到:

$$\max_{T_2} R(T_0 - T) - \int_{T}^{T_0} k(m\beta^\gamma Q'^a C_0^{-n} + g) \, dt \qquad (4-20)$$

$$\text{s.t.} \ R(T - T_1) - \int_{T_1}^{T} (m\beta^\gamma Q'^a C_0^{-n} + g) \, dt - C_0 - U \geqslant 0 \qquad (4-21)$$

对式(4-20)和式(4-21)构造拉格朗日函数,即:

$$L(T, \lambda) = R(T_0 - T_2) - \int_{T}^{T_0} k(m\beta^\gamma Q'^a C_0^{-n} + g) \, dt + \lambda \Big[ R(T - T_1) -$$

$$\int_{T_1}^{T} (m\beta^\gamma Q'^a C_0^{-n} + g) \, dt - C_0 - U \Big] \qquad (4-22)$$

一阶条件:

$$\frac{\partial L}{\partial T} = (\lambda - 1)R + (k - \lambda)(m\beta^\gamma Q'^a C_0^{-n} + g) = 0 \qquad (4-23)$$

$$\frac{\partial L}{\partial \lambda} = (T - T_1)(R - m\beta^\gamma Q'^a C_0^{-n} - g) - C_0 - U = 0 \qquad (4-24)$$

由式(4-23)和式(4-24)可以得到命题 4-3。

命题 4-3:在竞标(服务价格,特许经营期)决策机制下,包含建设期的城市公用事业 BOT 项目的特许经营期的决定机制如下:

$$T = T_1 + \frac{C_0 + U}{R - (m\beta^\gamma Q'^a C_0^{-n} + g)} \qquad (4-25)$$

不包含建设期的城市公用事业 BOT 项目的特许经营期 $T_2$ 由式(4-26)决定:

$$T_2 = \frac{C_0 + U}{R - (m\beta^\gamma Q'^a C_0^{-n} + g)} \qquad (4-26)$$

在政府确定城市公用事业 BOT 项目的特许经营期 T 后,特许经营企业会选择建设成本 $C_0$，从而实现特许经营期内效用最大化的目的。

$$\max_{C_0}\left[R(T-T_1)-\int_{T_1}^{T}(m\beta^\gamma Q'^a C_0^{-n}+g)\mathrm{d}t-C_0\right] \quad (4-27)$$

将式(4-27)化简为：

$$\max_{C_0}\left[R(T-T_1)-(m\beta^\gamma Q'^a C_0^{-n}+g)(T-T_1)-C_0\right] \quad (4-28)$$

一阶条件：

$$mn\beta^\gamma Q'^a C_0^{-(n+1)}(T-T_1)-1=0 \quad (4-29)$$

求解 $C_0$ 得：

$$C_0=\left[mn\beta^\gamma Q'^a(T-T_1)\right]^{\frac{1}{n+1}} \quad (4-30)$$

综上所述，在（服务价格，特许经营期）特许经营权竞标机制下，城市公用事业 BOT 项目的特许经营期 T 以及特许经营企业的建设成本函数分别由式（4-25）、式（4-26）和式（4-30）决定。

(2) 比较静态分析。在（服务价格，特许经营期）特许经营权竞标机制下，为了分析各个因素对城市公用事业 BOT 项目，特许经营期的影响，本部分将对其进行比较静态分析。通过分析，本书得出如下结论：

结论1：如果城市公用事业 BOT 项目的建设成本越高，那么，该类项目的特许经营期就越长。

证明：在城市公用事业 BOT 项目的运作过程中，由于项目的运营与维护成本主要发生在项目建成之后（或者在建设成本之后），因此，在对该类项目的建设成本进行分析时，可以将项目的运营和维护成本视为常数。为此，式（4-25）可以转换为：

$$T=T_1+\frac{C_0+U}{R-C_1} \quad (4-31)$$

就式（4-31）对 $C_0$ 求导得：

$$\frac{\partial T}{\partial C_0}=\frac{1}{R-C_1}>0 \quad (4-32)$$

式（4-32）的经济意义为：如果城市公用事业 BOT 项目的建设成本越高，那么，该类项目的特许经营期就越长。

结论 2：如果城市公用事业 BOT 项目的竞标企业机会成本越大，那么，该类项目的特许经营期就越长。

证明：就式（4-25）中的 T 对 U 求一阶导数，可以得到式（4-33），即：

$$\frac{\partial T}{\partial U} = \frac{1}{R - (m\beta^{\gamma}Q'^{a}C_0^{-n} + g)} > 0 \qquad (4-33)$$

式（4-33）的经济意义为：如果城市公用事业 BOT 项目的竞标企业机会成本越大，那么，该类项目的特许经营期就越长。

结论 3：如果城市公用事业 BOT 项目的竞标企业年收入越高，那么，该类项目的特许经营期就越短。

就式（4-25）对 R 求一阶导数，可以得到式（4-34），即：

$$\frac{\partial T}{\partial R} = -\frac{C_0 + U}{R^2} < 0 \qquad (4-34)$$

式（4-34）的经济意义为：如果城市公用事业 BOT 项目的竞标企业年收入越高，那么，该类项目的特许经营期就越短。

（3）数值检验。这里，以城市污水处理行业 BOT 项目为例进行分析。假设存在一个尚未确定价格的城镇污水处理新建项目，政府或行业主管部门决定通过 BOT 模式来选择特许经营企业。基于政府与竞标企业之间的动态博弈，确定项目的特许经营期，并测算建设成本。

为了确定该城市污水处理行业 BOT 项目的最优特许经营期，需要预测项目的建设成本 $C_0$，这里，假设 $C_0 = 2$ 亿元人民币①，项目的设计年限为 50 年。通过分析相关项目，政府或行业主管部门对 $C_1 = m\beta^{\gamma}Q'^{a}C_0^{-n} + g$ 中的相关数值进行预测。各变量的符号、数值及其单位见表 4-1。

---

① 一般而言，当采用物理工艺方法且城市污水处理规模在 10 万立方米/日时，需要建设成本 5000 万—1 亿元人民币，按此标准，这里，假设建设 30 万立方米/日的城市污水处理厂，并且假设建设成本为 2 亿元人民币。此外，政府主管部门规定的日城市污水处理量为 25 万立方米/日，因此，年城市污水处理量为 9125 万立方米。

表 4-1 城市污水处理 BOT 项目特许经营期的决定变量预测值

| 符号 | $T_1$ | $C_0$ | U | R | m | β | γ | Q' | a | n | g |
|---|---|---|---|---|---|---|---|---|---|---|---|
| 数值 | 1 | 2 | 0.5 | 0.35 | 0.2 | 0.6 | 0.8 | 9125 | 0.08 | 0.25 | 0.03 |
| 单位 | 年 | 亿元 | 亿元 | 亿元 | 元/立方米 | — | — | 立方米 | — | — | — |

将表 4-1 中的数值代入式（4-25）中，整理后，可以得到式（4-35）：

$$T = 1 + \frac{2 + 0.5}{0.35 - (0.2 \times 0.6^{0.8} \times 9125^{0.08} \times 2^{-0.35} + 0.03)} = 29 \text{（年）}$$

$$(4-35)$$

根据式（4-30）和上述变量的预测值，可以预测特许经营企业建设成本为：

$$C_0 = [0.2 \times 0.25 \times 0.6^{0.8} \times 9125^{0.08} \times 28]^{\frac{1}{0.25+1}} = 1.69 \text{（亿元）}$$

$$(4-36)$$

通过分析城市污水处理 BOT 项目的政府与特许经营企业之间的动态博弈模型，求解出政府期望建设成本为 2 亿元人民币的城镇污水处理投资项目，在满足竞标企业参与约束的前提下，实现政府效用最大化的特许经营期为 29 年，此时最优的建设成本为 1.69 亿元。

综上所述，本书构建了政府主管部门与竞标企业之间的动态博弈模型，通过博弈求解能够得到项目的特许经营期与建设成本。但在上述特许经营期的决策过程中，由于包含了竞标企业的机会成本，这可能影响到特许经营期的确定，为此，本书将在后续研究过程中尽可能地降低机会成本误差对特许经营期的影响。

2. 确定项目的产品或服务价格

在确定城市公用事业 BOT 项目的特许经营期之后，下面将进一步设计并求解出竞标（服务价格，特许经营期）机制下的服务价格决定机制。

（1）函数形式的设定。具体如下：

第一，成本函数的设定。假设存在 m 个企业同时参与竞标城市公用事业 BOT 项目的特许经营权，并且 m 个企业中任何 1 家企业都拥有完成该项目建设和运营的能力。那么，获得特许经营权的竞标企业 i 在特许经营期内的成本主要有建设成本、运营成本和维护成本。本书将其在特许经营期 T 内（这里包含建设期）的成本设定为：

$$C_i = \beta_i M^\delta \overline{Q}^\gamma + T_2 Q[\beta_i - e_i(\widetilde{\beta}) + A_i] \qquad (4-37)$$

式（4-37）中，第一项表示城市公用事业 BOT 项目的建设成本，建设成本与特许经营企业的效率参数①、工艺水平和设计能力呈现出同方向的变化关系，这里，要求 δ>0，γ>0；中括号内的第一项表示单位服务量的运营和维护成本中与特许经营企业效率相关的成本，第二项为生产单位提供服务所付出努力时产生的成本，第三项为生产单位提供服务时与项目质量有关的成本。同时，$C_i$ 表示竞标企业 i 在城市公用事业 BOT 项目特许经营期内的总成本；$\beta_i$ 为企业 i 生产单位产品或服务所产生的与企业效率有关的成本；M 为项目工艺；$\overline{Q}$ 为设施设计能力；δ 和 γ 分别为工艺水平和设施的日服务能力对建设成本的影响参数；$T_2$ 为不包括建设期的特许经营期；$e_i$ 表示企业 i 因为努力所产生或增加的成本；$A_i$ 表示与企业 i 建设特许经营项目质量有关的成本。

进一步地，由于城市公用事业 BOT 项目的建设质量与特许经营企业的运行效率和努力程度有关，同时，努力程度又是效率的函数，综合来看，城市公用事业 BOT 项目的建设质量是效率参数的函数。鉴于此，本部分将特许经营期内与建设项目有关的运营成本和维护成本用效率参数函数来表示，特许经营成本函数如式（4-38）所示。

$$C_i = \beta_i M^\delta \overline{Q}^\gamma + T_2 Q\ [\beta_i - e_i(\widetilde{\beta}) + k\beta_i] \qquad (4-38)$$

其中，k 表示效率参数与建设项目质量之间关系的参数，这里，要求 k>0。

第二，效用函数的设定。在城市公用事业 BOT 项目中，竞标企业 i 在特许经营期 $T_2$ 内的总效用函数可以表示为：

---

① 对效率参数进行规定：如果竞标企业越有效率，那么，效率参数的数值越低；反之则越高。

$$U_i = T_2 Q [p_i(\tilde{\beta}) - \psi(e_i(\tilde{\beta}))] \qquad (4-39)$$

其中，$p_i(\tilde{\beta})$ 为竞标企业 $i$ 知道 $m$ 个竞标企业在宣布效率参数为 $\tilde{\beta}$ 的情况下所上报的服务价格；$Q$ 为在特许经营之前政府管制部门或指定机构所规定的年服务量；$\psi[e_i(\tilde{\beta})]$ 表示竞标企业 $i$ 在努力水平为 $e_i$ 时的负效用，这里要求：$\psi' > 0$，$\psi'' > 0$，$\psi''' \geq 0$，且 $\psi(0) = 0$。

那么，在（服务价格，特许经营期）城市公用事业 BOT 项目的特许经营权竞标机制下，特许经营企业在竞标之前对特许经营期 $T_2$ 的期望效用为：

$$E_{\tilde{\beta}_{-i}} \{ T_2 Q [p_i(\tilde{\beta}) - x_i(\tilde{\beta}) \psi(e_i(\tilde{\beta}))] \} \qquad (4-40)$$

其中，$\tilde{\beta}_{-i} \equiv (\tilde{\beta}_1, \cdots, \tilde{\beta}_{i-1}, \tilde{\beta}_{i+1}, \cdots, \tilde{\beta}_m)$，$x_i(\tilde{\beta})$ 表示竞标企业 $i$ 在知道 $m$ 个竞标企业效率函数的前提下，获得特许经营权（或中标）的概率。鉴于在城市公用事业 BOT 项目的特许经营权竞标后，可观察到竞标企业 $i$ 的成本。因此，本书将式（4-40）改写成：

$$E_{\tilde{\beta}_{-i}} \left\{ T_2 Q \left[ p_i(\tilde{\beta}) - x_i(\tilde{\beta}) \psi \left[ \frac{1}{T_2 Q} \beta_i M^\delta \overline{Q}^\gamma - \frac{1}{T_2 Q} C_i(\tilde{\beta}) + \beta_i + k\beta_i \right] \right] \right\}$$

$$(4-41)$$

其中，$C_i(\tilde{\beta})$ 为政府主管部门或指定机构要求竞标企业 $i$ 在 $m$ 个竞标企业宣布 $\tilde{\beta}$ 前提下的成本。

（2）最优化问题及其求解。为了能够实现（服务价格，特许经营期）城市公用事业 BOT 项目特许经营权竞标机制设计的目标，本书需要寻求一个说真话的贝叶斯纳什均衡机制 $[(x_i(\tilde{\beta}), C_i(\tilde{\beta}), p_i(\tilde{\beta})]$，必要条件为：

当 $\tilde{\beta}_i = \beta_i$ 时，对于 $i = 1, \cdots, m$ 中的任何一个企业 $i$ 宣布效率参数 $\tilde{\beta}_i$，在真实参数 $\beta$ 处，对式（4-41）中的 $\tilde{\beta}_i$ 求一阶偏导数，可以得到式（4-42）：

$$\frac{\partial}{\partial \tilde{\beta}_i} E_{\beta_{-i}} p_i(\tilde{\beta}) = \frac{\partial}{\partial \tilde{\beta}_i} E_{\beta_{-i}} \left\{ x_i(\beta) \psi \left[ \frac{1}{T_2 Q} \beta_i M^\delta \overline{Q}^\gamma - \frac{1}{T_2 Q} C_i(\tilde{\beta}) + \beta_i + k\beta_i \right] \right\}$$

$$(4-42)$$

用 $U_i(\beta_i)$ 表示竞标企业 $i$ 说真话时的预期效用水平，则预期效用为：

## 第四章 城市公用事业 BOT 项目特许经营权竞标机制研究

$$U_i(\beta_i) = E_{\beta_{-i}} \left\{ T_2 Q \left[ p_i(\beta) - x_i(\beta)\psi\left(\frac{1}{T_2Q}\beta_i M^\delta \bar{Q}^\gamma - \frac{1}{T_2Q}C_i(\beta) + \beta_i + k\beta_i\right) \right] \right\}$$
(4-43)

根据式(4-42)和式(4-43),可以得到:

$$\dot{U}_i(\beta_i) = -[M^\delta \bar{Q}^\gamma + T_2 Q(1+k)] E_{\beta_{-i}} \left\{ x_i(\beta)\psi'\left[ \left(\frac{M^\delta \bar{Q}^\gamma}{T_2 Q} + 1 + k\right)\beta_i - \frac{1}{T_2Q}C_i(\beta) \right] \right\}$$
(4-44)

对理性的政府主管部门或指定机构而言,社会净效用可以表示为:

$$\left(\sum_{i=1}^m x_i\right)S - (1+\lambda)T_2 Q \sum_{i=1}^m p_i - (1+\lambda)\sum_{i=1}^m x_i C_i + T_2 Q \sum_{i=1}^m [p_i - x_i \varphi(e_i)] = \left(\sum_{i=1}^m x_i\right)S - \lambda \sum_{i=1}^m U_i - (1+\lambda)\sum_{i=1}^m x_i [C_i + T_2 Q \varphi(e_i)]$$
(4-45)

式(4-45)中,左边第一项为实施该城市公用事业 BOT 项目所带来的社会剩余,第二项为支付服务价格所带来的社会成本,第三项为预期生产成本所导致的社会成本(前三项之和等于预期消费者剩余),第四项为 m 个竞标企业的预期租金之和。

由式(4-44)可知,$\dot{U}_i(\beta_i) < 0$,即 $U_i$ 关于 $\beta_i$ 是递减的,根据竞标企业 i 个体理性约束可知,约束在 $\beta = \bar{\beta}$ 是紧的,且满足:

$$U_i(\bar{\beta}) = 0, \quad i = 1, \cdots, m$$
(4-46)

综上所述,在不完全信息下,政府管制者的最优化问题可以表示为:

$$\max_{\{x_i(\cdot), C_i(\cdot), U_i(\cdot)\}} \left\{ E_\beta \left[ \sum_{i=1}^m x_i(\beta) \right] S - \lambda \sum_{i=1}^m U_i(\beta_i) - (1+\lambda)\sum_{i=1}^m x_i(\beta) \left[ C_i(\beta) + T_2 Q \varphi\left(\frac{1}{T_2Q}\beta_i M^\delta \bar{Q}^\gamma - \frac{1}{T_2Q}C_i(\beta) + \beta_i + k\beta_i\right) \right] \right\}$$
(4-47)

$$\text{s.t. } \dot{U}_i(\beta_i) = -[M^\delta \bar{Q}^\gamma + T_2 Q(1+k)] E_{\beta_{-i}} \left\{ x_i(\beta)\psi'\left(\frac{1}{T_2Q}\beta_i M^\delta \bar{Q}^\gamma - \right. \right.$$

$$\frac{1}{T_2Q}C_i(\beta) + \beta_i + k\beta_i\Big)\Big\}, i = 1, \cdots, m \tag{4-48}$$

$$U_i(\overline{\beta}) = 0, i = 1, \cdots, m \tag{4-49}$$

对于任意的 β,

$$\sum_{i=1}^{m} x_i(\beta) \leq 1 \tag{4-50}$$

其中，$x_i(\beta)$ 表示竞标企业 $i$ 获得城市公用事业 BOT 项目特许经营权的概率，式（4-48）和式（4-49）为可行性约束。

为了简化，本书假定 S 足够大，以至于对任何实际的 β、S 都值得 m 个竞标企业中的任何 1 个企业来建设、运营和维护该城市公用事业 BOT 项目。此外，由于在最优点时成本 $C_i^*(\beta)$ 只是 $\beta_i$ 的函数，这里，$i = 1, \cdots, m$，那么，可以令 $X_i(\beta_i) = E_{\beta_{-i}}[x_i(\beta)]$，并就式（4-46）对 $C_i(\beta_i)$ 求最优化问题，可得：

$$\max_{\{C_i(\cdot), U_i(\cdot)\}} \left\{ \int_{\underline{\beta}}^{\overline{\beta}} \Big[ -\lambda U_i(\beta_i) - (1+\lambda) X_i(\beta_i) \right.$$

$$\left. \Big(C_i(\beta_i) + T_2Q\psi\Big((1+k+\frac{M^\delta \overline{Q}^\gamma}{T_2Q})\beta_i - \frac{C_i(\beta_i)}{T_2Q}\Big)\Big) \Big] f(\beta_i) d\beta_i \right\} \tag{4-51}$$

$$\text{s.t. } \dot{U}_i(\beta_i) = -[M^\delta \overline{Q}^\gamma + T_2Q(1+k)] X_i(\beta_i) \psi'\Big[\Big(1+k+\frac{M^\delta \overline{Q}^\gamma}{T_2Q}\Big)\beta_i - \frac{C_i(\beta_i)}{T_2Q}\Big] \tag{4-52}$$

$$U_i(\overline{\beta}) = 0 \tag{4-53}$$

当 $U_i$ 为状态变量，$C_i$ 为控制变量时[①]，该规划的汉密尔顿函数表示为：

$$H_i = \Big\{ -\lambda U_i(\beta_i) - (1+\lambda) X_i(\beta_i) \Big[ C_i(\beta_i) + T_2Q\psi\Big(\Big(1+k+\frac{M^\delta \overline{Q}^\gamma}{T_2Q}\Big)\beta_i - \frac{C_i(\beta_i)}{T_2Q}\Big)\Big]\Big\} f(\beta_i) + \mu_i(\beta_i)\Big\{ -[M^\delta \overline{Q}^\gamma + T_2Q(1+k)]$$

---

① 显然，将 $U_i$ 作为状态变量，$C_i$ 作为控制变量是符合经济学逻辑的。

$$X_i(\beta_i)\psi'\left[\left(1+k+\frac{M^\delta\overline{Q}^\gamma}{T_2Q}\right)\beta_i - \frac{C_i(\beta_i)}{T_2Q}\right]\} \qquad (4-54)$$

根据 Pontryagin 的最大值原理可得：

$$\dot{\mu}_i(\beta_i) = \lambda f(\beta_i) \qquad (4-55)$$

$$(1+\lambda)\left\{1-\psi'\left[\left(1+k+\frac{M^\delta\overline{Q}^\gamma}{T_2Q}\right)\beta_i - \frac{C_i(\beta_i)}{T_2Q}\right]\right\}f(\beta_i)$$

$$= \mu_i(\beta_i)\frac{M^\delta\overline{Q}^\gamma + T_2Q(1+k)}{T_2Q}\psi''\left[\left(1+k+\frac{M^\delta\overline{Q}^\gamma}{T_2Q}\right)\beta_i - \frac{C_i(\beta_i)}{T_2Q}\right]$$

$$(4-56)$$

$$\mu_i(\overline{\beta}) = 0 \qquad (4-57)$$

对式（4-55）进行积分，并利用横截性条件式（4-57），可以得到：

$$\mu_i(\beta_i) = \lambda F(\beta_i) \qquad (4-58)$$

将式（4-58）代入式（4-56）中得到最优成本函数 $C_i^*(\beta_i)$ 如下：

$$(1+\lambda)\left\{1-\psi'\left[\left(1+k+\frac{M^\delta\overline{Q}^\gamma}{T_2Q}\right)\beta_i - \frac{C_i^*(\beta_i)}{T_2Q}\right]\right\}$$

$$= \lambda\frac{F(\beta_i)M^\delta\overline{Q}^\gamma}{f(\beta_i)} + \frac{T_2Q(1+k)}{T_2Q}\psi''\left[\left(1+k+\frac{M^\delta\overline{Q}^\gamma}{T_2Q}\right)\beta_i - \frac{C_i^*(\beta_i)}{T_2Q}\right]$$

$$(4-59)$$

下面我们将 $C_i^*(\beta_i)$ 替换进式（4-46），并将式（4-52）的积分式代入式（4-46）中，求出最优的 $x_i(\beta)$，所构造的拉格朗日函数为：

$$\int\left\{\left[\sum_{i=1}^{m}x_i(\beta)\right]S - \lambda\left[M^\delta\overline{Q}^\gamma + T_2Q(1+k)\right]\int_{\beta_i}^{\overline{\beta}}x_i(\widetilde{\beta}_i,$$

$$\beta_{-i})\psi'\left[\left(1+k+\frac{M^\delta\overline{Q}^\gamma}{T_2Q}\right)\widetilde{\beta}_i - \frac{C_i^*(\widetilde{\beta}_i)}{T_2Q}\right]\mathrm{d}\widetilde{\beta}_i - (1+\lambda)\sum_{i=1}^{m}x_i(\beta)\left[C_i^*(\beta_i)+\right.$$

$$\left.T_2Q\psi\left(\left(1+k+\frac{M^\delta\overline{Q}^\gamma}{T_2Q}\right)\beta_i - \frac{C_i^*(\beta_i)}{T_2Q}\right)\right]\right\}f(\beta_1)\cdots f(\beta_m)\mathrm{d}\beta_1,\cdots,\mathrm{d}\beta_m$$

$$(4-60)$$

给定 $\beta_{-i}$，对第二个积分式进行分部积分，可以得到：

$$\int_{\underline{\beta}}^{\overline{\beta}}\int_{\beta_i}^{\overline{\beta}} x_i(\widetilde{\beta}_i,\beta_{-i})\psi'\left[\left(1+k+\frac{M^\delta \overline{Q}^\gamma}{T_2 Q}\right)\widetilde{\beta}_i - \frac{C_i^*(\widetilde{\beta}_i)}{T_2 Q}\right]d\widetilde{\beta}_i dF(\beta_i)$$

$$= \left\{ F(\beta_i)\int_{\beta_i}^{\overline{\beta}} x_i(\widetilde{\beta}_i,\beta^{-i})\psi'\left[\left(1+k+\frac{M^\delta \overline{Q}^\gamma}{T_2 Q}\right)\widetilde{\beta}_i - \frac{C_i^*(\widetilde{\beta}_i)}{T_2 Q}\right]d\widetilde{\beta}_i \right\} \Big|_{\underline{\beta}}^{\overline{\beta}} +$$

$$\int_{\underline{\beta}}^{\overline{\beta}} F(\beta_i) x_i(\beta)\psi'\left[\left(1+k+\frac{M^\delta \overline{Q}^\gamma}{T_2 Q}\right)\widetilde{\beta}_i - \frac{C_i^*(\widetilde{\beta}_i)}{T_2 Q}\right]d\beta_i$$

$$= \int_{\underline{\beta}}^{\overline{\beta}} x(\beta)\frac{F(\beta_i)}{f(\beta_i)}\psi'\left[\left(1+k+\frac{M^\delta \overline{Q}^\gamma}{T_2 Q}\right)\widetilde{\beta}_i - \frac{C_i^*(\widetilde{\beta}_i)}{T_2 Q}\right]dF(\beta_i) \quad (4-61)$$

将式（4-61）代入式（4-60）中，整理得：

$$\int \sum_{i=1}^m x_i(\beta)\Big\{ S - (1+\lambda)\Big[ C_i^*(\beta_i) + T_2\psi\Big(\Big(1+k+\frac{M^\delta \overline{Q}^\gamma}{T_2 Q}\Big)\beta_i - \frac{C_i^*(\beta_i)}{T_2 Q}\Big) +$$

$$(M^\delta \overline{Q}^\gamma + T_2 Q(1+k))\frac{\lambda}{1+\lambda}\frac{F(\beta_i)}{f(\beta_i)}\psi'\Big(\Big(1+k+\frac{M^\delta \overline{Q}^\gamma}{T_2 Q}\Big)\widetilde{\beta}_i -$$

$$\frac{C_i^*(\widetilde{\beta}_i)}{T_2 Q}\Big)\Big]\Big\}dF(\beta_1)\cdots dF(\beta_m) \quad (4-62)$$

利用 $\psi'$ 的凸性，同时，单调风险率假定意味着 $C_i^*$ 关于 $\beta_i$ 是非递减的，对式（4-62）求微分，可得：

$$S - (1+\lambda)\Big\{ C_i^*(\beta_i) + T_2\psi\Big[\Big(1+k+\frac{M^\delta \overline{Q}^\gamma}{T_2 Q}\Big)\beta_i - \frac{C_i^*(\beta_i)}{T_2 Q}\Big] +$$

$$\Big[M^\delta \overline{Q}^\gamma + T_2 Q(1+k)\Big]\frac{\lambda}{1+\lambda}\frac{F(\beta_i)}{f(\beta_i)}\psi'\Big[\Big(1+k+\frac{M^\delta \overline{Q}^\gamma}{T_2 Q}\Big)\widetilde{\beta}_i - \frac{C_i^*(\widetilde{\beta}_i)}{T_2 Q}\Big]\Big\}$$

$$(4-63)$$

可知式（4-63）对 $\beta_i$ 的一阶导数是非递增的。因此，我们必须选择：

$$x_i^*(\beta) = 1, \text{ 如果 } \beta_i < \min_{g\neq i}\beta_g$$

$$x_i^*(\beta) = 0, \text{ 如果 } \beta_i > \min_{g\neq i}\beta_g \quad (4-64)$$

进一步地，由式（4-42）可知，最优贝叶斯纳什均衡竞标得到的服务价格需要满足：

## 第四章　城市公用事业 BOT 项目特许经营权竞标机制研究 | 121

$$p_i^*(\beta_i) = E_{\beta_{-i}} p_i^*(\beta) = \frac{1}{T_2 Q} U_i^*(\beta_i) + X_i^*(\beta_i) \psi \left[ \left( \frac{M^\delta \bar{Q}^\gamma}{T_2 Q} + 1 + k \right) \beta_i - \frac{1}{T_2 Q} C_i(\beta) \right] \quad (4-65)$$

利用式（4-43）和式（4-45），我们将式（4-65）整理为：

$$p_i^*(\beta_i) = X_i^*(\beta_i) \psi \left[ \left( \frac{M^\delta \bar{Q}^\gamma}{T_2 Q} + 1 + k \right) \beta_i - \frac{1}{T_2 Q} C_i(\beta) \right] + \left[ M^\delta \bar{Q}^\gamma + T_2 Q (1+k) \right] \int_{\beta_i}^{\bar{\beta}} X_i^*(\tilde{\beta}_i) \psi' \left[ \left( \frac{M^\delta \bar{Q}^\gamma}{T_2 Q} + 1 + k \right) \beta_i - \frac{1}{T_2 Q} C_i^*(\beta) \right] d\tilde{\beta}_i \quad (4-66)$$

本部分建立了一个 Vickrey 占优策略竞标机制，该竞标通过实施相同的成本函数（和努力函数）与租金，能够选择出最有效率的城市公用事业 BOT 项目的参与投标企业。占优策略是这样一种竞标机制：每个竞标企业的策略对其他对手的任何投标都是最优的。需要说明的是，这里假定给定其他竞标企业的策略，该竞标企业的策略"平均而言"是最优的。为了简便起见，这里仍然假定 S 足够大以至于该项目能够实施。

下面我们用 $\min(\beta_j, \beta_*)$ 来替代 $\beta_j$，将上述分析一般化后，得到命题 4-4。

命题 4-4：（服务价格，特许经营期）的特许经营权竞标机制下的城市公用事业 BOT 项目的价格决策机制为：

如果 $\beta_i = \min_k \beta_k$ 和 $\beta_j = \min_{k \neq i} \beta_k$，那么，有：

$$p_i^*(\beta_i) = \psi \left[ \left( \frac{M^\delta \bar{Q}^\gamma}{T_2 Q} + 1 + k \right) \beta_i - \frac{1}{T_2 Q} C_i(\beta) \right] + \left[ M^\delta \bar{Q}^\gamma + T_2 Q (1+k) \right] \int_{\beta_i}^{\beta_j} \psi' \left[ \left( \frac{M^\delta \bar{Q}^\gamma}{T_2 Q} + 1 + k \right) \beta_i - \frac{1}{T_2 Q} C_i^*(\beta) \right] d\tilde{\beta}_i \quad (4-67)$$

否则，$\tilde{p}_i(\beta) = 0$ \quad (4-68)

由此可知，当竞标企业 i 获得城市公用事业 BOT 项目特许经营权时，它所竞标服务价格、个人理性服务价格与参与竞标的企业 i 在 $\beta_i$ 到 $\beta_j$ 处所获得的租金息息相关。

### 3. 主要结论

本部分通过构建政府主管部门与竞标企业的动态博弈模型和 Vickrey 占优策略竞标模型，提出城市公用事业 BOT 项目的特许经营期和服务价格的决策机制，最后得出如下结论：特许经营期与建设成本和竞标企业的机会成本呈同方向变化，特许经营期与运营成本和特许经营企业年收入呈反方向变化，以及包括建设期的特许经营期和最优服务价格的决策机制分别由式（4-69）和式（4-70）决定。具体如下：

$$T = T_1 + \frac{C_0 + U}{R - (m\beta^\gamma Q'^a C_0^{-n} + g)} \quad (4-69)$$

$$p_i^*(\beta_i) = \psi\left[\left(\frac{M^\delta \bar{Q}^\gamma}{T_2 Q} + 1 + k\right)\beta_i - \frac{1}{T_2 Q}C_i(\beta)\right] + [M^\delta \bar{Q}^\gamma + T_2 Q(1+k)]$$

$$\int_{\beta_i}^{\beta_j} \psi'\left[\left(\frac{M^\delta \bar{Q}^\gamma}{T_2 Q} + 1 + k\right)\beta_i - \frac{1}{T_2 Q}C_i^*(\beta)\right]d\tilde{\beta}_i \quad (4-70)$$

此外，可以通过以下两种方式确定（服务价格，特许经营期）机制下城市公用事业 BOT 项目的建设期 $T_1$。具体而言：①确定项目的工艺、设计水平、地理位置以及项目实施的迫切程度，同时借鉴相似项目的建设期长短，最终确定城市公用事业 BOT 项目的建设期 $T_1$；②通过政府或政府指定机构与竞标企业之间就建设期的长短进行重复博弈，最终确定建设期 $T_1$。

### 三 竞标（服务价格，质量）BOT 项目特许经营权竞标机制设计

本节前两部分分别设计了竞标（质量，特许经营期）和竞标（价格，特许经营期）城市公用事业 BOT 项目的特许经营权竞标模型。但是，从城市公用事业 BOT 项目特许经营权竞标实践来看，（服务价格，质量）特许经营权竞标机制得到了广泛应用。为此，本部分将对竞标（服务价格，质量）城市公用事业 BOT 项目的特许经营权竞标机制进行研究。

#### （一）研究假设

当政府方或政府方指定机构选择竞标（服务价格，质量）城市公用事业 BOT 项目的特许经营权竞标机制时，需要以一定的前提假设为

# 第四章 城市公用事业 BOT 项目特许经营权竞标机制研究

基础，通过投标企业在投标文件中显示服务价格和质量属性信息，作为服务价格属性和质量属性加权偏好最大化作为投标企业中标的基本原则，从而实现有效甄选最优城市公用事业 BOT 项目中标主体的目的。在构建竞标（服务价格，质量）城市公用事业 BOT 项目的特许经营权竞标机制之前，需要对模型的研究假设进行设定，具体而言：

假设 4-16：社会资本方的服务价格属性变量是产品或服务价格的一维综合价格 $p_i$，即社会资本方针对服务价格属性变量的报价为常数 $p_i$，但不同投标企业的报价是存在差异的，一般而言，$p_i \neq p_j (i \neq j)$。

假设 4-17：社会资本方呈现出来的总体质量属性信息 $q_i$ 是由 $k$ 个质量属性信息通过加权的方式合成的，即 $q_i = \sum_{k=1}^{K} \alpha_{ki} q_{ki}$。

假设 4-18：城市公用事业 BOT 项目的特许经营期为 T，为竞标（服务价格，质量）的特许经营权竞标机制决定前的常数。

假设 4-19：城市公用产品或服务的年均服务量为常数 Y，且在特许经营期内保持不变。

假设 4-20：令 $c(a_i, q_i)$ $(i=1, 2, \cdots, N)$①为竞标企业 i 提供 $q_i$ 质量时的投资成本。其中，$a_i$ 为企业 i 的成本效率参数，或为企业 i 的成本类型，是企业 i 的私人信息，其他竞标企业及其招标者不能无成本地真实知道企业 i 的成本效率参数，但是，知道企业 i 的成本效率参数 $a_i$ 的概率分布。为了简便起见，这里仅仅讨论对称模型，即 $a_i$ 是独立的且定义于 $A_i = [\underline{a}, \overline{a}]$ 上的随机变量，竞标企业都服从相同的分布函数 $F(\cdot)$ 和概率密度函数 $f(\cdot) \geq 0$，同时是 N 个竞标企业的共同知识。进一步地，本书假设每个竞标企业的一维质量属性为 $q_i = [\underline{q}, \overline{q}]$，也是所有竞标企业的共同知识。此外，我们设企业 i 的成本独立于其他 N-1 企业的成本效率参数和一维质量属性。

---

① 政府在对城市公用事业 BOT 项目的特许经营权竞标前，已根据该地区的该类城市公用事业项目的需求预计出设计能力，因此，设计能力是常数，而非企业成本函数的自变量。

假设 4-21：$c(a_i, q_i)$ 关于 $q_i$ 是递增的和凸的，即 $c'_{q_i} > 0$，且 $c(a_i, 0) = 0$。

假设 4-22：$c(a_i, q_i)$ 关于 $a_i$ 是递减的和凸的，即 $c'_{a_i} < 0$，且 $\partial^2 c(a_i, q_i)/\partial a_i \partial q_i < 0$。

假设 4-23：企业成本效率参数满足单调风险率性质，即 $F(\cdot)/f(\cdot)$ 单调不减。

假设 4-24：城市公用事业 BOT 项目在特许经营权竞标过程中不存在合谋行为和败德行为。

假设 4-25：参与投标的企业以及招标主体都是风险中性的。

(二) 模型构建

政府方或政府指定机构在竞标（服务价格，质量）城市公用事业 BOT 项目的特许经营权竞标机制中选择中标主体的目标是服务价格属性的演变形式与质量属性的加权数值最大化。同时，社会资本方参与城市公用事业 BOT 项目特许经营权竞标的约束条件是参与竞标获得的净收益或利润大于等于 0。因此，竞标（服务价格，质量）城市公用事业 BOT 项目的特许经营权竞标机制的最大化目标和约束条件如下：

$$\text{Max } \beta \tilde{p}_i TY + (1-\beta) q_i \qquad (4-71)$$

$$\text{s.t. } p_i TY - C(a_i, q_i) \geq 0 \qquad (4-72)$$

其中，$\tilde{p}_i$ 为不同竞标主体 $p_i$ 的变化形式[①]，不同城市公用事业 BOT 项目的 $\tilde{p}_i$ 与 $p_i$ 之间的关系存在一定差异。$\beta$ 为服务费在目标函数中所占的权重。

对式（4-71）和式（4-72）构造拉格朗日函数，即：

$$L(p_i, q_i, \lambda) = \beta \tilde{p}_i TY + (1-\beta) q_i + \lambda [p_i TY - C(a_i, q_i)] \qquad (4-73)$$

一阶条件：

$$\frac{\partial L}{\partial \lambda} = p_i TY - C(a_i, q_i) = 0 \qquad (4-74)$$

---

[①] 比如，最佳报价值：报价平均值与全部有效投标价中的最低价的算术平均值为最佳报价值；根据各投标人的投标报价与最佳报价值对比，计算投标人的商务报价的得分值，即：a. 投标报价等于最佳报价值时，得满分；b. 投标报价每低于最佳报价值 1 个百分点，扣 0.15 分；c. 投标报价每高于最佳报价值 1 个百分点，扣 0.3 分。以上报价评分不足 1 个百分点时，使用直线插入法计算。这就决定了由 $p_i$ 到 $\tilde{p}_i$ 的转换形式。

$$\frac{\partial L}{\partial p_i} = \beta \frac{\partial \tilde{p}_i}{\partial p_i} TY + \lambda TY = 0 \qquad (4-75)$$

$$\frac{\partial L}{\partial q_i} = (1-\beta) - \lambda \frac{\partial C}{\partial q_i} = 0 \qquad (4-76)$$

由式（4-74）、式（4-75）和式（4-76）可以得到：

$$\frac{\partial \tilde{p}_i}{\partial p_i} \cdot \frac{\partial C(a_i, q_i)}{\partial q_i} = \frac{\beta - 1}{\beta} \qquad (4-77)$$

由式（4-77）可知，在 $C(a_i, q_i)$ 函数形式以及 $\beta$ 值给定的基础上，能得到最优的 $\tilde{p}_i$ 与 $p_i$ 之间的函数关系，从而能够得到最优的服务价格和质量属性。

综上所述，本部分建立了竞标（服务价格，质量）的城市公用事业 BOT 项目的特许经营权竞标机制，结果表明，该机制的最优服务价格和最优质量属性的决定取决于成本函数形式和服务价格与质量属性在最优目标函数中的权重关系。其中，不同竞标主体的服务价格在最优特许经营权竞标机制中的呈现形式对特许经营权竞标机制的决定至关重要。

## 第三节 城市公用事业 BOT 项目特许经营权竞标风险

由于城市公用事业 BOT 项目往往具有较长的特许经营期，在特许经营合同执行过程中，可能发生一些超越特许经营合同边界或出现特许经营合同难以预料的情况，这增加了通过特许经营权竞标机制选择高效城市公用事业 BOT 项目运营主体的风险。为此，在城市公用事业 BOT 项目特许经营权竞标过程中，有必要分析该类项目的特许经营权竞标风险。从城市公用事业 BOT 项目特许经营权竞标实践来看，存在的典型风险有投标企业的数量不足往往造成竞标不充分、评标机制不健全常常导致低效率企业中标、在特许经营期内发生合同约束外的情况往往增加政府和企业之间的谈判成本以及风险分担机制不合理往往降低特许经营企业的努力程度等。

## 一 投标企业的数量不足往往造成竞标不充分

城市公用事业 BOT 项目往往需要特许经营企业具备较强的资金实力、建设能力和运营能力。因此，在特许经营权竞标过程中，参与该类项目的投标主体需要同时具备建设能力和运营能力，这在一定程度上限制了潜在进入者的进入数量。因此，能否最大限度地吸引潜在竞标者参与投标是城市公用事业 BOT 项目特许经营权竞标过程中最为重要的问题。由于信息不对称以及潜在进入者自身约束条件的限制，城市公用事业 BOT 项目往往难以吸引同时具备较强的建设能力和较好的运营能力的企业参与项目投标。在项目的实际运作过程中，竞标结果大多偏向于建设能力较强而运营能力较弱的投标主体，从而偏离了城市公用事业 BOT 项目特许经营权竞标主体优化选择的核心目标。当前，由于投标企业参与不足从而引发竞标不充分的原因较多，其中，BOT 项目的技术经济特征决定了参与竞标的企业数量必然少于仅涉及运营环节的项目。此外，城市公用事业 BOT 项目特许经营权招标公告的发布渠道、招标公告发布日至投标截止日的时间间隔、项目所在地的经济条件以及项目的预期收益等都是影响该类项目能否实现充分竞标的重要因素。对城市公用事业 BOT 项目而言，首要目标是最大限度地对项目进行宣传，尽可能地降低潜在进入者对特定城市公用事业 BOT 项目的信息不对称程度，从而增加潜在进入者的投标可能性。因此，参与投标的企业数量不足所带来的竞标不充分是当前城市公用事业 BOT 项目特许经营权竞标中的一大风险。

## 二 评标机制不健全常常导致低效率投标企业中标

建设能力和运营能力的优劣是政府方选择城市公用事业 BOT 项目运作主体的重要决策变量。建设能力和运营能力往往通过多个指标来衡量，指标的权重设定直接反映政府或政府指定机构对有关指标的偏好程度，由不同指标所构建的指标体系之间存在若干种不同的权重系统。从理论上说，针对特定城市公用事业 BOT 项目存在唯一的或少数几个与其项目特征相匹配的指标体系和权重系统。然而，在城市公用事业 BOT 项目的特许经营权竞标实践中，往往难以选择最优的评标指标体系以及合理确定指标权重,这严重影响了招标与评标的科学性以及城市公用事业 BOT 项目特许经营权竞标目标的实现。实践中由于评标机制不健全导致的低效企业中标主要表现在以下两个方面:

第一,评标指标体系的设计仍然不够健全。一般来说,各类城市公用事业 BOT 项目的评标体系由技术标和商务标等部分共同构成。政府或政府指定机构的不同偏好形成了异质化的城市公用事业 BOT 项目的评标指标体系。同时,城市公用事业 BOT 项目具有投资规模大、特许经营期长等特征,这决定了投标人不仅需要承担项目的建设工作,还需承担项目的建设资金筹集与运营管理工作。为此,在技术标中需要涉及投标人的融资能力、建设能力、运营能力、管理能力等信息。此外,在商务标中需要测算出对特定城市公用事业 BOT 项目而言的较为合理的运营服务价格。然而,在实践过程中,依然存在评标体系不够健全的问题,这主要表现在两个方面:①有效指标尚未完全进入评标指标体系。主要是指一些应该进入的指标没有进入,从而造成城市公用事业 BOT 项目特许经营权竞标评价体系缺损。②无效指标进入评标指标体系。主要是指一些难以较好地反映竞标企业建设能力、运营能力和服务水平的指标进入评标体系,如将投标保证金或招商引资金额作为竞标企业能否中标的重要指标。显然,在城市公用事业 BOT 项目特许经营权竞标过程中,需要在综合考虑项目特征和政府管制约束的基础上,设计出较为合理的评标指标体系,而一些无法反映竞标企业建设能力、运营能力和服务水平的指标不能直接进入评标体系中。

第二,各评标指标的权重设计在一定程度上存在失衡。一般而言,在城市公用事业 BOT 项目特许经营权评标机制中,往往需要对各个指标进行赋权,从而通过加权求和的方式计算各个竞标主体的分值,进而根据分值高低来确定获得特定城市公用事业 BOT 项目的特许经营权的投标企业。通过特许经营权竞标机制,有效地甄选最有效率的竞标主体,需要设定与特定城市公用事业 BOT 项目相适应的评价指标体系以及确定各指标的权重。指标权重往往结合第三方公司(中介)的经验、项目委托方的需求以及项目的特殊性来综合确定,但现实中由于各方利益的冲突,难以选择最优的权重设定方案,甚至受制于政府管制者的主观意愿，对其所偏好的指标设定较高权重，从而忽视或减弱对竞标企业的资金实力、技术能力、建设能力、运营能力等方面的评价，进而造成实际中标者与特定城市公用事业 BOT 项目对最优运行主体的客观需求相背离，从而在一定程度上造成效率偏低。

此外，长期以来，最低价中标成为多数城市公用事业 BOT 项目运营主体的重要选择原则，这降低了社会公众为产品或服务所付出的成本，但是，如果非合理的超低价中标可能为特许经营期内要挟地方政府提价以及产品或服务的低质低价等埋下诸多隐患。发生这种情况的原因主要在于政府方对城市公用产品或服务的价格过于重视，从而在特许经营权竞标机制中对价格权重设定过高，但没有明确规定城市公用产品或服务的最低价。近年来，国家对"最低价"中标问题的日益重视，2017 年财政部出台的《政府采购货物和服务招标投标管理办法》（财政部令 87 号）明确提出，"评标委员会认为投标人的报价明显低于其他通过符合性审查投标人的报价，有可能影响产品质量或者不能诚信履约的，应当要求其在评标现场合理的时间内提供书面说明，必要时提交相关证明材料；投标人不能证明其报价合理性的，评标委员会应当将其作为无效投标处理"。显然，这在一定程度上为当前不合理的最低价中标机制提供了重要的解决方案。

### 三 在特许经营期内发生合同约束外的情况往往增加政府和企业之间的谈判成本

特许经营合同的完备性与项目的特许经营期长短之间呈反方向变化，即特许经营期越长，项目特许经营合同的完备性越弱；反之，特许经营期越短，项目特许经营合同的完备性越强。由于城市公用事业 BOT 项目的特许经营期较长，因此，该类项目特许经营合同的完备性相对较弱，如果在特许经营期内发生偏离特许经营合同的事件时，势必会增加政府和企业之间的再谈判成本。对城市公用事业 BOT 项目而言，特许经营合同期内的风险主要包括合同中尚未包含的运营服务能力变化、工艺要求变化、调价公式尚未涵盖的内容可能导致的调价预期问题以及不符合强制退出条件但政府需要其退出等情况。在城市公用事业 BOT 项目运营过程中，如果发生合同约束外的情况，那么将会大大增加政府与企业之间的谈判成本。在政府和企业主体平等和政府承诺兑现的前提下，由于现有合同约束在位企业在合同再谈判过程中处于优势地位，这将大大增加政府与特许经营企业之间的谈判成本以及特许经营企业提供产品与服务的不确定性。特别地，对继续实施合同约定条款将会大大增加政府财政负担的项目而言，在政府期望特许经营企业退出但特许经营企业无过失责任的情况下，特许经营企业或社会资本方将缺乏退出动力，一旦政府方强制其退出将不得不面临政府承诺缺失的舆论谴责以及政府大幅提高对社会资本方赔偿损失的局面。

### 四　风险分担机制不合理导致降低特许经营企业的努力程度

城市公用事业 BOT 项目的风险结合了一般风险和自身特殊风险的特点，因而该类特许经营项目的风险因素多而复杂，按照不同的标准可以有不同的分类。按照风险来源不同可以分为自然风险、社会风险、经济风险、法律风险和政治风险；按照风险涉及的当事人不同可以分为政府风险、社会资本方风险、承包商风险、金融机构风险等；按照风险能否管理可以分为可管理风险和不可管理风险；按风险的影响范围不同可分为局部风险和总体风险；按风险影响因素的内外因可以分为内因引起的风险和外因引起的风险；按风险的层级不同可以分为国家层级风险、市场层级风险和项目层级风险。

城市公用事业 BOT 项目风险宏观层面主要集中于政策和法律环境、经济环境、社会环境、气候环境等。中观层面主要有项目的需求、地址、设计、建造以及工艺技术等。微观层面主要是指与项目合作方相关的风险，如招标竞争不充分风险、行政/刑事法律责任风险、违约风险、财务风险、组织风险、沟通协调风险等。根据天和智库的统计，特许经营项目失败的风险主要有法律变更、审批延误、政府决策失误/延长、政府/公众反对、政府信用、不可抗力、融资、市场收益不足、项目唯一性、配套设备服务提供、市场需求变化、收费变更等。

在城市公用事业 BOT 项目特许经营之前，往往通过合同约定政府方和社会资本方的权责范围及风险分担机制。由于政府方和社会资本方认为特许经营企业的进入目的是通过运营收费回收建设成本并获取合理的收益，从而在特许经营合同中依据"保本微利"原则设定城市公用产品或服务的定价与调价公式，在消费量稳定的前提下，特许经营企业或社会资本方无须承担任何经营风险。特别地，国家还针对特定城市公用基础设施提供了特定规模的财政补贴政策，为此，一些城市开始通过招商引资、大力推进城市公用事业BOT项目的基础设施建设。在个别项目中出现了"保底服务量"，从而在"保本微利"的价格体系和"保底服务量"的数量体系下，特许经营企业无须为运营期内的量价波动风险买单，唯一需要承担的是质量风险。因此，在该机制下特许经营企业显然缺乏改善产品或服务质量的动力。

**五 低价或超低价中标增加项目的运营风险**

一般而言，投标企业的产品或服务价格是基于初始投资分摊和项目运营期的成本综合考虑后确定的，但是，在城市公用事业BOT项目特许经营权竞标过程中，低价甚至超低价中标偶有发生。从经济理论中的经济人或理性人假设可知，低价或超低价中标势必在特许经营期内要挟地方政府提高价格，或者增加工程烂尾的风险。特别地，一些城市公用事业BOT项目特许经营权竞标机制过度偏好产品或服务价格，这为最低价甚至低于成本的报价者中标提供了更大的可能。

本部分将以温州中心片污水处理厂迁建工程BOT项目（以下简称"该项目"）为例进行分析，该项目设计总规模40万吨/日，由于该项目规模大、示范效应强、投标门槛高，吸引了北控、碧水源、光大水务、天津创业、成都兴蓉、鹏鹞环保、重庆康达等11家国内水务行业的知名企业参与竞标。2015年8月7日，该项目第二次开标，11家企业的报价相差巨大。在污水处理基本单价方面，杭钢联合体的报价最低，为0.727元/立方米，山东水务发展公司联合体的报价最高，为1.660元/立方米，两者相差0.933元/立方米。在项目总投资方面，杭钢联合体报价也是最低，约为6.80亿元，中国核工业建设集团联合体报价最高，约为11.73亿元，两者相差近5亿元。最终，杭钢联合体成功签约。该项目的一个重要问题是0.727元/立方米的报价是否已经低于成本线？据有关专家测算，电力、药剂、人工、用水以及大修、管理费、财务等成本约为 0.40 元/立方米。按照该项目 40 万吨/日的规模计算，一般来说，水价应该是 0.4 元乘以 3，也就是 1.2 元/立方米。考虑到竞争激烈，在尽可能地降低建造成本和财务成本的前提下，0.8 元/立方米也是一个惨烈的"合理底线"了，而杭钢 0.727 元/立方米的报价显然击穿了这一底线。同时，项目总投资对应的是建设成本，这方面，比较合理的报价是在 10 亿元左右。即使将未来钢材降价的空间也计算进来，最低也要 8 亿元才能勉强做得下来，杭钢 6.80 亿元的报价明显过低。从项目中标后的初步设计阶段论证结果来看，设计存在一定的漏项问题。那么，前期低价或超低价中标，理性人假说预示着特许经营期内最大可能是调高污水处理费用，也可能产生烂尾工程。无论是政府兜底还是环保企业买单，都将造成环保项目的低质运行，最终导致环境恶化，危及公众利益。[①]

为此，随着中国经济的快速增长以及城市财政能力的提升，必须遏制低价或超低价中标，从而将城市公用事业 BOT 项目推进初衷由引资、效率等目标转向可持续发展上来。特别地，随着环保风暴一轮比一轮刮得更加猛烈，一些污染型企业面临着产业转型问题，因此会不惜一切代价地竞标城市公用事业，从而抢占市场先机，扩大市场范围，并非从效率角度出发进行投标，而是从政治视角出发投标城市公用事业 BOT 项目，从而势必在一定程度上带来效率损失问题。

## 第四节  城市公用事业 BOT 项目特许经营权竞标机制应用

竞标企业的质量属性、服务价格和特许经营期是政府方或政府指定机构选择城市公用事业 BOT 项目特许经营企业的决策变量，三者之间两两组合形成三种不同的特许经营权竞标机制。在城市公用事业

---

[①] 马维辉:《远低成本价竞标推高项目风险杭钢"强吃"环保项目隐忧》,《华夏时报》2016 年 2 月 19 日。

BOT项目实践过程中，大多选择（质量，服务价格）二维属性的特许经营权竞标机制，往往忽视或不重视特许经营期对特许经营权竞标机制的影响。为此，本章基于城市公用事业BOT项目特许经营权的竞标实践，分别建立（质量，服务价格）、（质量，特许经营期）、（服务价格，特许经营期）特许经营权竞标机制。上述三种不同的特许经营权竞标机制，无论从理论看还是从实践中看，都有其特定的适用范围，为此，本节将重点对城市公用事业BOT项目特许经营权竞标机制的应用问题进行研究。

## 一 竞标（质量，服务价格）特许经营权竞标机制的适用性

特许经营期是通过综合考量城市公用事业BOT项目的设计年限、运营服务价格的预测值、调价公式以及建设与运营投资等系列指标的基础上估算出来的。特许经营期的长短直接影响着特许经营企业在特许经营期内的运营绩效。在其他因素不变的情况下，较长的特许经营期会增加特许经营企业的运营利润获取空间。在利润动机的驱使下，如果特许经营期的实际值低于特许经营期的最优值，社会资本方或中标企业将会间接地提高运营期内的产品或服务价格，从而导致消费者福利降低。

对竞标（质量，服务价格）特许经营权竞标机制而言，核心问题是在城市公用事业特许经营权竞标之前，需要依据项目的设计年限、预期收益、服务价格等核心变量，运营净现值方法等确定与项目特征相匹配的特许经营期。在此基础上，具体化质量属性，并通过将多个质量属性变量与服务价格变量进行加权求和，从而测算出不同投标企业或联合体的竞标得分，最终根据分值高低确定（质量，服务价格）竞标属性下的城市公用事业BOT项目特许经营权的中标主体或社会资本方。

对城市公用事业BOT项目而言，当选择（质量，服务价格）特许经营竞标机制时，需要具有如下条件：第一，运用规范的、公认的方法，结合项目特征、预期服务价格、建设与运营费用估值以及项目的设计年限等数据，测算出合理的特许经营期数值或区间范围。第二，根据项目特征确定特定城市公用事业BOT项目建设运营企业质量属性的下限或最低值。第三，根据项目特征和类似项目来确定特定城市公用事业BOT项目的最高服务价格。基于上述三个基本条件，通过

多种方式，吸引潜在竞标主体参与特定城市公用事业 BOT 项目的投标，设计有效的评标机制，从而选择最有效的特许经营企业建设、运营特定城市公用事业 BOT 项目，特许经营期满后，根据合同的约定，将项目无偿或有偿地移交给当地政府或行业主管部门。

**二 竞标（质量，特许经营期）特许经营权竞标机制的适用性**

服务价格是（质量，特许经营期）特许经营权竞标机制的外生变量。选择这一竞标机制需要首先确定特许经营项目的服务价格。该服务价格的确定需要综合考虑项目特征、相似项目的运营服务价格等因素，并依据通用并公认的研究方法，测算出项目的基准服务价格。随后，在招标文件中公布政府方确定的基准服务价格，认同基准服务价格下运营特定城市公用事业 BOT 项目能够获得稳定收益的单一企业或企业联合体将是潜在投标方。因此，对竞标（质量，特许经营期）特许经营权竞标机制而言，首先需要确定项目的基准服务价格。

（质量，特许经营期）城市公用事业 BOT 项目特许经营权竞标机制适用于同时满足以下条件的项目：第一，要求政府方委托咨询机构依据项目特征、特许经营期、合理回报率以及同类项目的服务价格等因素，建立定价模型，确定特定城市公用事业 BOT 项目的基准服务价格。[①] 第二，根据项目特征，确定特定城市公用事业 BOT 项目建设运营企业质量属性的最低值。在科学测算出特定城市公用事业 BOT 项目的基准服务价格，以及明确进入企业的最低质量属性的前提下，可以选择竞标（质量，特许经营期）特许经营权竞标机制，从而选择出特定城市公用事业 BOT 项目的特许经营企业或社会资本方。

**三 竞标（服务价格，特许经营期）特许经营权竞标机制的适用性**

对竞标（服务价格，特许经营期）城市公用事业 BOT 项目特许经营权竞标机制而言，确定质量属性是竞标的重要前提。其中，需要

---

① 需要说明的是，若测算出的基准服务价格偏离最优服务价格，将会产生无效率。其中，测算的基准服务价格被高估，将会降低消费者福利或增加政府财政负担；而一旦测算的基准服务价格被低估，将难以吸引竞标企业充分竞争，从而为无效特许经营企业选择埋下隐患。

建立与特定城市公用事业 BOT 项目相匹配的竞标企业最低质量属性。需要说明的是，过低或过高的最低质量属性都不利于城市公用事业 BOT 项目特许经营企业的优化选择。如果最低质量属性的标准过低，除非触发质量属性与服务价格呈反方向变化的条件，否则难以选择最优的城市公用事业特许经营企业。

显然，确定与特定项目相适应的质量属性下限是竞标（服务价格，特许经营期）特许经营权竞标机制的重要内容。为此，竞标（服务价格，特许经营期）特许经营权竞标机制主要适用于下述类型的城市公用事业 BOT 项目：第一，首先需要依据项目的特征确定合理有效的特许经营项目的质量属性下限。第二，测算出特定城市公用事业 BOT 项目的服务价格区间，约定竞标企业的竞标服务价格介于服务价格区间内，避免出现低价中标无法提供优质产品或服务以及在特许经营期内要挟城市公用产品或服务价格上涨现象的发生。同时，需要规避城市公用产品或服务的价格高于所测算的服务价格区间上限的情况发生。在有效确定竞标企业质量属性的前提下，通过选择（服务价格，特许经营期）特许经营权竞标机制，能够激励投标企业充分竞争，从而实现有效选择高效特许经营企业来运营特定城市公用事业 BOT 项目的目标。

# 第五章　城市公用事业 TOT 项目特许经营权竞标机制研究

招标[①]是城市公用事业 TOT 项目选择运作主体的重要方式，特许经营权竞标机制直接决定着政府方能否有效地选择项目的运作主体。从城市公用事业 TOT 项目的发展脉络来看，特许经营权竞标机制缺失或错配是竞标过程中存在的典型问题。特许经营权竞标机制对特许经营主体选择具有重要意义，研究 TOT 项目特许经营权竞标机制成为当前城市公用事业深化改革过程中的一项重要任务。基于此，本章将从特许经营权竞标的关键要素、特许经营权竞标模型、特许经营权竞标风险和特许经营权竞标机制适用性四个方面对城市公用事业 TOT 项目特许经营权竞标机制进行研究。

## 第一节　城市公用事业 TOT 项目特许经营权竞标要素

是否包含建设环节以及在特许经营期内是否涉及资产转让是城市公用事业 BOT 项目与 TOT 项目的显著区别。其中，由于城市公用事业 TOT 项目不涉及项目公司的重新建设问题，但需要中标企业向政府方支付产权转让费。因此，在选择该类项目的运作主体时，需要同时

---

① 城市公用事业特许经营项目的运作主体选择主要有招标、竞争性谈判、竞争性磋商和单一来源采购四种方式。其中，招标是由交易活动的发起方在一定范围内公布标的特征和部分交易条件，按照一定的规则和程序，对多个响应方提交的方案及报价进行评审，择优选择交易主体并确定全部交易条件的一种交易方式。

考虑能否承担让社会资本方满意的项目资产转让资金以及是否具备特定项目的运作能力。在城市公用事业 TOT 项目特许经营权竞标过程中，需要综合评定特许经营权的转让价格、产品或服务价格以及投标企业的质量属性（或技术能力），从而实现最优化选择城市公用事业 TOT 项目运作主体的目标。在城市公用事业 TOT 项目特许经营权竞标实践中，往往利用技术标要素和商务标要素来优化选择城市公用事业 TOT 项目的运作主体。从实践来看，资信、技术和商务要素（投标报价）是建立城市公用事业 TOT 项目特许经营权竞标机制理论模型的重要前提。其中，资信要素是满足特定项目要求的投标企业的基本条件。技术要素包括单个投标企业或联合体运作特定城市公用事业 TOT 项目技术方案；商务要素主要包括城市公用事业 TOT 项目的资产转让价格和产品或服务价格。基于此，本节将对上述三方面进行分析。

### 一 资信要素

资信要素既是选定城市公用事业 TOT 项目特许经营运作主体的基本前提，也是建立城市公用事业 TOT 项目特许经营权竞标机制理论模型假设条件的重要基础。在城市公用事业 TOT 项目特许经营权竞标实践过程中，资信要素主要包括竞标企业或联合体的财务状况、企业的综合实力、企业获奖以及企业运作类似项目的经营业绩等。其中，财务状况主要通过注册资本金、净资产、净利润、总资产等来反映。企业综合实力主要通过银行信用等级以及企业认证等来反映。企业获奖主要通过单一投标企业或投标联合体在约定时间内所获得的与项目有关的奖项情况。企业运作类似项目的经营业绩是指投标主体运作过的与投标项目类似或能够证明其具有远远超过该类项目运作能力的项目证明。通过对城市公用事业 TOT 项目投标主体的资信要素评分，能够在一定程度上揭示出单一竞标企业或联合体的综合实力。从理论上看，城市公用事业 TOT 项目在招投标过程中主要存在两种资信要素的处理方式：一是将资信要素作为投标企业能否投标的前置条件；二是对资信要素的约束性进行放松，将各资信要素通过设定分值的方式进行综合评分处理。两种方式各有利弊，前者是强制性的处理方式，后者更具弹性。从城市公用事业 TOT 项目特许经营权竞标实践来看，后者占据较大比例,并将分值高低作为竞标主体评分的重要依据。

## 二 技术要素

在城市公用事业 TOT 项目的特许经营期内,中标主体拥有项目的所有权和经营权,政府拥有特许经营项目的监督权。由于城市公用事业 TOT 项目不包括建设环节,如何提升项目的运营能力和经济绩效是选择特许经营企业的基本目的。技术要素主要反映竞标企业的运营能力,在其他条件不变的情况下,竞标企业的运营能力高低直接决定了特许经营项目的中标概率。城市公用事业 TOT 项目的技术要素主要包括项目公司组建方案、财务方案以及运营维护方案等。其中,项目公司组建方案主要包括项目公司股权结构、资本金比例、项目公司组建的进度合理性以及计划投入项目公司的主要人员情况等。财务方案主要包括项目的融资计划和方案、筹资来源的可靠性和融资成本的合理性、年度借款及还款计划的合理性、项目融资风险分析及其控制方案以及项目的经济分析等。运营维护方案包括在整个运营期内的连续运营方法及其保障方案、对项目设施的良好维护和保养方案以及恢复性大修及移交方案等。在实际项目的运作过程中,往往通过对城市公用事业 TOT 项目技术要素进行综合评分的方式,为选择特许经营企业提供决策参考。

## 三 商务要素

价格机制是微观经济学的核心,是城市公用产品资源配置的重要决定机制。在城市公用事业 TOT 项目中,商务要素主要包括特许经营权的转让价格和产品或服务价格两个方面。无论从理论上还是从实践中看,科学确定特许经营权转让价格和产品或服务价格,是城市公用事业 TOT 项目特许经营权竞标的核心要素。从中国城市公用事业 TOT 项目的特许经营权竞标实践来看,将两个价格中的任意一个价格作为外生变量,另一个价格作为内生变量来处理最为常见。在中国城市公用事业市场化改革的过程中,出现了一系列问题,其中,溢价收购为特许经营项目运营期社会资本方要挟地方政府提价、损害消费者福利埋下了隐患,该问题日益成为政府部门和学术界关注的重点。为了规避资产溢价收购所带来的低效率问题,在实践中往往在固定转让价格和满足特定项目的社会资本方要求的前提下，选择竞标（服务价格）特许经营权竞标机制。同时，在有限溢价和质量优先的双重目标下，一些城市公用事业 TOT 项目往往固定产品或服务价格，通过竞标（质量，转让价格）特许经营权竞标机制来选择合适的特许经营企业。

综上所述，资信要素、技术要素和商务要素是城市公用事业 TOT 项目特许经营权竞标实践的核心，这为构建特许经营权竞标机制的理论模型提供了重要基础。资信要素是为地方政府或政府指定机构通过设定投标企业基本条件，从而实现对参与投标的企业进行初选。技术要素和商务要素对城市公用事业 TOT 项目特许经营权竞标至关重要。其中，技术要素是反映投标企业一系列技术水平等的信息，价格要素由特许经营权转让价格和产品或服务价格中的一部分或两个部分组成。在实践中，往往通过权重配比方式，根据地方政府或政府指定机构的主观偏好于科学事实，来确定资信要素、技术要素和价格要素的权重配置。为了实现以实践为基础，将实践中的重要变量进行抽离整合的方式，从而形成运用经济学语言建构城市公用事业 TOT 项目特许经营权竞标机制的目的。本章将在一系列基本条件与前提假设的基础上，主要对竞标（质量，转让价格）和竞标（服务价格）两种特许经营权竞标机制进行研究。

## 第二节　城市公用事业 TOT 项目特许经营权竞标模型

随着中国城市公用事业基础设施的快速发展，传统以引资为导向的特许经营取向将会向效率导向变迁。为此，在未来较长的时间内，对以特许经营权转让为目的的城市公用事业特许经营项目而言，选择 TOT 模式进行市场化改革将较为常见。为了规范和促进城市公用事业 TOT 项目的快速发展，需要从理论上建立高效的特许经营权竞标机制。在考量城市公用事业 TOT 项目实践中存在系列问题的基础上，基于经济学的最优化理论，在设定城市公用事业 TOT 项目竞标的基本条件与研究假设基础上,分别建立竞标(质量,转让价格)和竞标(价格)特许经营权竞标机制。

## 一 竞标(质量,转让价格)TOT项目特许经营权竞标机制设计

从城市公用事业 TOT 项目的特许经营实践来看,重引资、轻效率的特许经营权分配理念制约着特许经营权竞标效率的提升,从而导致一些不具备城市公用事业运营服务能力或次优的企业进入城市公用事业领域,在一定程度上降低了城市公用行业的经济绩效。因此,建立更为有效的特许经营权竞标机制对城市公用事业 TOT 项目特许经营企业的优化选择至关重要。为此,本章将对特许经营权竞标前已确定产品或服务价格项目的特许经营权竞标机制进行研究。

(一)核心问题

在建立城市公用事业 TOT 项目竞标(质量,转让价格)特许经营权竞标机制的理论模型之前,需要对项目基本特征、竞标企业的准入条件以及特许经营期等核心问题进行研究。

1. 项目基本特征

在考虑城市公用事业不同行业同质性与异质性特征的基础上,将影响(质量,转让价格)特许经营权竞标机制理论模型构建的基本要素抽离出来,从而形成城市公用事业 TOT 项目的基本特征要素。

(1)要求城市公用事业 TOT 项目每日提供较为稳定的产品或服务;

(2)明确城市公用事业 TOT 项目的服务地域范围和服务人口数量;

(3)明确每日提供的城市公用产品或服务的数量;

(4)城市公用事业 TOT 项目的设计能力为 $\bar{y}$;

(5)城市公用事业 TOT 项目的特许经营期 T 内的服务价格保持不变,且为 m(m>0);

(6)项目是不可分的,即只有唯一一家企业或联合体获得城市公用事业 TOT 项目特许经营权。

2. 投标企业准入条件

（1）对投标企业是否具备法人资格以及企业资本性质进行说明；

（2）对投标企业的注册资金、财务状况、商业信誉、银行资信情况、偿债能力等进行说明；

（3）具备生产资质的相关级别；

（4）投标企业需要具备相关项目的运营经验或能力证明；

（5）是否可以接受两个或两个以上企业组成的联合体竞标的相关规定；

（6）城市公用事业TOT项目运行涉及的技术、管理、财务等人员保证；

（7）近三年内没有发生重大生产安全和质量事故或重大投诉事件；[①]

（8）规定特许经营项目到期后应无偿转让或有偿移交给地方政府或政府指定机构；

（9）对投标企业的其他规定。

3. 特许经营期

在城市公用事业TOT项目特许经营实践过程中，多通过主观方式确定特许经营期的长短，甚至部分学者以及地方政府官员认为，特许经营期的长短并不影响城市公用事业TOT项目的特许经营效果。本书认为，特许经营期长短是影响经营权转让价格、服务价格以及项目更新改造需求的重要变量，在特许经营权竞标前，需要地方政府或政府指定机构运用科学的方法，确定城市公用事业TOT项目的特许经营期。具体过程如下：

（1）测算城市公用事业TOT项目特许经营期的最大值$TB_{max}$。假设城市公用事业TOT项目的设计年限为$T_d$，已经运营年限为$T_o$，那么剩余运营年限的最大值为$T_{max} = T_d - T_o$。随着城镇化进程的快速发展，在未来$T_{max}$年内的$T_s$年后，现有设施服务能力、服务标准等可能

---

[①] 对于没有发生重大生产安全和质量事故或重大投诉事件的时间长短由地方政府或政府指定机构来确定。

无法满足 $T_s$ 年后社会对城市公用事业基础设施的需求,那么,如果将 $T_d - T_s$ 定义为城市公用事业 TOT 项目的特许经营期是有失偏颇的。基于此,本书认为,城市公用事业 TOT 项目的特许经营期最大值为:$TB_{max} = T_s - T_o$。其中,$TB_{max}$ 的确定原则为:$T_o$ 时期的服务水平为 $Q_o$,设计能力为 $Q_d$,所在地区的城镇化水平为 r%,年均增长率为 t%,城镇化率每增加 1%,服务水平将增加 h%,那么城市公用事业 TOT 项目的特许经营期可以定义为: $Q_d = Q_o(1 + t\%)^{TB_{max}}(1 + h)$。[1] 如图 5-1 所示。

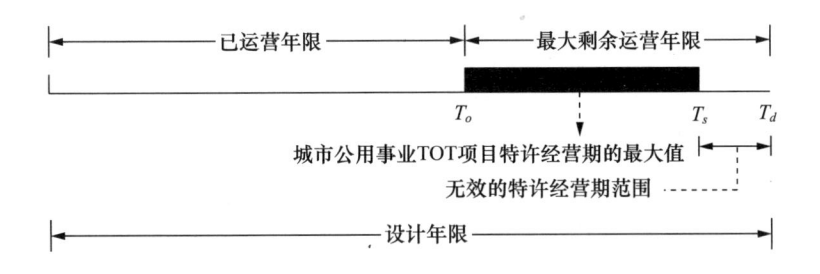

**图 5-1　城市公用事业 TOT 项目最大特许经营期确定过程**

(2) 确定城市公用事业 TOT 项目特许经营期的最终值。上述第(1) 部分在考虑项目设计年限、已运营年限以及项目日服务量小于设计能力的基础上,建立了城市公用事业 TOT 项目的最大特许经营期的决定机制。对具体的城市公用事业 TOT 项目而言,由于现实的一些约束导致实际特许经营期小于甚至远远小于最大特许经营期。基于政府管制成本、交易成本以及政府主管部门的主观偏好等诸多因素,设计出城市公用事业 TOT 项目特许经营期的决定机制。

由图 5-2 可知,城市公用事业 TOT 项目的特许经营期不仅与最大特许经营期 $TB_{max}$ 有关,也与边际管制成本和边际交易成本有关。在最大特许经营期 $TB_{max}$ 的约束下,当政府主管部门或政府指定机构

---

[1] 这里假设城市公用事业 TOT 项目在 $TB_{max}$ 时期内,现有工艺水平仍能符合 $TB_{max}$ 时期社会公众对城市公用事业产品或服务质量的基本需求。

更偏好于较低的边际管制成本时,特许经营期相对较短;反之则较长。此外,特许经营期的长短还受到特许经营权转让价格的影响,当政府偏好于较高的特许经营权转让价格时,实际特许经营期接近于最大特许经营期;反之则偏离最大特许经营期。

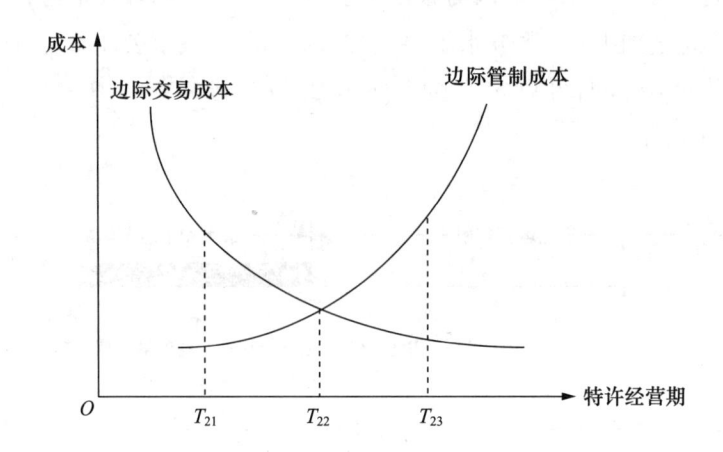

**图 5-2 城市公用事业 TOT 项目交易成本、管制成本与特许经营期的关系**

对城市公用事业 TOT 项目而言,边际交易成本和边际管制成本之间是互逆的。因此,可以选择两个变量中的任意一个来确定城市公用事业 TOT 项目的特许经营期。下面以边际管制成本为例[①],假设在区间 $(0,TB_{max}]$ 内,地方政府或政府指定机构的理想边际管制成本为 $MC_g^*$。同时,假设边际成本与特许经营期之间存在如下关系:$TB = z(MC_g^*)a + b(z>0, a>0, b>0)$,那么可以通过该式确定城市公用事业 TOT 项目的特许经营期。由此可见,本部分仅提供了确定城市公用事业 TOT 项目特许经营期的理论分析思路,在实践过程中,需要将上式数值具体化,并根据项目的异质性特征,对上述公式以及参数进行适当调整。

---

① 与边际管制成本相比,边际交易成本的观察难度较大。同时,边际交易成本的函数形式更加难以确定。为此,本书主要选择边际管制成本进行研究。

## 第五章 城市公用事业 TOT 项目特许经营权竞标机制研究

### (二) 研究假设

在提出研究假设之前,需要确定政府目标、投标企业的成本函数、投标企业的平均运营成本以及年服务量等。

(1) 政府管制者(地方政府或政府指定机构)的目标是城市公用事业 TOT 项目特许经营期内的社会福利最大化。本书用投标企业所创造的社会价值与特许经营期内的利润之和来表示社会福利。

(2) 可将企业 i 在城市公用事业 TOT 项目特许经营期内的成本分为两个部分:一部分与城市公用事业产品或服务量有关的成本,即运营成本,设为 $C_v$;另一部分与产品或服务量无关但与企业成本类型和一维质量属性有关的成本,设为 $c_i(a_i, q_i)$。

(3) 年服务量为 $y_i(a_i, q_i)$[①],且 $y_i(a_i, q_i) < \bar{y}$,这里,$\bar{y}$ 为城市公用事业 TOT 项目基础设施的设计能力。

(4) 城市公用事业 TOT 项目特许经营权转让价格为 $M_i(a, q)$,这里,要求 $M_i(a, q) > 0$。

(5) 假定竞标企业的筹资成本为 $\lambda$,这里,要求 $\lambda \in (0, 1)$。

基于以上条件和相关规定,本书提出下述竞标(质量,转让价格)城市公用事业 TOT 项目特许经营权竞标机制的研究假设。

假设 5-1:存在 N 个潜在的风险中性企业参与城市公用事业 TOT 项目特许经营权竞标。

假设 5-2:假设参与竞标的企业 i 承诺提供一维质量属性为 $q_i$ 的产品或服务,i=1,2,…,N。为了不失一般性,这里,将除价格以外的所有能够反映质量属性的信息(如质量、服务能力、管理能力与融资能力等)合成为一维质量属性。

假设 5-3:年产量 $y_i(a_i, q_i)$ 是成本效率参数和一维质量属性的增函数。

假设 5-4:当企业 i 获取特许经营权并提供质量为 $q_i$ 的产品或服

---

① 为了简便起见,这里假定特许经营期内各年的服务量是相等的,只与初始竞标企业提供的质量及其成本类型有关。这里,假设城市公用事业 TOT 项目的设计能力不小于年服务量。

务时，给该地区带来的额外收益为 V($q_i$)，同时，V($q_i$) 关于 $q_i$ 是递增的和凹的，且 V(0) = 0。

假设5-5：$c_i(a_i, q_i)$ 关于 $q_i$ 是递增的和凸的，即 $c'_{q_i} > 0$，且 $c_i(a_i, 0) = 0$。

假设5-6：$c_i(a_i, q_i)$ 关于 $a_i$ 是递减的和凸的，即 $c'_{a_i} < 0$，且 $\partial^2 c_i(a_i, q_i)/\partial a_i \partial q_i < 0$。

假设5-7：竞标企业不仅获得城市公用事业TOT项目的经营权，而且还获得一定比例的资产权，这里，将特许经营企业拥有的资产权比例设为 β，β ∈ (0, 1]。

（三）模型构建

根据显示原理（Myerson, 1981），直接显示机制能够真实地反映特许经营权的最优竞标机制。因此，本书只需要将分析定义在直接显示机制上。本部分分析的实质包含质量和特许经营权转让价格的二元组（M, q）竞标机制设计问题。参与城市公用事业TOT项目竞标的企业成本类型向量为 a = ($a_1$, $a_2$, …, $a_N$)，质量向量为 q = ($q_1$, $q_2$, …, $q_N$)。$q_i$、$M_i$ 需要满足特许经营期内社会福利最大化的目标。该问题的约束有：(1) 参与约束。即最优特许经营权竞标机制能够保证企业i参与城市公用事业TOT项目竞标；(2) 激励相容约束。即真实显示企业自身成本类型是城市公用事业TOT项目竞标企业的贝叶斯均衡。

1. 理论模型

基于上述假设，对城市公用事业TOT项目而言，投标企业i在特许经营期内的利润可以表示为：

$$\pi_i = (m - C_v) y_i(a_i, q_i) T(1 - \lambda) - c_i(a_i, q_i) - M_i(a, q) \quad (5-1)$$

式中，λ 为竞标企业 i 的资金筹集成本[①]，且 λ ∈ (0, 1)。

令：

$$U_i(a_i, q) = E_{A_{-i}}[(m - C_v) y_i(a_i, q_i) T(1 - \lambda) - c_i(a_i, q_i) - M_i(a, q)] \quad (5-2)$$

---

① 我们将这里的筹资成本定义为特许经营权转让价格与特许经营期内花费资金的筹资成本的加权平均值。

## 第五章 城市公用事业 TOT 项目特许经营权竞标机制研究

$$U_i(\widetilde{a}_i, a_i, q) = E_{A_{-i}}[(m - C_v)y_i(\widetilde{a}_i, q_i)T(1 - \lambda) - c_i(a_i, q_i) - M_i(\widetilde{a}_i, a_{-i}, q)] \quad (5-3)$$

$$\forall a_i, \widetilde{a}_i, a_i \neq \widetilde{a}_i, i = 1, 2, \cdots, N$$

式中，$E_{A_{-i}}$ 为期望算子，$U_i(a_i)$ 为竞标企业 i 说真话的期望效用，$U_i(\widetilde{\alpha}_i, a_i)$ 是当竞标企业 i 的成本类型为 $a_i$ 时，谎称是 $\widetilde{a}_i$ 的期望效用。

那么，在城市公用事业 TOT 项目特许经营权竞标机制（M, q）下，期望社会福利问题可以表示为：

$$w = E_A \left\{ \sum_{i=1}^{N} [V(q_i) + M_i(a, q)(1 - k) + (m - C_v)y_i(a_i, q_i)(T' - T) + (m - C_v)y_i(a_i, q_i)T(1 - \lambda) - c_i(a_i, q_i) - M_i(a, q)] \right\} \quad (5-4)$$

式中，$k(0 < k < 1)$ 为地方政府或政府指定机构在城市公用事业 TOT 项目特许经营权竞标过程中发生的成本。式（5-4）最优化问题的约束条件为：

(1) 参与约束：$\forall i, U_i(a_i, q) \geq 0 \quad (5-5)$

(2) 激励相容约束：$\forall i, a_i、\widetilde{a}_i, U_i(a_i, q) \geq U_i(\widetilde{a}_i, a_i, q)$
$$(5-6)$$

激励相容约束式（5-5）等价于：

$$U_i(a_i, q) = \underset{\widetilde{a}_i}{\text{Max}} E_{A_{-i}}[(m - C_v)y_i(\widetilde{a}_i, q_i)T(1 - \lambda) - c_i(a_i, q_i) - M_i(\widetilde{a}_i, a_{-i}, q)] \quad (5-7)$$

一阶条件：$\dfrac{dU_i(a_i, q)}{da_i} = -E_{A_{-i}}[c'_{a_i}(a_i, q_i)] \quad (5-8)$

由式（5-7）可知，竞标企业 i 在最优机制下的期望利润表达式为：

$$U_i^*(a_j, q) = U_i^*(\underline{a}, q) - E_{A_{-i}}\left[\int_{\underline{a}}^{a_i} c'_{a_i}(x, q_i) dx\right] \quad (5-9)$$

结合式（5-2）和式（5-9），可得：

$$(m - C_v)Ty_i(a_i, q_i)(1 - \lambda) = U_i^*(\underline{a}) + E_{A_{-i}}[c_i(a_i, q_i)] + E_{A_{-i}}[M_i(a, q)] - E_{A_{-i}}\left[\int_{\underline{a}}^{a_i} c'_{a_i}(x, q_i) dx\right] \quad (5-10)$$

将式 (5-10) 代入式 (5-4) 中,可得:

$$w = E_A\left\{\sum_{i=1}^{N}\left[V(q_i) + (m - C_v)y_i(a_i,q_i(a))T' - \frac{\lambda}{1-\lambda}U_i^*(\underline{a}) - \frac{1}{1-\lambda}c_i(a_i,q_i) + \frac{\lambda + k - k\lambda}{1-\lambda}M_i(a,q) + \frac{\lambda}{1-\lambda}\int_{\underline{a}}^{a_i}c'_{a_i}(x,q_i)dx\right]\right\} \quad (5-11)$$

由于 $U^*(\underline{a},q) \geq 0$, 以及对任意 $a_i \in [\underline{a},\bar{a}]$, 都有 $U^*(a,q) \geq U_i^*(\underline{a},q)$。那么,由式 (5-11) 可知,期望社会福利 $w(a^*,q^*)$ 关于 $U_i^*(\underline{a},q)$ 是递减的。为了满足期望社会福利最大化,只需满足 $U_i^*(\underline{a},q) = 0$。

进一步地,对式 (5-11) 化简后,可以得到:

$$w = E_A\left\{\sum_{i=1}^{N}\left[V(q_i) + (m - C_v)y_i(a_i,q_i)T' - \frac{1}{1-\lambda}c_i(a_i,q_i) + \frac{\lambda + k - k\lambda}{1-\lambda}M_i(a,q) + \frac{\lambda}{1-\lambda}\frac{1-F(a_i)}{f(a_i)}c'_{a_i}(a_i,q_i)\right]\right\} \quad (5-12)$$

城市公用事业 TOT 项目特许经营权竞标的实质是将特许经营权分配给最有效率的企业。本书将式 (5-12) 中大括号的项用 $\Omega_i^*(a)$ 表示,代表竞标企业 i 所创造的实际社会福利。由研究假设可知,$\Omega_i^*(a)$ 关于 $a_i$ 是递增的,因此,可将社会福利最大化问题转化为最有效率的企业获取特许经营权问题,用符号表示为: $a_i = Max\{a_1, a_2, \cdots, a_N\}$。那么,城市公用事业 TOT 项目的特许经营企业 i 的 $q_i^*(a)$ 需要满足式 (5-13)。

$$\max_{q_i}E_A\left\{\sum_{i=1}^{N}\left[V(q_i) + (m - C_v)y_i(a_i,q_i)T' - \frac{1}{1-\lambda}c_i(a_i,q_i) + \frac{\lambda + k - k\lambda}{1-\lambda}M_i(a,q) + \frac{\lambda}{1-\lambda}\frac{1-F(a_i)}{f(a_i)}c'_{a_i}(a_i,q_i)\right]\right\} \quad (5-13)$$

在均衡时,只有竞标企业 i 提供特定区域内的城市公用事业产品或服务,因此其他投标企业最终所提供的质量均为 0, 即 $q_j = 0$, $j \neq i$。

假设用 $\{M,q\}$ 表示竞标质量和特许经营权转让价格的城市公用事业 TOT 项目最优特许经营权竞标机制，那么该问题可由命题 5 - 1 和命题 5 - 2 给出。

命题 5 - 1：在竞标质量和特许经营权转让价格机制下，对任意参与城市公用事业 TOT 项目特许经营权竞标的企业而言，成本效率参数向量为 $a = (a_1, a_2, \cdots, a_N)$，如果 $a_i = Max\{a_1, a_2, \cdots, a_N\}$，那么，$q_i^*(a) > 0$ 由式 （5 - 14） 来定义。

$$\frac{dV[q_i^*]}{dq_i} + (m - C_v)\frac{\partial y_i[a_i, q_i^*]}{\partial q_i}T' - \frac{1}{1-\lambda}\frac{\partial c_i[a_i, q_i^*]}{\partial q_i} + \frac{\lambda}{1-\lambda}$$
$$\frac{1 - F(a_i)}{f(a_i)}c''_{a_i, q_i}(a_i, q_i) = 0 \qquad (5-14)$$

否则，$q_j(a) = 0$，$j \neq i$。

命题 5 - 2：在竞标质量和特许经营权转让价格机制下，对任意参与城市公用事业 TOT 项目特许经营权竞标的企业而言，特许经营权的转让价格由式 （5 - 15） 来定义。

$$E_{A_{-i}}[M_i(a, q)] = (m - C_v)Ty_i(a_i, q_i)(1 - \lambda) - E_{A_{-i}}[c_i(a_i, q_i)] +$$
$$E_{A_{-i}}\left[\int_a^{a_i} c'_{a_i}(x, q_i)dx\right] \qquad (5 - 15)$$

需要说明的是，尽管本书假设参与城市公用事业 TOT 项目特许经营权竞标的企业 i 资产比例为 β，但依然无法揭开出命题 5 - 2 中特许经营权转让价格的"黑箱"，只能得到合成后的特许经营权转让价格。

2. 数值检验

为了检验所设计的竞标（质量，转让价格）城市公用事业 TOT 项目特许经营权竞标机制的有效性，本部分将通过对决定特许经营权竞标机制的函数形式及其具体参数进行设定，运用式 （5 - 14） 和式 （5 - 15） 求解出竞标机制 $\{M, q\}$，并对比竞标者真实显示自身信息与谎称自身信息时的社会福利差异，以此为依据，对该机制的有效性进行验证。

（1）得分函数的设定。为了简化所设计的城市公用事业 TOT 项目特许经营权竞标机制目标函数，本部分将利用得分函数与特许经营权竞标之间的社会福利函数近似等价性的确定原则，将得分函数的最高分值作为竞标企业的选择基准。鉴于此,笔者借鉴 Che (1993)、Asker 和 Cantillon (2008) 提出的得分拍卖理论,通过构建得分函数激励企业真实显示自身特征,确定特许经营权最优竞标机制 {M, q},并按照式 (5-14) 和式 (5-15) 来求解一维质量属性和特许经营期。同时,基于式 (5-16) 求解竞标企业的均衡得分,并将城市公用事业 TOT 项目特许经营权分配给得分最高的企业。

假设用 $S(M_i, q_i)$ 来表示竞标企业 i 的得分,那么:

$$S(q_i, M_i) = V(q_i) + M_i(a, q)(1-k) + (m - C_v)y_i(a_i, q_i)(T' - T)$$

$$(5-16)$$

(2) 验证最优竞标机制的有效性。下面结合竞标(质量,转让价格) 城市公用事业 TOT 项目的特点,对前文提出的竞标机制中的函数及其参数进行设定。同时,以城市供水行业 TOT 项目为例,对该竞标机制的有效性进行验证。

①函数与变量的设定。为了验证最优竞标机制的有效性,需要对效用函数、成本函数、单位运营成本、服务价格、供水流量函数、项目剩余使用期、特许经营期、成本效率参数、筹资成本以及政府主管部门花费在特定城市公用事业 TOT 项目特许经营权竞标中的费用进行设定。

第一,效用函数。城市供水行业 TOT 项目的效用函数确定需要考虑实施该项目给消费者带来的效用增量。[①] 为了分析方便,本书遵循王先甲等 (2006) 对效用函数的设定方法,将效用函数设定为 $V(q_i) = 10(1 - e^{-q_i})$,那么 $V'(q_i) = 10e^{-q_i} > 0$,$V''(q_i) = -10e^{-q_i} < 0$,显然,满足假设条件。

第二,成本函数。设竞标企业 i 的成本函数为 $c_i(a_i, q_i) = 10^6 a_i^{-1} q_i^2$,则 $\partial c_i(a_i, q_i)/\partial a_i = -10^6 a_i^{-2} q_i^2 < 0$,$\partial c_i(a_i, q_i)/\partial q_i = 2 \times 10^6 a_i^{-1} q_i > 0$,$\partial^2 c_i(a_i, q_i)/\partial a_i \partial q_i = -2 \times 10^6 a_i^{-2} q_i < 0$。显然,满足假设条件。

---

① 效用是消费者的主观意愿,现实中,由于信息不对称,效用函数的设定往往无法真实地反映消费者的信息。

第三，单位运营成本。假设单位运营成本为：$C_v = 0.50$ 元/吨。

第四，服务价格。鉴于中国供水定价的特殊性——水价由政府制定，企业缺乏定价自主权，同时调价空间十分有限。因此，本部分设定城市公用事业 TOT 项目特许经营期内水价 m 保持不变，且价格为 2.50 元/吨。

第五，供水流量函数。设企业 i 的年供水流量函数为 $y(a_i, q_i) = 10^5 q_i a_i$，则 $\partial y(a_i, q_i)/\partial q_i = 10^5 a_i$，显然，满足假设 5-3。

第六，项目剩余使用期。为了分析方便，本部分将项目剩余使用期 T′设为 30 年。

第七，特许经营期。对不涉及产权交易的供水 TOT 项目而言，特许经营期的长短并不影响最优竞标机制的实施，仅影响特许经营权的转让价格。因此，在供水 TOT 项目特许经营权拍卖中可以预先设定项目的特许经营期。为分析方便，这里，令 T = 20 年，显然，T ≤ T′。

第八，成本效率参数。设 $a_i$ 在 $[\underline{a}, \overline{a}]$ 上服从均匀分布 $F(a_i)$，这里，令 $\underline{a} = 8$，$\overline{a} = 10$，那么，$F(a_i) = (a_i - 8)/2$，$f(a_i) = 0.5$。假设有 10 家企业竞标，设 $a_{max} = \max\{8, \cdots, 9.8\} = 9.8$，则 $F(9.8) = 0.9$，$f(9.8) = 0.5$。

第九，筹资成本。假设筹资成本 λ 为 10%。

第十，政府主管部门花费在特定城市公用事业 TOT 项目特许经营权竞标中的费用。假设该费用 k 为 5%。

②最优特许经营权竞标机制求解。将上述相关设定代入式（5-14）中，可求得 $q^*_{a_{max}} = 259.2064$。接下来，将 $q^*_{a_{max}}$ 代入式（5-15）中，求解出 $M^*_{a_{max}} = 2.2523 \times 10^9$。进一步地，根据式（5-16）可得：$S^E_{a_{max}} = 2.1593 \times 10^9$。

③特许经营权竞标机制有效性验证。假设拥有 $a_{max} = 9.8$ 的高效率竞标企业谎称自己的成本类型为 $a_i = 9.7$，重复上述步骤，计算其相应的特许经营权转让价格为 $2.3244 \times 10^9$，高于真实显示自己信息时的转让价格，那么，理性竞标者将会真实显示自身信息。由此可知，竞标（质量，转让价格）城市供水行业 TOT 项目的特许经营权

竞标机制能够有效地激励竞标企业真实显示自身的信息。

3. 主要结论

本书运用激励理论和机制设计理论，为特许经营权竞标前已确定价格的城市公用事业 TOT 项目设计出包含（质量，转让价格）最优特许经营权竞标机制。同时，通过设定函数的具体形式与参数值，对该机制的有效性进行验证。通过分析，本书得出如下命题：

命题 5-3：在竞标（质量，转让价格）机制下，对任意参与竞标城市公用事业 TOT 项目特许经营权的企业而言，成本效率参数向量为 $a = (a_1, a_2, \cdots, a_N)$，如果 $a_i = \text{Max}\{a_1, a_2, \cdots, a_N\}$，那么，$q_i^*(a) > 0$ 由下式定义，即：

$$\frac{dV[q_i^*]}{dq_i} + (m - C_v)\frac{\partial y_i[a_i, q_i^*]}{\partial q_i}T' - \frac{1}{1-\lambda}\frac{\partial c_i[a_i, q_i^*]}{\partial q_i} + \frac{\lambda}{1-\lambda}\frac{1-F(a_i)}{f(a_i)}c''_{a_i, q_i}(a_i, q_i) = 0$$

否则，$q_j(a) = 0$，$j \neq i$。

命题 5-4：在竞标（质量，转让价格）城市公用事业 TOT 项目特许经营权竞标机制下，特许经营权转让价格由下式定义，即：

$$E_{A_{-i}}[M_i(a,q)] = (m - C_v)Ty_i(a_i, q_i)(1-\lambda) - E_{A_{-i}}[c_i(a_i, q_i)] + E_{A_{-i}}\left[\int_{\underline{a}}^{a_i} c'_{a_i}(x, q_i)\mathrm{d}x\right]$$

## 二 竞标（服务价格）TOT 项目特许经营权竞标机制设计

竞标（服务价格）特许经营权竞标机制适用于已经确定特许经营期、特许经营权转让价格的城市公用事业 TOT 项目，在城市污水处理、城市垃圾处理等市场化改革项目中较为常见。在城市公用事业 TOT 项目特许经营实践中，竞标（服务价格）特许经营项目的例子较多，如常州城北污水处理厂、南京城北污水处理厂、杭州七格污水处理厂等。在城市公用事业 TOT 项目特许经营过程中，由于地方政府或政府指定机构对竞标机制重要性缺乏足够的认识，这往往导致低效率企业中标。如 2010 年 10 月 28 日兴宁市污水处理厂通过 TOT 模式实施特许经营，该项目在特许经营权竞标公告中明确规定了特许经营期为 28 年、污水处理费为 0.95 元/立方米。显然，即使是最有效率的企业获得该项目的特许经营权，也难以实现社会福利最大化的目标。原因在于：如果中标企业（或特许经营企业）所期望的污水处理费小于 0.95 元/立方米，那么由政府预先设定的 0.95 元/立方米的污水处理费将会在一定程度上损害社会福利。基于此，对在特许经营权竞标之前尚未确定价格的城市公用事业 TOT 项目而言，需要建立价格竞争的理念，形成常态化的以价格为核心的特许经营权竞标机制，从而通过激励机制甄选出最有效率的特许经营企业，促进城市公用事业提高运作效率与可持续发展。

（一）核心问题

在设计竞标（服务价格）城市公用事业 TOT 项目[①]特许经营权竞标机制之前，需要明确项目特征、特许经营企业的准入标准、特许经营期的长短、特许权转让价格以及服务价格的竞标原则。下面对城市公用事业 TOT 项目的主要技术与经济指标、竞标企业的基本特征以及特许权转让价格确定等进行分析。

1. 主要技术与经济指标

在特许经营权竞标之前，需要确定城市公用事业 TOT 项目的建筑年份、建筑面积、管网设施、服务面积、服务人口、项目工艺、设计能力、质量条件、固定资产净值、地方政府或政府指定机构等。同时，需要明确政府承诺清单，并在特许经营权竞标之前按照特许经营期的确定原则明确城市公用事业 TOT 项目的特许经营期。

2. 竞标企业的基本特征

政府主管部门在竞标城市公用事业 TOT 项目的主要目标在于选择最有效率的企业，实现社会福利最大化。为实现该目标，需要规范竞标企业的竞标条件，具体包括：

（1）明确特许经营企业是否具备法人资格，确定竞标企业的资本

---

[①] 本书所说的城市公用事业 TOT 项目，是指竞标企业在获得特许经营权后不对其进行改扩建的项目。对现实中出现的改扩建项目，可以将其分解为"BOT + TOT"或"BT + TOT"模式，这些项目竞标机制可借鉴 BOT 模式和 TOT 模式的竞标机制设计，本书不作讨论。

属性；

（2）对特许经营企业的注册资本金、财务状况、商业信誉、银行资信、偿债能力等方面的要求；

（3）规定特许经营企业的相应运营资质；

（4）特许经营企业应拥有相关项目运营经验或能力证明；[①]

（5）是否接受联合体投标；

（6）需要满足特定城市公用事业TOT项目所需要的技术、管理以及财务等人员的基本配置；

（7）近年内没有发生重大生产安全和质量事故以及重大投诉事件；

（8）特许经营企业到期无偿或按照有关规定将城市公用事业TOT项目有偿移交给政府主管部门或指定机构；

（9）特定项目的其他要求。

3. 特许权转让价格确定

对竞标（服务价格）城市公用事业TOT项目而言，需要首先确定特许权的转让价格。如南京城北污水处理厂将特许权转让价格作为竞标机制的一个重要的决策变量，在综合考量特许经营权转让价格和污水处理费的基础上，最终美国金州环境集团获得该项目的特许经营权。与之不同，乳山市生活污水处理厂和工业污水处理厂TOT项目在确定资产转让价格、特许经营期和基本水量等的基础上，通过竞标污水处理费的方式来选择特许经营企业。城市公用事业TOT项目的服务具有公益性特征，如果特许权的转让价格过高或溢价收购，特许经营企业可能在利润动机下倒逼地方政府或行业主管部门提高产品或服务价格，这在一些城市公用事业TOT项目运营过程中得到印证。特许权转让价格过低，可能造成国有资产流失，增加政府廉政风险；过高则会增加特许经营期内的产品或服务价格上涨风险，可能有损消费者福利。因此，形成最优的城市公用事业TOT项目的特许权转让价格，对

---

① 能力证明主要针对一些缺少特定城市公用事业的运营经验，是否具备运营城市公用事业TOT能力的证明。

特许经营企业运营主体的优化选择具有重要意义。

对城市公用事业 TOT 项目而言，特许权转让价格涉及一定比例的资产价格和特许权转让价格两个部分。具体如下：

$$FAP' = k \cdot TB \cdot A^\alpha \cdot Q_d^\theta + F \qquad (5-17)$$

式中，$k>0$，$\alpha>0$，$\theta>0$。$FAP'$ 为同时涉及资产权和经营权转让项目的特许权转让价格；$F$ 为城市公用事业 TOT 项目的固定资产净值；$TB$ 为特许经营期；$A$ 为项目质量；$Q_d$ 为设计能力。

综上所述，本书对城市公用事业 TOT 项目的主要技术经济指标、竞标企业的基本特征和特许权转让价格进行了研究，这为竞标（服务价格）城市公用事业 TOT 项目的特许经营权竞标机制设计提供了重要的前提基础。

（二）研究假设

基于城市公用事业 TOT 项目的主要技术经济指标、竞标企业的基本特征和特许权的转让价格等约束，结合具体项目在特许经营权竞标过程中需要重点考虑的核心问题，本书提出如下研究假设：

假设 5-8：假设存在 n 个企业参与城市公用事业 TOT 项目的竞标，这 n 个企业宣布的效率参数为 $(\tilde{\beta}_1, \tilde{\beta}_2, \cdots, \tilde{\beta}_n) = \tilde{\beta}$。假定 n 个竞标者的效率参数 $\beta_i$ 是独立的，并且在区间 $[\underline{\beta}, \overline{\beta}]$ 上服从于同一累积分布函数 $F(\cdot)$ 和密度函数 $f(\cdot)$。同时，$f(\cdot)$ 在 $[\underline{\beta}, \overline{\beta}]$ 上严格为正且向下紧的。此外，$F(\cdot)$ 是参与城市公用事业 TOT 项目竞标的 n 个企业的共同知识，并且具有单调风险率特征，即 $F/f$ 是非递减的。

假设 5-9：假设参与城市公用事业 TOT 项目投标的 n 个企业之间以及竞标企业与地方政府或政府指定机构之间不存在合谋与败德行为。

假设 5-10：假设参与城市公用事业 TOT 项目的 n 个竞标企业满足特许经营企业的基本条件，且在特许经营期内能够独立地对特许经营项目进行运营和维护。

假设 5-11：假设参与城市公用事业 TOT 项目竞标的企业 i 获得

特许经营权及其在特许经营期内的总成本由特许权转让价格、①运营成本和维护成本三个部分构成。其中，年运营成本和维护成本与竞标企业的效率参数、努力水平、项目的质量水平等因素呈同方向的变化趋势。

假设 5-12：假设政府主管部门或政府指定机构测算得到的年产品或服务量的最低值为 $Q$。这里，假设 $Q \leq \bar{Q}$，其中，$\bar{Q}$ 表示项目设计能力。

假设 5-13：假设参与城市公用事业 TOT 项目竞标的企业 $i$ 单位服务价格为 $p_i(\beta_i)$。一般而言，当 $Q \leq Q_d$ 时，单位服务价格为 $p_i(\beta_i)$。当 $Q > Q_d$ 时，$Q_d$ 的单位服务价格仍为 $p_i(\beta_i)$，而 $Q - Q_d$ 的单位服务价格小于 $p_i(\beta_i)$。在特许经营期内，由于 $Q > Q_d$ 的发生概率较小，为此，这里将不进行专门分析。

（三）模型构建

本书将对构建竞标（服务价格）城市公用事业 TOT 项目的特许经营权竞标机制的成本函数以及效用函数进行设定。

1. 成本函数

假设竞标企业 $i$ 获得城市公用事业 TOT 项目特许经营权的转让价格以及运营和维护成本之和的函数形式可以表示为：

$$C_i = [k \cdot TB \cdot A^\alpha \cdot Q_d^\theta + F] + TB \cdot Q[\beta_i - e_i(\tilde{\beta}) + A^\eta] \quad (5-18)$$

式中，第一个中括号内的项为涉及资产权和经营权转让的特许权转让成本；$\beta_i$ 为生产一个单位的产品或服务所产生的与企业效率有关的成本；$-e_i(\tilde{\beta})$ 为企业 $i$ 知道 $n$ 个竞标企业在宣布效率参数为 $\tilde{\beta}$ 的情况下，生产一个单位的产品或服务付出的努力所产生的成本。$A^\eta$ 为生产在一个单位的产品或服务时与项目质量有关的成本，$A^\eta$ 对特定项目而言是确定的。其中，$A$ 表示项目质量，这里要求 $A > 0$，且 $\eta > 0$。

2. 效用函数

在竞标（服务价格）特许经营权竞标机制下，假设参与城市公用事业 TOT 项目特许经营权竞标的企业 $i$ 的效用函数为：

---

① 特许权转让价格的确定方式如前文所述。

## 第五章　城市公用事业 TOT 项目特许经营权竞标机制研究

$$U_i = TB \cdot Q\{p_i(\tilde{\beta}) - \varphi[e_i(\tilde{\beta})]\} \tag{5-19}$$

其中，$p_i(\tilde{\beta})$ 为竞标企业 i 知道 m 个竞标企业在宣布效率参数 $\tilde{\beta}$ 的情况下提出的单位产品或服务的价格；$Q$ 为地方政府或政府指定机构在特许经营权竞标前测算出的年服务量；$\varphi[e_i(\tilde{\beta})]$ 为竞标企业 i 因生产一单位产品或服务需要付出 $e_i$ 的努力水平所产生的负效用，这里要求 $\varphi' > 0$，$\varphi'' > 0$，$\varphi''' \geq 0$，且 $\varphi(0) = 0$。

综上所述，竞标企业 i 在特许经营之前的期望效用可以通过式 (5-20) 来表示：

$$E_{\tilde{\beta}_{-i}}\{TB \cdot Q[p_i(\tilde{\beta}) - x_i(\tilde{\beta})\varphi(e_i(\tilde{\beta}))]\} \tag{5-20}$$

其中，$\tilde{\beta}_{-i} \equiv (\tilde{\beta}_1, \cdots, \tilde{\beta}_{i-1}, \tilde{\beta}_{i+1}, \cdots, \tilde{\beta}_m)$，$x_i(\tilde{\beta})$ 是指在竞标（服务价格）机制下的竞标企业 i 获得城市公用事业 TOT 项目特许经营权的概率。鉴于特许经营后竞标企业 i 的成本具有可观察性，因此，可将式 (5-20) 改写为式 (5-21)。

$$E_{\tilde{\beta}_{-i}}\left\{TB \cdot Q\left[p_i(\tilde{\beta}) - x_i(\tilde{\beta})\varphi\left(\beta_i + A^\eta - \frac{C_i(\tilde{\beta}) - (k \cdot TB \cdot A^\alpha Q_d^\theta + F)}{TB \cdot Q}\right)\right]\right\} \tag{5-21}$$

式中，$C_i(\tilde{\beta})$ 为政府主管部门或指定机构要求在 n 个竞标企业宣布 $\tilde{\beta}$ 的条件下，竞标企业 i 需要达到的成本水平。

在竞标（服务价格）城市公用事业 TOT 项目特许经营权竞标机制下，为了能够选择最有效率的特许经营企业，需要寻找一个说真话的贝叶斯纳什均衡 $[(x_i(\tilde{\beta}), C_i(\tilde{\beta}), p_i(\tilde{\beta})]$。必要条件为：当 $\tilde{\beta}_i = \beta_i (i = 1, \cdots, m)$ 时，式 (5-22) 存在，且该式的偏导数都是在竞标企业 i 宣布效率参数为 $\tilde{\beta}_i$ 的情况下，在真实的参数值 $\beta$ 处取得。

$$\frac{\partial}{\partial \tilde{\beta}_i} E_{\beta_{-i}} p_i(\beta) = \frac{\partial}{\partial \tilde{\beta}_i} E_{\beta_{-i}} \left\{ x_i(\beta)\varphi\left[\beta_i + A^\eta - \frac{C_i(\beta) - (k \cdot TB \cdot A^\alpha Q_d^\theta + F)}{TB \cdot Q}\right]\right\} \tag{5-22}$$

用式 (5-23) 表示企业 i 说真话的期望效用，即：

$$U_i(\beta_i) = E_{\beta_{-i}}\left\{TB \cdot Q\left[p_i(\beta) - x_i(\beta)\varphi\left(\beta_i + A^\eta - \frac{C_i(\beta) - (k \cdot TB \cdot A^\alpha Q_d^\theta + F)}{TB \cdot Q}\right)\right]\right\} \tag{5-23}$$

由式（5-21）和式（5-22）可得：

$$\dot{U}_i(\beta_i) = -E_{\beta_{-i}}\left\{TB \cdot Q \cdot x_i(\beta)\varphi'\left[\beta_i + A^\eta - \frac{C_i(\beta) - (k \cdot TB \cdot A^\alpha Q_d^\theta + F)}{TB \cdot Q}\right]\right\} \qquad (5-24)$$

综上所述，对理性的地方政府或政府指定机构（政府管制者）而言，社会净效用可以表示为：

$$(\sum_{i=1}^n x_i)S - (1+\lambda)TB \cdot Q\sum_{i=1}^n p_i - (1+\lambda)\sum_{i=1}^N x_iC_i + TB \cdot Q \cdot \sum_{i=1}^m [p_i - x_i\varphi(e_i)] = (\sum_{i=1}^n x_i)S - \lambda\sum_{i=1}^n U_i - (1+\lambda)\sum_{i=1}^n x_i[C_i + TB \cdot Q \cdot \varphi(e_i)] \qquad (5-25)$$

式（5-25）中，左边第一项为实施城市公用事业 TOT 项目产生的社会剩余，第二项是特许经营期 TB 内支付服务费用所带来的社会成本，第三项是预期特许经营权和特许经营期内生产成本之和所导致的社会成本（前三项之和等于预期的消费者剩余），第四项是预期 n 个企业的租金之和。

由式（5-24）可知，$\dot{U}_i(\beta_i) < 0$，即 $U_i$ 关于 $\beta_i$ 是递减的，根据竞标企业 i 的个体理性约束，可知约束在 $\beta = \bar{\beta}$ 是紧的，且满足式（5-25）。

$$U_i(\bar{\beta}) = 0, \quad i = 1, \cdots, n \qquad (5-26)$$

综上所述，在不完全信息的情况下，地方政府或政府指定机构（政府管制者）的最优化问题可以表述为：

$$\max_{\{x_i(\cdot), C_i(\cdot), U_i(\cdot)\}}\left\{E_\beta[\sum_{i=1}^n x_i(\beta)]S - \lambda\sum_{i=1}^n U_i(\beta_i) - (1+\lambda)\sum_{i=1}^n x_i(\beta)\left[C_i(\beta) + TB \cdot Q \cdot \varphi\left(\beta_i + A^\eta - \frac{C_i(\beta) - (k \cdot TB \cdot A^\alpha Q_d^\theta + F)}{TB \cdot Q}\right)\right]\right\} \qquad (5-27)$$

s.t. $\dot{U}_i(\beta_i) = -E_{\beta_{-i}}\left\{TB \cdot Q \cdot x_i(\beta)\varphi'\left(\beta_i + A^\eta - \right.\right.$

## 第五章 城市公用事业 TOT 项目特许经营权竞标机制研究 | 157

$$\left.\frac{C_i(\beta) - (k \cdot TB \cdot A^\alpha Q_d^\theta + F)}{TB \cdot Q}\right)\right\} \quad i = 1, \cdots, n$$

(5-28)

$$U_i(\bar{\beta}) = 0, \quad i = 1, \cdots, n \tag{5-29}$$

对于任意的 $\beta$, $\sum_{i=1}^{n} x_i(\beta) \leq 1$ (5-30)

对于任意的 $\beta$, $i = 1, \cdots, n$, $x_i(\beta) \geq 0$ (5-31)

为了简化起见，本书假定 S 足够大，以至于对任何实际的 $\beta$，S 能够保证激励 n 个竞标企业中的任意一家企业运营该项目。另外，最优成本 $C_i^*(\beta)$ 只是 $\beta_i$ 的函数，其中，$i = 1, \cdots, n$。令 $X_i(\beta_i) = E_{\beta_{-i}}[x_i(\beta)]$，那么，$C_i(\beta_i)$ 的最优化问题等价于：

$$\max_{\{C_i(\cdot), U_i(\cdot)\}} \left\{ \int_{\underline{\beta}}^{\bar{\beta}} \left[ -\lambda U_i(\beta_i) - (1+\lambda)X_i(\beta_i)(C_i(\beta_i) + TB \cdot Q \cdot \varphi\left(\beta_i + A^\eta - \frac{C_i(\beta) - (k \cdot TB \cdot A^\alpha Q_d^\theta + F)}{TB \cdot Q}\right)\right) \right] f(\beta_i) d\beta_i \right\}$$

(5-32)

s.t. $\dot{U}_i(\beta_i) = -TB \cdot Q \cdot X_i(\beta_i)\varphi'\left[\beta_i + A^\eta - \frac{C_i(\beta) - (k \cdot TB \cdot A^\alpha Q_d^\theta + F)}{TB \cdot Q}\right]$

(5-33)

$$U_i(\bar{\beta}) = 0 \tag{5-34}$$

当 $U_i$ 作为状态变量、$C_i$ 作为控制变量时，该规划的汉密尔顿函数为：

$$H_i = \left\{ -\lambda U_i(\beta_i) - (1+\lambda)X_i(\beta_i)\left[C_i(\beta_i) + TB \cdot Q \cdot \varphi\left(\beta_i + A^\eta - \frac{C_i(\beta) - (k \cdot TB \cdot A^\alpha Q_d^\theta + F)}{TB \cdot Q}\right)\right] \right\} f(\beta_i) + \mu_i(\beta_i) \left\{ -TB \cdot Q \cdot X_i(\beta_i)\varphi'\left[\beta_i + A^\eta - \frac{C_i(\beta) - (k \cdot TB \cdot A^\alpha Q_d^\theta + F)}{TB \cdot Q}\right] \right\}$ (5-35)

根据 Pontryagin 的最大值原理，可得：

$$\dot{\mu}_i(\beta_i) = \lambda f(\beta_i)(1+\lambda)\left\{1 - \varphi'\left[\beta_i + A^\eta - \right.\right.$$

$$\left. \frac{C_i(\beta) - (k \cdot TB \cdot A^\alpha Q_d^\theta + F)}{TB \cdot Q} \right] \right\} f(\beta_i) \quad (5-36)$$

$$= \mu_i(\beta_i) \varphi'' \left[ \beta_i + A^\eta - \frac{C_i(\beta) - (k \cdot TB \cdot A^\alpha Q_d^\theta + F)}{TB \cdot Q} \right] \quad (5-37)$$

$$\mu_i(\underline{\beta}) = 0 \quad (5-38)$$

对式（5-35）进行积分，并利用式（5-36）的横截性条件，可以得到：

$$\mu_i(\beta_i) = \lambda F(\beta_i) \quad (5-39)$$

将式（5-38）代入式（5-36）中得到最优成本函数 $C_i^*(\beta_i)$ 如下：

$$(1+\lambda)\left\{1 - \varphi'\left[\beta_i + A^\eta - \frac{C_i^*(\beta_i) - (k \cdot TB \cdot A^\alpha Q_d^\theta + F)}{TB \cdot Q}\right]\right\}$$

$$= \lambda \frac{F(\beta_i)}{f(\beta_i)} \varphi''\left[\beta_i + A^\eta - \frac{C_i^*(\beta_i) - (k \cdot TB \cdot A^\alpha Q_d^\theta + F)}{TB \cdot Q}\right] \quad (5-40)$$

下面将 $C_i^*(\beta_i)$ 替换成式（5-26），并将式（5-32）的积分式代入式（5-26）中，求解出最优的 $x_i(\beta)$，所构造的拉格朗日函数为：

$$\int \left\{ \left[ \sum_{i=1}^n x_i(\beta) \right] S - \lambda \cdot TB \cdot Q \int_{\beta_i}^{\overline{\beta}} x_i(\widetilde{\beta}_i, \beta_{-i}) \varphi' \left[ \widetilde{\beta}_i + A^\eta - \right. \right.$$

$$\left. \frac{C_i^*(\widetilde{\beta}_i) - (k \cdot TB \cdot A^\alpha Q_d^\theta + F)}{TB \cdot Q} \right] d\widetilde{\beta}_i - (1+\lambda) \sum_{i=1}^m x_i(\beta) \left[ C_{i^*}(\beta_i) + \right.$$

$$\left. \left. TB \cdot Q \cdot \varphi \left( \beta_i + A^\eta - \frac{C_i^*(\beta_i) - (k \cdot TB \cdot A^\alpha Q_d^\theta + F)}{TB \cdot Q} \right) \right] \right\}$$

$$f(\beta_1) \cdots f(\beta_m) d\beta_1 \cdots d\beta_m \quad (5-41)$$

给定 $\beta_{-i}$，对第二个积分式进行分部积分，可以得到：

$$\int_{\underline{\beta}}^{\overline{\beta}} \int_{\underline{\beta}}^{\overline{\beta}} x_i(\widetilde{\beta}_i, \beta_{-i}) \varphi' \left[ \widetilde{\beta}_i + A^\eta - \frac{C_i^*(\widetilde{\beta}_i) - (k \cdot TB \cdot A^\alpha Q_d^\theta + F)}{TB \cdot Q} \right]$$

$$d\widetilde{\beta}_i dF(\beta_i) = \left\{ F(\beta_i) \int_{\underline{\beta}}^{\overline{\beta}} x_i(\widetilde{\beta}_i, \beta_{-i}) \varphi' \left[ \widetilde{\beta}_i + A^\eta - \right. \right.$$

$$\left. \left. \frac{C_i^*(\widetilde{\beta}_i) - (k \cdot TB \cdot A^\alpha Q_d^\theta + F)}{TB \cdot Q} \right] d\widetilde{\beta}_i \right\} \Big|_{\underline{\beta}}^{\overline{\beta}} + \int_{\underline{\beta}}^{\overline{\beta}} F(\beta_i) x_i(\beta)$$

## 第五章 城市公用事业 TOT 项目特许经营权竞标机制研究

$$\varphi'\left[\beta_i + A^\eta - \frac{C_i^*(\widetilde{\beta}_i) - (k \cdot TB \cdot A^\alpha Q_d^\theta + F)}{TB \cdot Q}\right]\mathrm{d}\beta_i$$

$$= \int_{\underline{\beta}}^{\overline{\beta}} x_i(\beta) \frac{F(\beta_i)}{f(\beta_i)} \varphi'\left[\beta_i + A^\eta - \frac{C_i^*(\widetilde{\beta}_i) - (k \cdot TB \cdot A^\alpha Q_d^\theta + F)}{TB \cdot Q}\right]\mathrm{d}F(\beta_i) \quad (5-42)$$

将式（5-42）代入式（5-41）中，进一步整理，可以得到式（5-43）。

$$\int \sum_{i=1}^{m} x_i(\beta) \left\{ S - (1+\lambda)\left[C_i^*(\beta_i) + TB \cdot Q \cdot \varphi\left(\beta_i + A^\eta - \frac{C_i^*(\beta_i) - (k \cdot TB \cdot A^\alpha Q_d^\theta + F)}{TB \cdot Q}\right) + \frac{\lambda \cdot TB \cdot Q}{1+\lambda} \frac{F(\beta_i)}{f(\beta_i)} \varphi'\left(\beta_i + A^\eta - \frac{C_i^*(\beta_i) - (k \cdot TB \cdot A^\alpha Q_d^\theta + F)}{TB \cdot Q}\right)\right]\right\}\mathrm{d}F(\beta_1)\cdots\mathrm{d}F(\beta_m) \quad (5-43)$$

利用 $\varphi'$ 的凸性以及单调风险率假定，对式（5-43）进行微分，可以得到：

$$S - (1+\lambda)\left\{TB \cdot Q \cdot \varphi\left[\beta_i + A^\eta - \frac{C_i^*(\beta_i) - (k \cdot TB \cdot A^\alpha Q_d^\theta + F)}{TB \cdot Q}\right] + \frac{TB \cdot Q \cdot \lambda}{1+\lambda} \frac{F(\beta_i)}{f(\beta_i)} \varphi'\left[\beta_i + A^\eta - \frac{C_i^*(\beta_i) - (k \cdot TB \cdot A^\alpha Q_d^\theta + F)}{TB \cdot Q}\right]\right\} \quad (5-44)$$

式（5-43）关于 $\beta_i$ 是非递增的。因此，在最优状态时，必须选择：

$$x_i^*(\beta) = 1, \text{ 如果 } \beta_i < \min_{g \neq i}\beta_g$$
$$x_i^*(\beta) = 0, \text{ 如果 } \beta_i > \min_{g \neq i}\beta_g \quad (5-45)$$

由式（5-23）可知，最优贝叶斯纳什均衡所得到的价格可以表示为：

$$p_i^*(\beta_i) = E_{\beta_{-i}} p_i^*(\beta) = \frac{1}{TB \cdot Q}\left\{U_i^*(\beta_i) + X_i^*(\beta_i)\varphi\left[\beta_i + A^\eta - \frac{C_i^*(\beta_i) - (k \cdot TB \cdot A^\alpha Q_d^\theta + F)}{TB \cdot Q}\right]\right\} \quad (5-46)$$

利用式（5-25）和式（5-28），可将式（5-45）整理成式（5-46）。

$$p_i^*(\beta_i) = \frac{1}{TB \cdot Q}\left\{TB \cdot Q \cdot X_i^*(\beta_i)\varphi\left[\beta_i + A^\eta - \frac{C_i^*(\beta_i) - (k \cdot TB \cdot A^\alpha Q_d^\theta + F)}{TB \cdot Q}\right] + \int_{\beta_i}^{\bar{\beta}} X_i^*(\tilde{\beta}_i)\varphi'\left[\tilde{\beta}_i + A^\eta - \frac{C_i^*(\tilde{\beta}_i) - (k \cdot TB \cdot A^\alpha Q_d^\theta + F)}{TB \cdot Q}\right]d\tilde{\beta}_i\right\} \quad (5-47)$$

本书建立了竞标（服务价格）城市公用事业 TOT 项目的 Vickrey 占优策略拍卖，该竞标机制在相同的成本函数、效用函数和相同的租金情况下，能够将特许经营权分配给最有效率的竞标企业。到目前为止，都是假定给定其他 n-1 个竞标企业的策略，对于企业 i 是平均最优的。下面将上述分析扩展到在 n 个竞标企业中，存在唯一最优竞标企业 i 时的服务价格（或服务费）决定机制。为了分析简便，仍然假定 S 能够吸引竞标企业参与竞标，并使其中的一个企业获得城市公用事业 TOT 项目的特许经营权。

用 $\min(\beta_\omega, \beta_*)$ 来替代 $\beta_\omega$，很容易将上述分析一般化，得到命题 5-5。

命题 5-5：对城市公用事业 TOT 项目而言，在竞标（服务价格）特许经营权竞标机制下，如果 $\beta_i = \min_k \beta_k$ 和 $\beta_\omega = \min_{k \neq i}\beta_k$，那么，有：

$$\tilde{p}_i(\beta) = \varphi\left[\beta_i + A^\eta - \frac{C_i^*(\beta_i) - (k \cdot TB \cdot A^\alpha Q_d^\theta + F)}{TB \cdot Q}\right] + \frac{1}{TB \cdot Q}\int_{\beta_i}^{\beta_\omega}\varphi'\left[\tilde{\beta}_i + A^\eta - \frac{C_i^*(\tilde{\beta}_i) - (k \cdot TB \cdot A^\alpha Q_d^\theta + F)}{TB \cdot Q}\right]d\tilde{\beta}_i$$

$$(5-48)$$

其他情况时，$\tilde{p}_i(\beta) = 0$ \hfill $(5-49)$

综上所述，在竞标（服务价格）特许经营权竞标机制下，当企业 i 获得城市公用事业 TOT 项目的特许经营权时，所竞标的服务价格（或服务费）与个人理性的服务价格（或服务费）以及单位服务量 $[\beta_i, \beta_\omega]$ 的租金有关。

（四）主要结论

本部分通过构建 n 个竞标企业、其成本函数服从连续分布的最优贝叶斯均衡竞标机制，对竞标（服务价格）城市公用事业 TOT 项目的特许经营权竞标机制进行了研究。通过研究得出最优特许经营权竞标机制的结局是宣布预期服务价格（或服务费）最低的企业获得城市公用事业 TOT 项目的特许经营权。同时，在竞标（服务价格）特许经营权竞标机制下，当企业 i 获得城市公用事业 TOT 项目的特许经营权时，所竞标的服务价格（或服务费）与个人理性的服务价格（或服务费）以及单位服务量 $[\beta_i, \beta_\omega]$ 的租金相关。

## 第三节　城市公用事业 TOT 项目特许经营权竞标风险

城市公用事业 TOT 项目特许经营权竞标是社会资本方在双重考量企业承担社会服务功能和企业预期收益的情况下，结合项目特点以及企业特征等多重要素，通过竞标所实现的一种均衡。特许经营权竞标既是城市公用事业 TOT 项目进行项目运作的初始阶段，也是最为重要的阶段，直接影响到项目特许经营主体选择、中标企业在特许经营期内的收益、特许经营期的服务质量以及项目的转让收益等。因此，在城市公用事业 TOT 项目特许经营权竞标过程中，一旦发生风险将会阻碍项目的有序推进。为此，需要识别城市公用事业 TOT 项目特许经营权竞标过程中的典型风险。

**一　竞标主体判定误差造成投标失误增加了项目的运营风险**

在城市公用事业 TOT 项目特许经营权竞标过程中，由于在政府方和社会资本方之间存在一定的信息不对称性，往往造成社会资本方或投标企业对产品或服务价格、特许经营权转让价格以及项目实施方案的编制等偏离实际。在实践过程中，可能造成政府和企业之间存在信息不对称的情况主要有以下三个方面：

第一，政府方主观意愿或客观无意对项目的基本信息进行隐瞒，从而造成社会资本方对项目信息的了解与现实相偏离。同时，如果政府方对社会资本方告知信息有意或无意地采取差别化策略，将形成社会资本方对项目信息了解的歧视现象。

第二，对特定城市公用事业 TOT 项目而言，投标企业对特许经营期内项目的预期收益估值过高，可能导致投标企业的报价偏低。比如，随着城镇化进程的加快、人口迁徙以及经济结构的战略性调整，一些城市的人口数量、工业企业产值可能进一步降低，这将增加特许经营期内特许经营企业服务量稳定的风险，但该风险投标企业可能无法预计或即便预计到该类风险但过于乐观。

第三，由于城市公用事业 TOT 项目的特许经营期较长，如何更加精确地测算出特许经营期内发生的成本对竞标企业选择竞标策略具有重要意义。但在特许经营期内可能发生通货膨胀、设备更新改造以及一些无法预测的情况，这可能导致竞标企业无法准确估计特许经营期内的成本，甚至可能造成成本低估，从而增加特许经营期内项目的运作风险。

## 二 特许经营权竞标机制失衡增加项目运作主体的选择风险

特许经营权竞标机制的有效性直接决定着城市公用事业 TOT 项目运作主体的选择成效。在城市公用事业 TOT 项目特许经营权竞标过程中，存在着特许经营权竞标机制的低效性与不公平性问题，这主要表现在以下三个方面：

第一，地方政府或政府指定机构会对城市公用事业 TOT 项目的竞标主体在资格、资质等方面提出不易察觉但较为严格的规则。

第二，一些有失公平的规则设计，限制了城市公用事业 TOT 项目特许经营企业的优化选择。如要求投标企业远远低于常规时间内提交标书，从而无法保障投标企业有充足的调研、设计以及标书撰写时间等。这可能造成在位企业或地方政府意向企业具有竞争优势，从而造成不公平竞争。该问题的出现可能是政府方已有明确的目标企业，这时需要其他投标企业及时、敏锐地做出应对策略，以免充当陪标角色，从而增加招投标过程中的可能损失。

第三，地方政府或政府指定机构对不同竞标主体实行差别化的信息公开策略，从而造成竞标企业的不公平竞争。在城市公用事业 TOT 项目特许经营权竞标过程中，由于招标机构自身的专业性弱化或者主观上的信息隐匿行为，往往导致竞标企业信息缺损，进而不利于企业的公平竞争。

### 三 资产甄别失灵与资产转让溢价收购增加项目的运营风险

特许经营期内有限产权与资产信息不对称性并存是城市公用事业TOT项目的典型特征。这决定了该类特许经营项目在特许经营权竞标过程中往往存在资产甄别失灵问题，从而增加了特许经营期内项目的维修与更新改造概率。这主要表现在三个方面：

第一，已有资产可能存在技术缺陷或落后产能问题，这可能降低特许经营期内项目的运作效率，增加成本控制风险，造成安全生产隐患。

第二，由于特许经营权转让过程较为复杂，资产检验程序比较烦琐，易于发生责任难以划分问题，从而增加了政府或政府指定机构与特许经营企业之间的矛盾。需要政府管制者或出让方明确特定城市公用事业TOT项目的产权归属，以及尚未进行资产抵押或包含任何或有责任。

第三，由于城市公用事业TOT项目的资产为已经运营了一段时间的资产，同时这些设施设备具有较强的后验品性质，这增加了中标企业评估设施设备的难度与风险。这需要地方政府或政府指定机构与社会资本方共同约定过渡期限，在过渡期限内出现的无法证明是社会资本方原因导致的问题由地方政府或政府指定机构来承担。

### 四 设施与设备的被动更新改造可能带来出资主体缺位风险

城市公用事业TOT项目的资产转让是特许经营期内的有限资产转让，特许经营合同中往往难以包含特许经营期内由合同外事项所造成的更新资产（设施、设备）的出资主体问题。如国家或者省市政府通过出台有关法律、法规和政策文件的方式，变更某一城市公用行业的基础设施或工艺水平的标准要求，但合同中并未对设施、设备由旧标准升级到新标准的资金比例以及出资主体问题进行约定，为此，城市公用事业TOT项目的运营主体缺乏更新改造设施设备的动力。为了满足国家和省市政府的城市公用事业设施设备升级改造的要求，需要政府与企业通过谈判的方式明确新建或扩建设施设备的出资比例，或者是政府强制要求特许经营企业承担全部政策风险。[①] 由于城市公用事业 TOT 项目的特许经营期较长，在项目运作过程中难免会发生设施设备的更新改造问题，如果政策需求与合同约束之间存在矛盾，那么，无论采取上述两种方式中的任意一种都会增加特许经营企业的再投资风险。针对城市公用事业 TOT 项目设施设备被动更新时可能面临的出资主体缺位问题，需要明确规定满足合同要求但无法适应新标准的设施设备更新改造问题的出资主体与出资比例，从而降低特许经营期内再谈判风险和设施被动更新时所带来的出资主体缺位问题发生的概率。

综上所述，在城市公用事业 TOT 项目特许经营权竞标过程中，可能出现竞标主体判定误差导致投标失误增加项目运营风险、不公平的特许经营权竞标机制将增加项目运作主体的选择风险、资产甄别失灵与资产转让溢价收购可能增加项目的运营风险以及设施设备的被动更新改造可能造成出资主体缺位风险等，为此，地方政府或政府指定机构在城市公用事业 TOT 项目特许经营权竞标过程中，需要健全现行监管体系，通过监管体制机制创新，规避与制约城市公用事业 TOT 项目特许经营权竞标过程中可能出现的各类风险。

## 第四节　城市公用事业 TOT 项目特许经营权竞标机制适用性

在城市公用事业 TOT 项目特许经营权竞标过程中，主要涉及特许经营权或资产权的转让价格、竞标者的质量属性以及特许经营期内的产品或服务价格三个核心变量，本章在一系列假设条件的基础上建立了竞标（质量，转让价格）以及竞标（服务价格）两种特许经营权竞标机制。本节将在确定特许经营期的基础上，分析竞标（质量，转让价格）以及竞标（服务价格）两种特许经营权竞标机制在城市公

---

[①] 显然，这违背了利益共享、风险共担的城市公用事业 TOT 项目特许经营的初衷。

用事业 TOT 项目特许经营权竞标实践中的适用性。

## 一　竞标（质量，转让价格）TOT 项目特许经营权竞标机制的适用性

对竞标（质量，转让价格）城市公用事业 TOT 项目特许经营权竞标机制而言，需要在特许经营权竞标前确定特许经营期和产品或服务价格，并将其作为以（质量，转让价格）为核心的特许经营权竞标机制选择特许经营企业的外生变量。在（质量，转让价格）特许经营权竞标机制下，城市公用产品或服务价格作为城市公用事业 TOT 项目的外生变量，无法通过特许经营权竞标方式降低产品或服务价格，从而可能有损消费者福利。在特许经营权竞标前，如果能够运用科学的分析工具，基于成本加成定价机制与激励性价格建构理念，确定特定城市公用事业 TOT 项目产品或服务价格的最优值（或最低值），就可以最大限度地免受选择次优战略所带来的消费者剩余损失。（质量，转让价格）特许经营权竞标机制的最优解是竞标企业的质量属性与资产转让价格的竞争均衡。如果地方政府或政府指定机构偏好资产的保值增值，力图通过特许经营权竞标盘活国有资产，增加资产变现能力，将会更加偏好转让价格，从而通过（质量，转让价格）特许经营权竞标机制会在较大程度上实现政府目标最大化。极端情况下，当地方政府或政府指定机构在约定特定城市公用事业 TOT 项目的质量属性下限、特许经营期的服务价格以及合理测算特许经营期的前提下，通过选择竞标（转让价格）特许经营权竞标机制，会最大限度地实现国有资产溢价收购的目的。鉴于资产溢价收购可能增加特许经营期内特许经营企业逼迫政府提高产品或服务价格，从而降低消费者福利，为此，针对选择竞标（转让价格）特许经营权竞标机制，需要设定合理的转让价格上限，从而尽可能地降低特许经营期内的运营风险。

（质量，转让价格）特许经营权竞标机制主要适用于在特许经营之前已经运用合理的方法确定特许经营期、产品或服务价格的初始值以及特许经营期内产品或服务价格调整公式，同时以追求国有资产保值增值和特许经营企业质量属性双重目标最大化的城市公用事业 TOT 项目，从而实现质量属性和资产转让价格之间的平衡。鉴于运营是城

市公用事业TOT项目的核心，为此，选择（质量，转让价格）特许经营权竞标机制的城市公用事业TOT项目，要科学确定质量属性与转让价格的比例关系，基于经营属性的考量，尽可能地提高质量属性权重，从而遴选出运营能力更为突出的企业获得特定城市公用事业TOT项目的特许经营权。

## 二　竞标（服务价格）TOT项目特许经营权竞标机制的适用性

从城市公用事业TOT项目的特许经营权竞标实践来看，一些城市存在着"低价中标"现象，往往导致在最低价中标的竞争中出现"劣币驱逐良币"的困局，这已然成为城市公用企业提升产品质量的突出障碍，亟待治理和规范。为了杜绝投标人恶意低价中标行为的发生，财政部印发了《政府采购货物和服务招标投标管理办法》（财政部令87号），该办法指出：评标委员会认为投标人的报价明显低于其他通过符合性审查投标人的报价，有可能影响产品质量或者不能诚信履约的，应当要求其在评标现场合理的时间内提供书面说明，必要时提交相关证明材料；投标人不能证明其报价合理性的，评标委员会应当将其作为无效投标处理。该办法的出台为遏制恶意低价中标行为提供了政策指南，从而有助于通过竞标（服务价格）方式，优化选择城市公用事业TOT项目的特许经营主体。

在城市公用事业TOT项目特许经营权竞标过程中，（服务价格）竞标机制是以确定特许经营期、资产转让价格和竞标企业质量属性下限为前提的，在其他因素不变的情况下，通过竞标最低服务价格的方式，遴选出城市公用事业TOT项目特许经营权运营主体。对于经济较为发达或财政资金较为充足、城市政府更加偏好产品或服务价格、对资产权或特许经营权的转让价格不够敏感的城市公用事业TOT项目而言，在确定项目的基本情况、测算资产转让价格以及明确竞标企业质量属性下限的基础上，可以选择（服务价格）竞标机制，通过投标企业之间竞争的方式，实现最低价企业中标的目的。

综上所述，对特定城市公用事业TOT项目而言，需要根据项目特征和政府管制者的主观偏好，合理选择（质量，转让价格）或（服务价格）竞标机制，当政府管制者对服务价格更敏感时，可以选择

（服务价格）竞标机制。反之，若政府管制者同时偏好于资产或特许经营权的转让价格以及特许经营企业的质量属性，则可以选择（质量，转让价格）竞标机制。

# 第六章　城市公用事业委托运营项目特许经营权竞标机制研究

从城市公用事业特许经营项目的运作现状来看，BOT 项目和 TOT 项目占据较大比例，与之相比，城市公用事业委托运营项目较为少见，这主要在于长期以来我国城市公用事业特许经营的基本目的是解决建设与运营资金或国有资产保值增值问题。但是，随着中国经济的发展，城市公用事业特许经营模式选择会发生一定的变化，可能会由传统的 BOT 模式、TOT 模式逐步转向边界比较清晰、特许经营期内波动较小的委托运营项目。委托运营是受托人接受委托人的委托，按照预先规定的合同，对委托对象进行运营管理的行为。城市公用事业服务设施的特性，决定了政府可以将运营管理权或特许经营权交给特许经营企业，政府通过与运营企业签订委托运营合同的方式，实现对城市公用事业服务设施运营管理的目的。委托运营企业自主经营、自负盈亏，确保提供的产品或服务满足城市居民生产和生活的要求。通过委托运营模式，实现了城市公用事业资产所有权与经营权的分离，明确了政府方和社会资本方的权利与义务。通过将政府利益与企业利益合二为一，促进了城市公用事业委托运营企业降低运营成本，提高运行效率和服务水平，促进了企业的健康发展。特许经营权竞标是实现城市公用事业委托运营项目主体选择的重要机制。为此，本章将从城市公用事业委托运营项目的特许经营权竞标要素梳理、竞标模型设计、竞标风险分析和竞标机制应用四个方面出发，对城市公用事业委托运营项目的特许经营权竞标机制进行研究。

# 第一节　城市公用事业委托运营项目
## 特许经营权竞标要素

随着城市公用事业基础设施建设规模的日益扩大，委托运营将成为城市公用事业市场化改革的重要方式。城市公用事业委托运营项目的特许经营期较短，物理外围和责任边界较为清晰，可以通过特许经营权竞标方式选择专业化的、具有丰富经验的委托运营企业负责项目的运营和管理。在城市公用事业委托运营项目的特许经营权竞标过程中，需要重点关注投标企业的基本属性、产品或服务的质量属性以及价格。对委托运营项目而言，需要秉承合理低价、防止恶意竞争的原则，选择项目的运营主体。与城市公用事业 BOT 项目和 TOT 项目类似，委托运营项目特许经营权竞标主要包括资信要素、技术要素和商务要素三个部分。为此，本章将对城市公用事业特许经营权竞标的三大要素进行分析。

### 一　资信要素

对于城市公用事业委托运营项目的特许经营权竞标而言，在确定系列投标人资格的基础上，资信要素是遴选优质委托运营企业的重要基础。一般而言，委托运营项目的投标人资格主要包括是否为独立法人、注册资本、资质、净资产、以往项目的运营经验、未发生生产安全事故等，这构成了资格预审的重要标准。城市公用事业委托运营项目招投标，首先对投标文件依据招标文件要求进行符合性审查，符合性审查未通过的做废标处理，不再进行资信要素、技术要素和价格要素的评分。当投标企业通过投标人资格审查后，将进入资信要素评分阶段。城市公用事业委托运营项目的资信要素主要包括企业实力（如注册资本、排名等）、企业的评优与惩罚情况、相关认证情况、是否具有运营类似项目的经验以及运营类似项目所取得的成绩等。从实践来看，往往将资信要素与资格审查合二为一，当满足一定条件的基础上，方可进入城市公用事业委托运营项目招投标的下一阶段。从理论上看，存在将资信要素作为特许经营权竞标的前置条件以及将其作为质量属性的重要内容，从而成为特许经营权竞标的核心变量两种情况。无论哪种竞标方式，其实质都是通过竞争方式，激励特许经营企业发挥效能，从而实现遴选最优委托运营企业的目的。

### 二 技术要素

技术要素是城市公用事业委托运营项目运营主体选择的重要内容。从城市公用事业委托运营项目的特许经营权竞标实践来看，技术要素主要包括项目前期的准备工作和保障措施、运营服务质量的保障措施、安全生产计划与保障措施以及环境保护计划与保障措施等。其中，项目前期的准备工作和保障措施主要包括竞标主体承诺、资金准备、项目公司组建、生产和管理人员准备以及技术准备等；运营服务质量保障措施主要包括质量管理制度、过程监管机制、质量检测手段以及产品或服务质量不合格的控制手段等；安全生产计划和保障措施主要包括安全生产目标、安全管理机构、安全生产职责、安全教育制度以及应急预案等；环境保护计划和保障措施主要包括大气污染水污染以及固体废弃物污染的防治措施等。在城市公用事业委托运营过程中，由于行业特点与项目特征的差异，技术要素所涵盖的内容也会作出相应的调整。在理论模型建构过程中，城市公用事业委托运营项目的技术要素可以归结为质量属性，在特许经营权竞标过程中有两种处理方式。其一，规定技术要素或质量属性的最低值或准入值，通过竞标最低服务价格或有效最低服务价格的方式，选择委托运营主体；其二，评估特定城市公用事业委托运营项目产品或服务价格的最优值（或最低值），在满足技术要素或质量属性最低值或准入值的基础上，遴选出质量属性最高的企业获得委托运营项目的特许经营权。

### 三 价格要素

价格是城市公用事业委托运营项目运营主体选择的重要因素。在特许经营权竞标过程中，价格要素主要包括项目控制价和项目控制价下竞标最低（有效）产品或服务价格两种情形。其中，项目控制价在控制项目的最高价格、竞标最优质量属性的特许经营权竞标机制中广泛应用。在选择竞标（质量属性）特许经营权竞标机制下，项目控制价与中标价是等价的。而在选择竞标（价格）特许经营权竞标机制下，中标价往往小于或等于项目控制价。在城市公用事业委托运营项目特许经营权竞标过程中，需要综合考量成本、收益与利润等信息，科学确定项目控制价。如果地方政府或政府指定机构选择竞标（价格）特许经营权竞标机制，则投标企业将以项目控制价为上限，在科学预测成本与获取合理收益以及充分考虑其他投标者策略性行为的基础上，确立投标价格，并通过投标企业之间的充分竞争，确定竞标（价格）特许经营权竞标机制下的价格决定机制与中标价格。对委托运营项目而言，价格是消费者最为敏感的因素。因此，需要投标主体之间充分竞争，并且在最优化社会福利的框架下设计特许经营权竞标机制，从而决定城市公用事业委托运营项目控制价和（或）产品或服务中标价。

综上所述，由于城市公用事业委托运营项目的特许经营期较短、可控性较强，因此，相比于 BOT 和 TOT 项目，委托运营项目特许经营权竞标机制相对简单。其中，在资信要素或系列前提条件以及确定控制价的基础上，选择竞标（质量属性）特许经营权竞标机制，能够实现特许经营主体优化选择的目的。此外，在资信要素或系列前提条件或技术要素以及确定项目控制价的基础上，综合考虑项目控制价、最低价与最优价，选择竞标产品或服务价格的特许经营权竞标机制，在竞争充分的前提下，同样能够实现最有效率的投标企业获得项目委托运营权的目的。

## 第二节 城市公用事业委托运营项目特许经营权竞标模型

本节将结合城市公用事业的技术经济特征和委托运营项目的特性，以城市公用事业委托运营项目特许经营权竞标实践为基础，在界定委托运营项目中的核心问题以及研究假设的前提下，基于最优化理论，分别设计竞标（质量）和竞标（价格）两类特许经营权竞标机制，从而为城市公用事业委托运营项目特许经营权竞标机制优化提供理论支撑。

## 一 竞标（质量）委托运营项目特许经营权竞标机制设计

在城市公用事业委托运营项目中，往往采用固定质量属性，竞标服务价格的特许经营权竞标机制，从而通过价格最低者中标的方式选择委托运营项目的运营主体。但是，在城市公用事业委托运营项目实践中，恶意低价中标现象偶有发生，这为特许经营期内项目公司降低产品或服务质量、损害消费者福利埋下了诸多隐患。从理论上看，基于控制价的竞标（质量）特许经营权竞标机制，在竞争充分的前提下，能够有效地甄别出高质量的特许经营企业，从而有助于实现社会福利最大化的目标。

### （一）核心问题

竞标（质量）城市公用事业委托运营项目的特许经营权竞标机制主要应用于项目特征、竞标标准和控制价已经确定的前提下，通过竞标多维质量属性来决定特许经营权归属的项目。基于此，本部分将对竞标（质量）城市公用事业委托运营项目的特许经营权竞标机制进行设计。

对竞标（质量）城市公用事业委托运营项目特许经营权竞标机制而言，在特许经营权竞标之前，需要明确项目的基本特征。具体而言，城市公用事业委托运营项目具有稳定的服务量；特许经营期为 $\hat{T}$（一般为3—5年），$\hat{T}$ 小于或等于10年；特许经营期满后的剩余使用年限为 $T'$；明确项目的用地范围以及服务人口数量；测算出城市公用产品日服务量或供给量的最低值；特许经营期 $\hat{T}$ 内的价格或服务费为 $\tilde{p}$，且在特许经营期内保持不变；城市公用事业委托运营项目的设计能力为 $\bar{y}$，且日服务量或供给量小于或等于设计能力或最大承受能力；城市公用事业委托运营项目是不可分的，即只有一个投标企业能够获得项目的特许经营权。

### （二）研究假设

在构建城市公用事业委托运营项目的特许经营权竞标机制研究假设前，首先需要明确政府目标、投标企业的成本函数、投标企业的平均运营成本和城市公用产品的年服务量或供给量。

（1）假定政府或政府指定机构（政府管制者）的目标是追求特许经营期内的社会福利最大化，本书用竞标企业所创造的社会价值与特许经营期内项目公司的利润之和来表示社会福利。

（2）假定在特许经营期内投标企业i的成本分为两个部分。其中，一部分为与城市公用产品或服务流量有关的成本，即单位运营成本，设为$C_y$；另一部分与城市公用事业产品或服务流量无关，但与企业的成本类型和一维质量属性有关的成本，设为$c_i(a_i, q_i)$。

（3）城市公用事业委托运营项目的产品或服务的年供给量或服务量为$y_i(a_i, q_i)$，且$y_i(a_i, q_i) < \bar{y}$。这里，$\bar{y}$为城市公用事业委托运营项目基础设施的设计能力。

（4）在竞标（质量）城市公用事业委托运营项目的特许经营权竞标机制下，委托运营项目的特许经营权价格为M，这里要求M>0，为政府主管部门或政府指定机构依据相关项目及本项目实际情况计算出的合理价格，在竞标（质量）城市公用事业事业委托运营项目特许经营权竞标前公布。

（5）假定参与竞标的企业的筹资成本为l，其中，$l \in (0, 1)$。

基于此，本书提出竞标（质量）城市公用事业委托运营项目的特许经营权竞标机制设计的研究假设。具体如下：

假设6-1：假设存在K个潜在的风险中性的投标企业参与城市公用事业委托运营项目的特许经营权竞标，且K个投标企业都是风险中性的。

假设6-2：假设参与投标的企业i承诺提供一维质量属性为$q_i$的城市公用产品或服务，i=1，2，…，K。为了不失一般性，这里将除价格以外的能够反映质量属性的信息（如质量、服务能力、管理能力与融资能力等）合成为一维质量属性。

假设6-3：在特许经营期内，城市公用产品的年产量或年服务量$y_i(a_i, q_i)$是成本效率参数和一维质量属性的增函数。

假设6-4：当投标企业i获取城市公用事业委托运营项目的特许经营权，并提供质量为$q_i$的城市公用产品或服务时，给该地区带来的

额外收益用 $V(q_i)$ 表示。同时，$V(q_i)$ 关于 $q_i$ 是递增的和凹的，且 $V(0)=0$。

假设 6-5：$c_i(a_i, q_i)$ 关于 $q_i$ 是递增的和凸的，即 $c'_{q_i}>0$，且 $c_i(a_i, 0)=0$。

假设 6-6：$c_i(a_i, q_i)$ 关于 $a_i$ 是递减的和凸的，即 $c'_{a_i}<0$，且 $\partial^2 c_i(a_i,q_i)/\partial a_i \partial q_i < 0$。

（三）模型构建

根据显示原理（Myerson，1981）可知，直接显示机制能够真实地反映特许经营权的最优竞标机制。因此，本部分只需要将分析定义在直接显示机制上。这里，在确定项目的基础信息以及产品或服务价格的基础上，通过选择竞标（质量）特许经营权竞标机制，来决定城市公用事业委托运营项目特许经营权的分配问题，因此，该问题是一个只包含质量属性（q）的特许经营权竞标机制设计问题。[①] 企业的成本类型向量用 $a=(a_1, a_2, \cdots, a_k)$ 表示，质量向量用 $q=(q_1, q_2, \cdots, q_k)$ 表示。$q_i$ 需要满足特许经营期内社会福利最大化的目标。参与约束和激励相容约束是该问题的约束条件。第一，参与约束，即最优特许经营权竞标机制能够保证企业 i 参与竞标；第二，激励相容约束，即真实显示自身成本类型是竞标企业的贝叶斯均衡。

基于上述假设，在选择竞标（质量）城市公用事业委托运营项目特许经营权竞标机制中，在特许经营期内投标企业 i 的利润函数可以表示为式（6-1）。

$$\pi_i = (m - C_v) y_i(a_i, q_i) \tilde{T}(1-l) - c_i(a_i, q_i) - M \quad (6-1)$$

式中，$l$ 为企业 $i$ 的资金筹集成本[②]，且 $l \in (0, 1)$。

令：

$$U_i(a_i, q) = E_{A_{-i}} [(m - C_v) y_i(a_i, q_i) \tilde{T}(1-l) - c_i(a_i, q_i) - M]$$

$$(6-2)$$

---

[①] 为了分析方便，这里将多维质量属性合成为一维质量属性。

[②] 本书将这里的筹资成本定义为特许经营权转让价格与特许经营期内花费资金的筹资成本的加权平均值。

## 第六章 城市公用事业委托运营项目特许经营权竞标机制研究

$$U_i(\widetilde{a}_i, a_i, q) = E_{A_{-i}}[(m - C_v)y_i(\widetilde{a}_i, q_i)\widetilde{T}(1 - l) - c_i(a_i, q_i) - M] \quad (6-3)$$

$$\forall a_i, \widetilde{a}_i, a_i \neq \widetilde{a}_i, i = 1, 2, \cdots, K$$

式中，$E_{A_{-i}}$ 为期望算子，$U_i(a_i)$ 为企业 $i$ 说真话的期望效用，$U_i(\widetilde{a}_i, a_i)$ 是当投标企业 $i$ 的成本类型为 $a_i$ 时，谎称自己是 $\widetilde{a}_i$ 的期望效用。

那么，在城市公用事业委托运营项目的特许经营权竞标机制（q）下，期望社会福利可以表述为：

$$w = E_A\left\{ \sum_{i=1}^{N} [V(q_i) + M(1 - k) + (m - C_v)y_i(a_i, q_i)(T' - \widetilde{T}) + (m - C_v)y_i(a_i, q_i)\widetilde{T}(1 - \lambda) - c_i(a_i, q_i) - M] \right\} \quad (6-4)$$

式中，$k(0 < k < 1)$ 为政府或政府指定机构（政府管制者）在城市公用事业委托运营项目特许经营权竞标过程中所花费的成本。

式（6-4）最优化问题的约束条件为：

（1）参与约束：$\forall i, U_i(a_i, q) \geq 0$ \quad (6-5)

（2）激励相容约束：$\forall i, a_i、\widetilde{a}_i, U_i(a_i, q) \geq U_i(\widetilde{a}_i, a_i, q)$

$$(6-6)$$

激励相容约束式（6-6）等价为：

$$U_i(a_i, q) = \underset{\widetilde{a}_i}{\text{Max}} E_{A_{-i}}[(m - C_v)y_i(\widetilde{a}_i, q_i)\widetilde{T}(1 - \lambda) - c_i(a_i, q_i) - M]$$

$$(6-7)$$

一阶条件：$\dfrac{\mathrm{d}U_i(a_i, q)}{\mathrm{d}a_i} = -E_{A_{-i}}[c'_{a_i}(a_i, q_i)]$ \quad (6-8)

由式（6-7）可知，参与城市公用事业委托运营项目的投标企业 $i$，竞标（质量）特许经营权最优机制下期望利润可以表示为：

$$U_i^*(a_i, q) = U_i^*(\underline{a}, q) - E_{A_{-i}}\left[\int_{\underline{a}}^{a_i} c'_{a_i}(x, q)\mathrm{d}x\right] \quad (6-9)$$

结合式（6-2）和式（6-9），可得：

$$(m - C_y)\widetilde{T}y_i(a_i, q_i)(1 - \lambda) = U_i^*(\underline{a}) + E_{A_{-i}}[c_i(a_i, q_i)] + M - E_{A_{-i}}\left[\int_{\underline{a}}^{a_i} c'_{a_i}(x, q_i)\mathrm{d}x\right] \quad (6-10)$$

将式 (6-10) 代入式 (6-4) 中，可得：

$$w = E_A \left\{ \sum_{i=1}^{N} \left[ V(q_i) + (m - C_v) y_i [a, q_i(a)] T' - \frac{1}{1-l} U_i^*(\underline{a}) - \frac{1}{1-l} c_i(a_i, q_i) + \frac{l+k-kl}{1-l} M + \frac{l}{1-l} \int_{\underline{a}}^{a_i} c'_{a_i}(x, q_i) dx \right] \right\}$$

(6-11)

鉴于 $U_i^*(\underline{a}, q) \geq 0$，同时，对任意的 $a_i \in [\underline{a}, \overline{a}]$ 都有 $U_i^*(a_i, q) \geq U_i^*(\underline{a}, q)$。那么，由式 (6-11) 可知，期望社会福利 $w(a^*, q^*)$ 关于 $U_i^*(\underline{a}, q)$ 是递减的。为了满足期望社会福利的最大化，只需要 $U_i^*(\underline{a}, q) = 0$ 成立。

进一步对式 (6-11) 进行化简，可得：

$$w = E_A \left\{ \sum_{i=1}^{N} \left[ V(q_i) + (m - C_v) y_i(a_i, q_i) T' - \frac{1}{1-l} c_i(a_i, q_i) + \frac{l+k-kl}{1-l} M + \frac{l}{1-l} \frac{1-F(a_i)}{f(a_i)} c'_{a_i}(a_i, q_i) \right] \right\}$$

(6-12)

鉴于城市公用事业委托运营项目的竞标结果是将特许经营权分配给最有效率的投标企业。为此，本部分将式 (6-12) 大括号中的项用 $\Gamma_i^*(a)$ 表示，$\Gamma_i^*(a)$ 即为竞标企业 i 所创造的实际社会福利。由前文假设可知，$\Gamma_i^*(a)$ 是关于 $a_i$ 的递增函数。因此，可将社会福利最大化问题转化为最有效率的投标企业获取特许经营权问题，用符号表示为：$a_i = \text{Max}\{a_1, a_2, \cdots, a_N\}$。那么，在选择竞标（质量）特许经营权竞标机制下，城市公用事业委托运营项目中标企业 i 的最优质量属性 $q_i^*(a)$ 需要满足式 (6-13)。

$$\max_{q_i} E_A \left\{ \sum_{i=1}^{N} \left[ V(q_i) + (m - C_v) y_i(a_i, q_i) T' - \frac{1}{1-l} c_i(a_i, q_i) + \frac{l+k-kl}{1-l} M + \frac{l}{1-l} \frac{1-F(a_i)}{f(a_i)} c'_{a_i}(a_i, q_i) \right] \right\}$$

(6-13)

在均衡条件下，只有企业 i 提供特定区域的城市公用事业产品或服务供给。因此，其他竞标企业最终所提供的产品或服务的质量均为 0，即满足 $q_j = 0 (j \neq i)$。

假设用 $\{q\}$ 表示竞标（质量）城市公用事业委托运营项目的特

许经营权最优竞标机制，那么，该问题的最优质量属性决定机制可由命题6-1给出。

命题6-1：在竞标（质量）特许经营权竞标机制下，对任意参与城市公用事业委托运营项目的特许经营权竞标企业而言，成本效率参数向量为 a = ($a_1$，$a_2$，…，$a_K$)。如果 $a_i$ = Max{$a_1$，$a_2$，…，$a_K$}，那么，$q_i^*(a) > 0$ 可以由式（6-14）来定义。即：

$$\frac{dV[q_i^*]}{dq_i} + (m - C_v)\frac{\partial y_i[a_i, q_i^*]}{\partial q_i}T' - \frac{1}{1-\lambda}\frac{\partial c_i[a_i, q_i^*]}{\partial q_i} + \frac{\lambda}{1-\lambda}\frac{1-F(a_i)}{f(a_i)}c''_{a_i, q_i}(a_i, q_i) = 0 \quad (6-14)$$

否则，$q_j(a) = 0$，$j \neq i$。

## 二 竞标（服务价格）委托运营项目特许经营权竞标机制设计

对于竞标（服务价格）城市公用事业委托运营项目的特许经营权竞标机制而言，需要在政府或政府指定机构（政府管制者）确定项目的特许经营期①、最低产品质量或服务标准等的前提下，竞标最低或有效服务价格。该机制主要应用于在特许经营权竞标之前尚未确定服务价格的城市公用事业委托运营项目。为此，本部分将从理论上构建竞标（服务价格）城市公用事业委托运营项目的特许经营权竞标机制。

### （一）核心问题

对选择竞标（服务价格）特许经营权竞标机制的城市公用事业委托运营项目而言，在特许经营权竞标之前，需要确定项目的基本情况以及投标企业的准入条件。

1. 运营项目基本情况

城市公用事业委托运营项目的基本情况是构建特许经营权竞标机制的重要前提。当选择竞标（服务价格）特许经营权竞标机制时，需要明确特定城市公用事业委托运营项目的名称、招标方式、工程地点、项目规模、项目性质、运营期限以及生产工艺等。在实践中，运

---

① 一般地，城市公用事业委托运营项目的特许经营期较短，如新加坡大多为5年，最长不超过10年。特许经营期越短，服务价格、产品质量或服务品质以及设备是否需要更新等更易于确定和控制。

营项目基本情况信息公开的非对称性往往成为政府与企业之间、企业与企业之间信息不对称的重要根源，这在一定程度上制约了最优报价机制的形成，从而导致了有偏报价的产生。为此，在竞标（服务价格）城市公用事业委托运营项目的特许经营权竞标过程中，应该建立与项目特征相匹配的运营项目基本情况公开机制，规避信息不对称可能导致的竞标失效问题，从而实现信息对称下投标企业之间的有效竞争，以及选择最有效率的企业运营城市公用事业委托运营项目的目标。

2. 竞标企业准入条件

进入管制为选择最有效率的企业，增进社会总福利，避免重复建设、过度竞争以及特许经营期内企业不可维持性等问题提供了重要保障。在选择委托运营项目运作主体时，需要以明确项目基本情况为前提，以追求政府管制者效用最大化为目标。一般而言，竞标企业的准入条件可以从投标企业的资质、企业财务和信贷情况、银行资信情况、是否具备特定城市公用事业委托运营项目的运营经验或能力证明、商业信誉情况、特许经营项目所需的管理和技术人才以及特许经营企业的其他要求等方面反映出来。在城市公用事业委托运营项目实践过程中，项目的异质性特征决定特许经营企业的准入条件存在一定的差异。为此，在城市公用事业委托运营项目的特许经营权竞标过程中，应该结合项目特征，合理确定投标企业的准入条件，从而尽可能地过滤掉与委托运营项目技术经济特征相违背的投标主体。

（二）研究假设

在确定城市公用事业委托运营项目的基本情况和竞标企业准入条件的前提下，对尚未确定服务价格的项目而言，可将服务价格作为城市公用事业委托运营项目特许经营权竞标机制的唯一决策变量。在现有城市公用事业委托运营项目中，除政府指定或行政授予之外，大多选择竞标最低服务价格的方式，来决定城市公用事业委托运营项目的运营主体。如2008年在江苏省常州武进污水处理委托运营项目招标过程中，共有16家企业购买标书，最后共有法国威立雅水务集团、深圳大通水务有限公司、深圳水务投资公司、美国金州环境集团、建工金源、建工环境、国祯环保 7 家企业参与竞标。其中，深圳大通水务有限公司竞拍价格最低，仅为 0.385 元/吨，而金州环境集团竞标价格最高，达到 0.74 元/吨。最终武进区水务局决定深圳大通水务有限公司标该项目的特许经营权。下面将运用拍卖理论与机制设计理论对竞标（服务价格）城市公用事业委托运营项目的特许经营权竞标机制进行研究。研究假设如下：

假设 6-7：假设存在 k 个企业同时参与城市公用事业委托运营项目竞标，所宣布的效率参数为 $(\tilde{\beta}_1, \tilde{\beta}_2, \cdots, \tilde{\beta}_k) = \tilde{\beta}$。假定 k 个竞标者的效率参数 $\beta_i$ 是独立的，并且在区间 $[\underline{\beta}, \overline{\beta}]$ 服从于同一累积分布函数 $F(\cdot)$ 和密度函数 $f(\cdot)$。同时，$f(\cdot)$ 在 $[\underline{\beta}, \overline{\beta}]$ 上是严格为正且向下紧的。此外，$F(\cdot)$ 是 k 个竞标企业的共同知识，并且具有单调风险率特征，即 F/f 是非递减的。

假设 6-8：假设在 k 个竞标企业之间以及竞标企业与政府主管部门或政府指定机构之间不存在合谋行为与败德行为。

假设 6-9：假设 k 个竞标企业满足参与特定城市公用事业委托运营项目投标的基本条件，并且在特许经营期内具有独立运营项目的能力。

假设 6-10：假设参与城市公用事业委托运营项目的竞标企业 i 在特许经营期内的成本分为运营成本和维护成本。① 其中，年运营成本和维护成本与竞标企业的效率参数、努力水平、项目的质量水平以及年服务量呈同方向变化。

假设 6-11：假设政府主管部门或政府指定机构测算出的年服务量为 Q。这里，假设 $Q \leq \overline{Q}$。其中，$\overline{Q}$ 表示项目的设计规模。

假设 6-12：假设参与城市公用事业委托运营项目的竞标企业 i 提出的服务价格为 $p_i(\beta_i)$。一般而言，当 $Q \leq \overline{Q}$ 时，服务价格为 $p_i(\beta_i)$。当 $Q > \overline{Q}$ 时，$\overline{Q}$ 的服务价格仍为 $p_i(\beta_i)$，而 $Q - \overline{Q}$ 的服务价格小于 $p_i(\beta_i)$。由于城市公用事业委托运营项目的特许经营期较短，这

---

① 这里并不考虑委托运营项目特许经营权的转让成本。

里仅考虑 $Q \leqslant \overline{Q}$ 的情况。

假设6-13：城市公用事业委托运营项目是不可分的，即只有唯一一家企业获得该项目的特许经营权。

(三) 模型构建

下面将对竞标（服务价格）城市公用事业委托运营项目特许经营权竞标机制中的有关函数形式进行设定。

1. 成本函数

就城市公用事业委托运营项目而言，特许经营期内的成本主要包括运营成本和维护成本，这两类成本主要与特许经营项目的质量（如项目工艺、项目老化程度以及技术水平等）、企业效率参数和企业的努力水平有关。其中，政府管制者能够在特许经营前通过评估的方式确定项目的质量。因此，与城市公用事业委托运营项目本身质量有关的成本是常数，本部分用 A 来表示。

假设 k 个企业竞标城市公用事业委托运营项目的特许经营权，并且任何一家企业都具有运营该项目的能力，可将竞标企业 i 的运营成本和维护成本函数表示为：

$$C_i = TQ[\beta_i - e_i(\widetilde{\beta}) + A] \qquad (6-15)$$

式中，$e_i(\widetilde{\beta})$ 为参与城市公用事业委托运营项目竞标的企业 $i$ 知道 $k$ 个竞标企业宣布效率参数 $\widetilde{\beta}$ 的情况下，在获取特许经营权后生产一单位产品或服务所付出的努力水平。A 为与城市公用事业委托运营项目质量有关的成本，$T$ 为竞标（服务价格）特许经营权竞标机制下的特许经营期，$Q$ 为政府测算的具体城市公用事业委托运营项目的年服务量。

2. 效用函数

假设在竞标（服务价格）特许经营权竞标机制下，参与城市公用事业委托运营项目竞标的企业 i 的效用函数形式为：

$$U_i = TQ\{p_i(\widetilde{\beta}) - \phi[e_i(\widetilde{\beta})]\} \qquad (6-16)$$

式中，$p_i(\widetilde{\beta})$ 为竞标企业 $i$ 知道 $k$ 个竞标企业在宣布效率参数为 $\widetilde{\beta}$ 的情况下获取特许经营权后的服务价格。$\phi[e_i(\widetilde{\beta})]$ 为竞标企业 $i$ 努力水平为 $e_i$ 时的负效用，$\phi' > 0$，$\phi'' > 0$，$\phi''' \geqslant 0$，且 $\phi(0) = 0$。

## 第六章 城市公用事业委托运营项目特许经营权竞标机制研究

在城市公用事业委托运营项目特许经营之前，竞标企业 i 的预期效用为：

$$E_{\widetilde{\beta}_{-i}}\{TQ[p_i(\widetilde{\beta}) - x_i(\widetilde{\beta})\phi(e_i(\widetilde{\beta}))]\} \tag{6-17}$$

式中，$\widetilde{\beta}_{-i} \equiv (\widetilde{\beta}_1, \cdots, \widetilde{\beta}_{i-1}, \widetilde{\beta}_{i+1}, \cdots, \widetilde{\beta}_m)$。鉴于在特许经营期内竞标企业 i 的成本是可以观察的。那么，可将式（6-17）改写成：

$$E_{\widetilde{\beta}_{-i}}\left\{TQ\left[p_i(\widetilde{\beta}) - x_i(\widetilde{\beta})\phi\left(\beta_i + A - \frac{C_i(\widetilde{\beta})}{TQ}\right)\right]\right\} \tag{6-18}$$

式中，$C_i(\widetilde{\beta})$ 为政府或政府指定机构（政府管制者）要求企业 i 在给定 $\widetilde{\beta}$ 的情况下，需要达到的成本水平。

对竞标（价格）城市公用事业委托运营项目的特许经营权竞标机制而言，选择最有效率的企业运营特定城市公用事业委托运营项目是最终目标。为了实现该目标，本部分需要寻找一个说真话的贝叶斯纳什均衡机制 $[x_i(\widetilde{\beta}), C_i(\widetilde{\beta}), p_i(\widetilde{\beta})]$，说真话的一个必要条件为：当 $\widetilde{\beta}_i = \beta_i (i = 1, \cdots, k)$ 时，有：

$$\frac{\partial}{\partial \widetilde{\beta}_i} E_{\beta_{-i}} p_i(\beta) = \frac{\partial}{\partial \widetilde{\beta}_i} E_{\beta_{-i}}\left\{x_i(\beta)\phi\left[\beta_i + A - \frac{C_i(\beta)}{TQ}\right]\right\} \tag{6-19}$$

式（6-19）几乎处处成立，且该式中的偏导数是在竞标企业 i 宣布 $\widetilde{\beta}_i$ 后，在真实参数值 $\beta$ 处求得的。

用 $U_i(\beta_i)$ 表示企业 i 说真话时的预期效用水平：

$$U_i(\beta_i) = TQE_{\beta_{-i}}\left\{p_i(\beta) - x_i(\beta)\phi\left[\beta_i + A - \frac{C_i(\beta)}{TQ}\right]\right\} \tag{6-20}$$

由式（6-19）和式（6-20），可得：

$$\dot{U}_i(\beta_i) = -TQE_{\beta_{-i}}\left\{x_i(\beta)\phi'\left[\beta_i + A - \frac{C_i(\beta)}{TQ}\right]\right\} \tag{6-21}$$

对理性的政府或政府指定机构（政府管制者）而言，可将社会净效用表示为式（6-22）：

$$(\sum_{i=1}^{k} x_i)S - (1+\lambda)TQ\sum_{i=1}^{k} p_i - (1+\lambda)\sum_{i=1}^{k} x_i C_i + TQ$$
$$\sum_{i=1}^{k}[p_i - x_i\varphi(e_i)] \tag{6-22}$$

$$= (\sum_{i=1}^{k} x_i)S - \lambda\sum_{i=1}^{k} U_i - (1+\lambda)\sum_{i=1}^{k} x_i[C_i + TQ\varphi(e_i)] \tag{6-23}$$

式中，第一项表示实施城市公用事业委托运营项目所获得的社会福利；第二项是支付服务价格所带来的社会成本；第三项是预期生产成本所导致的社会成本（前三项之和等于预期消费者剩余）；第四项是预期 k 个企业的租金之和。

由式（6-21）可知，$\dot{U}_i(\beta_i) < 0$，即 $U_i$ 关于 $\beta_i$ 是递减的。根据参与城市公用事业委托运营项目竞标的企业 i 的个体理性约束可知，约束在 $\beta = \bar{\beta}$ 是紧的，且满足：

$$U_i(\bar{\beta}) = 0, \ i = 1, \cdots, m \tag{6-24}$$

综上所述，不完全信息下政府或政府指定机构（政府管制者）的最优化问题可以表述为：

$$\max_{\{x_i(\cdot), C_i(\cdot), U_i(\cdot)\}} \left\{ E_\beta \left[ \sum_{i=1}^k x_i(\beta) \right] S - \lambda \sum_{i=1}^k U_i(\beta_i) - (1+\lambda) \sum_{i=1}^k x_i(\beta) \left[ C_i(\beta) + TQ\phi\left(\beta_i + A - \frac{C_i(\beta)}{TQ}\right) \right] \right\} \tag{6-25}$$

s. t. $\dot{U}_i(\beta_i) = -TQ E_{\beta_{-i}}\left\{ x_i(\beta) \phi'\left[\beta_i + A - \frac{C_i(\beta)}{TQ}\right] \right\} \ i = 1, \cdots, k$ (6-26)

$U_i(\bar{\beta}) = 0, \ i = 1, \cdots, k$ \hfill (6-27)

对于任意的 $\beta$，$\sum_{i=1}^k x_i(\beta) \leq 1$ \hfill (6-28)

对于任意的 $\beta$，$x_i(\beta) \geq 0, \ i = 1, \cdots, k$ \hfill (6-29)

类似地，为了简化，这里仍然假定 S 足够大，以至于对任何实际的 $\beta$，k 个参与城市公用事业委托运营项目竞标的企业中的任何 1 家企业都有足够能力运营该项目。同时，在最优点时的成本函数 $C_i^*(\beta)$ 只是 $\beta_i$ 的函数，其中，$i = 1, \cdots, k$。进一步地，令 $X_i(\beta_i) = E_{\beta_{-i}}[x_i(\beta)]$，那么，就式（6-25）对 $C_i(\beta_i)$ 求最优化问题可以等价于式（6-30）。

$$\max_{\{C_i(\cdot), U_i(\cdot)\}} \left\{ \int_{\underline{\beta}}^{\bar{\beta}} \left[ -\lambda U_i(\beta_i) - (1+\lambda) X_i(\beta_i) \left( C_i(\beta_i) + TQ\phi\left(\beta_i + A - \frac{C_i(\beta_i)}{TQ}\right) \right) \right] f(\beta_i) \mathrm{d}\beta_i \right\} \tag{6-30}$$

s. t. $\dot{U}_i(\beta_i) = -TQX_i(\beta_i)\phi'\left(\beta_i + A - \dfrac{C_i(\beta_i)}{TQ}\right)$ (6-31)

$U_i(\overline{\beta}) = 0$ (6-32)

当 $U_i$ 作为状态变量、$C_i$ 作为控制变量时，构建规划的汉密尔顿函数：

$$H_i = \left\{ -\lambda U_i(\beta_i) - (1+\lambda)X_i(\beta_i)\left[ C_i(\beta_i) + TQ\phi\left(\beta_i + A - \dfrac{C_i(\beta_i)}{TQ}\right)\right]\right\}$$
$$f(\beta_i) + \mu_i(\beta_i)\left[ -TQX_i(\beta_i)\phi'\left(\beta_i + A - \dfrac{C_i(\beta_i)}{TQ}\right)\right]$$ (6-33)

由 Pontryagin 的最大值原理可得：

$\dot{\mu}_i(\beta_i) = \lambda f(\beta_i)$ (6-34)

$(1+\lambda)\left[ 1 - \phi(\beta_i + A) - \dfrac{C_i(\beta_i)}{TQ}\right]f(\beta_i) = \mu_i(\beta_i)\phi''\left(\beta_i + A - \dfrac{C_i(\beta_i)}{TQ}\right)$ (6-35)

$\mu_i(\underline{\beta}) = 0$ (6-36)

对式（6-34）进行积分，并利用横截性条件式（6-36），可以得到式（6-37），具体如下：

$\mu_i(\beta_i) = \lambda F(\beta_i)$ (6-37)

将式（6-37）代入式（6-35）中得到最优成本函数 $C_i^*(\beta_i)$ 如下：

$$(1+\lambda)\left[ 1 - \phi(\beta_i + A) - \dfrac{C_i^*(\beta_i)}{TQ}\right] = \lambda \dfrac{F(\beta_i)}{f(\beta_i)}\varphi''\left(\beta_i + A - \dfrac{C_i^*(\beta_i)}{TQ}\right)$$
(6-38)

下面将 $C_i^*(\beta_i)$ 代入式（6-25），并将式（6-31）的积分式代入式（6-25）中，求出最优的 $x_i(\beta)$，所构造的拉格朗日函数为：

$$\int\left\{\left[\sum_{i=1}^m x_i(\beta)\right]S - \lambda TQ\int_{\beta_i}^{\beta}x_i(\widetilde{\beta}_i,\beta_{-i})\phi'\left(\widetilde{\beta}_i + A - \dfrac{C_i^*(\widetilde{\beta}_i)}{TQ}\right)\mathrm{d}\widetilde{\beta}_i - (1+\lambda)\sum_{i=1}^m x_i(\beta)\left[ C_i^*(\beta_i) + TQ\varphi\left(\beta_i + A - \dfrac{C_i^*(\beta_i)}{TQ}\right)\right]\right\}f(\beta_1)\cdots f(\beta_m)\mathrm{d}\beta_1\cdots\mathrm{d}\beta_m$$
(6-39)

给定 $\beta_{-i}$，对第二个积分式进行分部积分，可以得到：

$$\int_{\underline{\beta}}^{\overline{\beta}}\int_{\beta_i}^{\overline{\beta}} x_i(\widetilde{\beta}_i,\beta_{-i})\phi'\left[\widetilde{\beta}_i + A - \frac{C_i^*(\widetilde{\beta}_i)}{TQ}\right]d\widetilde{\beta}_i dF(\beta_i)$$

$$= \left\{F(\beta_i)\int_{\beta_i}^{\overline{\beta}} x_i(\widetilde{\beta},\beta_{-i})\phi'\left[\widetilde{\beta}_i + A - \frac{C_i^*(\widetilde{\beta}_i)}{TQ}\right]d\widetilde{\beta}_i\right\}\Big|_{\underline{\beta}}^{\overline{\beta}} +$$

$$\int_{\underline{\beta}}^{\overline{\beta}} F(\beta_i)x_i(\beta)\phi'\left[\beta_i + A - \frac{C_i^*(\beta_i)}{TQ}\right]d\beta_i$$

$$= \int_{\underline{\beta}}^{\overline{\beta}} x_i(\beta)\frac{F(\beta_i)}{f(\beta_i)}\phi'\left[\beta_i + A - \frac{C_i^*(\beta_i)}{TQ}\right]dF(\beta_i) \quad (6-40)$$

将式（6-40）代入式（6-39），可得：

$$\int \sum_{i=1}^{m} x_i(\beta)\left\{S - (1+\lambda)\left[C_i^*(\beta_i) + TQ\phi\left(\beta_i + A - \frac{C_i^*(\beta_i)}{TQ}\right) + \frac{\lambda}{1+\lambda}\right.\right.$$

$$\frac{F(\beta_i)}{f(\beta_i)}\phi'\left(\beta_i + A - \frac{C_i^*(\beta_i)}{TQ}\right)\Big]\Big\}dF(\beta_1)\cdots dF(\beta_m) \quad (6-41)$$

借助于 $\phi'$ 的凸性与单调风险率假定，可知 $C_i^*$ 关于 $\beta_i$ 是非递减的。那么，对式（6-41）求微分可得：

$$S - (1+\lambda)\left\{C_i^*(\beta_i) + TQ\phi\left[\beta_i + A - \frac{C_i^*(\beta_i)}{TQ}\right] + \frac{\lambda}{1+\lambda}\frac{F(\beta_i)}{f(\beta_i)} + \right.$$

$$\phi'\left[\beta_i + A - \frac{C_i^*(\beta_i)}{TQ}\right]\Big\} \quad (6-42)$$

式（6-42）关于 $\beta_i$ 是非递增的。因此，我们必须选择：

$$x_i^*(\beta) = 1, \text{ 如果 } \beta_i < \min_{g\neq i}\beta_g \quad (6-43)$$

$$x_i^*(\beta) = 0, \text{ 如果 } \beta_i > \min_{g\neq i}\beta_g \quad (6-44)$$

由式（6-20）可知，对竞标（服务价格）城市公用事业委托运营项目的特许经营权竞标机制而言，最优贝叶斯纳什均衡竞标机制下的服务价格的表达式如下：

$$p_i^*(\beta_i) = E_{\beta_{-i}}p_i^*(\beta)$$

$$= \frac{1}{TQ}\left[U_i^*(\beta_i) + X_i^*(\beta_i)\phi\left(\beta_i + A - \frac{C_i^*(\beta_i)}{TQ}\right)\right] \quad (6-45)$$

进一步地，将式（6-21）和式（6-24）代入式（6-45）中，可得：

$$p_i^*(\beta_i) = \frac{1}{TQ}\left\{X_i^*(\beta_i)\phi\left[\beta_i + A - \frac{C_i^*(\beta_i)}{TQ}\right] + \right.$$

$$\left. TQ\int_{\beta_i}^{\overline{\beta}} X_i^*(\widetilde{\beta}_i)\phi'\left[\beta_i + A - \frac{C_i^*(\widetilde{\beta}_i)}{TQ}\right]d\widetilde{\beta}_i\right\} \quad (6-46)$$

本节建立了竞标（服务价格）城市公用事业委托运营项目的 Vickrey 占优策略竞标机制，该竞标机制在相同的成本函数、效用函数和相同的租金情况下，能够选择出最有效率的企业负责特定城市公用事业委托运营项目的运营和维护。截至目前，依然假定在给定的其他 k-1 个竞标企业策略，对于企业 i 平均而言是最优的。进一步地，将分析扩展到在 k 个竞标企业中，存在唯一最优的竞标企业 i 时的服务价格决策机制。为了简化，仍假定 S 能够吸引企业参与竞标，最终企业 i 将获得该项目的特许经营权。用 $\min(\beta_\varepsilon, \beta^*)$ 替代 $\beta_\varepsilon$，很容易将上述分析一般化。在此基础上，本节得到命题 6-2。

命题 6-2：对竞标（服务价格）城市公用事业委托运营项目的特许经营权竞标而言，如果 $\beta_i = \min_k \beta_k$ 和 $\beta_\varepsilon = \min_{k \neq i}\beta_k$，那么有：

$$\widetilde{p}_i(\beta) = \frac{1}{TQ}\phi\left[\beta_i + A - \frac{C_i^*(\beta_i)}{TQ}\right] + \int_{\beta_i}^{\beta_\varepsilon}\phi'\left[\beta_i + A - \frac{C_i^*(\widetilde{\beta}_i)}{TQ}\right]d\widetilde{\beta}_i$$

$$(6-47)$$

其他情况时，$\widetilde{p}_i(\beta) = 0$      (6-48)

综上所述，当企业 i 通过竞标（服务价格）获得城市公用事业委托运营项目的特许经营权时，所竞标的服务价格等于符合个人理性的服务价格与单位服务量从 $\beta_i$ 到 $\beta_\varepsilon$ 的租金。

## 第三节　城市公用事业委托运营项目特许经营权竞标风险

相对于 BOT、TOT 等特许经营期较长的特许经营模式而言，城市公用事业委托运营项目的特许经营期较短，可控性和可操作性更强。

换言之，在特许经营权竞标过程中，相比于其他特许经营期较长的项目，城市公用事业委托运营项目的特许经营权竞标风险类别更少、风险程度更低。本部分将对特许经营权竞标过程中城市公用事业委托运营项目可能出现的风险进行分析。

### 一　低价或超低价中标可能挫伤管制者的积极性

相比城市公用事业 BOT、TOT 等特许经营期较长的项目，委托运营项目的特许经营期较短，特许经营权竞标机制较为简单。其中，服务价格的竞标机制更易造成低价或超低价中标，从而无法实现城市公用事业特许经营的融资属性、效率属性和可持续发展属性三重目标，失去了城市公用事业特许经营的现实意义。特别地，随着环保督查等强管制手段的升级，传统污染性、产能过剩以及僵尸企业将会退出市场或产业转型，由于城市公用事业具有稳定的收益属性，势必会成为产业转型的新战场。那么，根据产业发展策略，对于一些实力雄厚的企业，为了获得更大的生存空间，通过低价占领市场、扩大产业规模将成为发展的必然选择。现实中也出现了一些低价或超低价中标问题。为此，财政部出台《政府采购货物和服务招标投标管理办法》（财政部令第 87 号），明确提出，从 2017 年 10 月 1 日起，评标委员会认为投标人的报价明显低于其他通过符合性审查投标人的报价，有可能影响产品质量或者不能诚信履约的，应当要求其在评标现场合理的时间内提供书面说明，必要时提交相关证明材料；投标人不能证明其报价合理性的，评标委员会应当将其作为无效投标处理。该办法有效地规避了城市公用事业委托运营等领域的低价或超低价中标问题。但是，依然无法规避略高于成本但低于合理利润价格的出价问题，这在特许经营期内可能产生要挟政府提价或提供低质量产品或以退出为要挟等风险，一旦发生上述风险，将极大地挫伤地方政府通过委托运营模式等方式选择城市公用事业运营主体的积极性。

### 二　政企合谋或企业间合谋背离委托运营的目标

委托运营是在城市公用事业市场化过程中由传统的解决融资向提高效率转变的重要模式。从理论上看，特许经营的最低标准是解决融资，降低地方政府负债；中级标准是为了提高公共项目的效率；高级标准是促进城市公用事业的可持续发展。城市公用事业委托运营项目具有边界清晰、特许经营期较短的特征,这决定了该类项目的准入标准相对较低,满足委托运营项目要求的潜在投标企业数量相对较多。对一些示范性、影响性较大的城市公用事业委托运营项目而言,投标企业较多、竞争性较强,更有利于通过竞标的方式选择出高效率的特许经营企业。但是,由于多数委托运营项目多具有低收益属性、吸引力不强,在必须要求3家满足准入条件要求的企业参与投标方为有效的原则下,最感兴趣的投标主体势必会通过寻找"陪标"公司的方式,完成城市公用事业委托运营项目的招标流程。此外,由于城市公用事业委托运营项目的标的较小,"寻租"成本相对较低,价格和质量是政府部门偏好的主要信息。为此,一些投标企业试图采取"寻租"的方式获取对企业竞标更为有利的信息,从而增加多个竞标主体的非对称性竞争程度。上述两种情况,一方面造成了福利净损失;另一方面可能在利益驱动下,无法实现最优化社会福利下竞标主体选择的目标。因此,在城市公用事业委托运营过程中,需要更加重视合谋问题,通过制度创新,扼杀住合谋对城市公用事业委托运营的负面影响。

### 三 多主体间信息不对称可能产生低效竞标问题

与特许经营期较长的城市公用事业特许经营项目相比,委托运营项目的边界更加清晰。但是,如果政府或政府指定机构对项目边界信息采取有保留的公开策略,从而在政府或政府指定机构与潜在投标主体之间产生信息不对称问题。此外,在特许经营权竞标过程中,还存在政府与潜在投标主体、政府与项目公司、专业咨询机构与委托人以及政府与社会公众之间的信息不对称问题。其中,政府与潜在投标主体之间的信息不对称性表现为与潜在投标主体相比,政府对项目具有信息优势。同时,相对于潜在投标主体,政府对潜在投标主体的了解存在信息劣势。为此,可以通过政府的策略性行为或合同倾向项的方式,获取投标人信息、政府利用咨询机构专业知识以及投标人主动向政府传递自己的信息等方式,规避政府与潜在投标主体之间的信息不对称问题。同时,相对于潜在投标企业,政府对政策信息的预判性更强,但可能未将政策信息告知潜在投标企业,造成项目实施过程中出现设计变更,从而给项目公司带来一定的损失。此外,在专业咨询机构与委托人之间也会存在信息不对称问题,由于信息不对称性,委托人往往根据市场上的平均服务水平选择专业咨询机构,从而产生"柠檬市场"现象,即选择低于平均服务水平的咨询公司,进而在签订项目服务合同后,咨询公司在自身利益最大化的目标下,可能缺乏深入调研、提供可能结果的努力。显然,这需要完善咨询行业的法制建设,提高咨询行业的准入标准,建立有效的信息传递机制,以及建立行业协会、人才资格管理制度等激励和约束机制。而且,由于项目的公共性,政府为了政绩,维护自身形象,可能会隐瞒项目问题等信息,甚至欺骗公众,从而导致公众与政府之间关于项目信息上存在一定的不对称性。为此,需要建立政府信息公开机制,推进社会监督体制改革。在城市公用事业委托运营项目特许经营权竞标过程中,可能存在一系列的信息不对称问题,这为特许经营权竞标机制的优化选择以及投标企业最优方案的确定埋下了诸多隐患,最终可能产生低效甚至无效的中标结果。

### 四 准入条件的非合理设置扭曲了市场竞争程度

城市公用事业委托运营项目是边界条件最为清晰、可控性最强、吸引竞争主体最广泛的一类特许经营项目。在有效设置城市公用事业委托运营项目市场准入条件的前提下,通过设计最优化的特许经营权竞标机制,在竞标主体充分竞争的情况下,能够实现最优投标主体中标的目的。然而,在城市公用事业委托运营项目竞标实践中,可能出现忽视项目特征、城市特点和特定市场经济环境,而设置过低或过高的社会资本准入条件,这在一定程度上扭曲了市场竞争程度,带来非充分竞争或过度竞争问题,进而造成社会总福利损失,从而背离了各级政府推行城市公用事业委托运营项目的初衷。其中,过低或较低的市场准入条件是指对特定城市公用事业委托运营项目而言,应该包含但尚未包含的准入条件,从而造成社会福利净损失。如一些项目需要委托运营项目主体具备项目的工艺技术、设备水平、技术和经济指标的要求等,但在准入条件中出现缺项、漏项或某项指标数值要求过低的问题。而过高的市场准入条件包括出现对特定城市公用事业委托运营项目过高的准入条件和无关的准入条件两种。如对委托运营企业的最高资质要求,但有些小型城市公用事业委托运营企业可能更低的资质要求即可满足。此外,在一些项目中也出现了与项目无关的准入条件,如对投标企业有招商引资资金投入要求,有打包其他项目或辅助业务以及与本委托运营项目无关业务的要求等。显然,在城市公用事业委托运营项目运作过程中,过低或过高的准入标准设置,将会造成市场的弱竞争性或过度竞争性,在一定程度上扭曲市场竞争效应,从而造成社会福利净损失。为此,根据项目特征、城市特点和市场竞争环境等多重因素,设置合理的市场准入条件是城市公用事业委托运营项目市场化改革的重要前提。

## 第四节 城市公用事业委托运营项目特许经营权竞标机制应用

委托运营具有特许经营期短、可控性强等诸多优势,在经济发达国家,城市公用事业等领域应用较为广泛。随着融资问题的解决,效率与可持续发展问题将成为中国城市公用事业市场化改革的长期发展方向和追求目标。由于城市公用事业基础设施具有极强的公益属性,其基础设施长期被政府部门所控制,市场化削弱了政府对城市公用事业基础设施的控制力。随着中国经济的发展和区域不平衡的再平衡,以效率为导向、以政府对城市公用事业基础设施的极强可控性为特征的特许经营模式——委托运营将成为未来发展的重要模式之一。委托运营模式主要适用于物理外围及责任边界比较容易划分、运营管理需要专业化队伍和经验的城市公用事业基础设施;政府不急于套现设施投资,而着眼于提高设施运营管理和服务的质量;或者政府没有足够专业化队伍应对。为此,本部分将基于城市公用事业委托运营项目的基本特征,分别对竞标(质量)和竞标(服务价格)两类城市公用事业委托运营项目特许经营权竞标机制的应用性进行研究。

一　竞标（质量）委托运营项目特许经营权竞标机制的适用性

一般而言，在设置与项目特征相匹配的系列准入条件的前提下，产品或服务价格以及质量属性是政府或政府指定机构以及社会公众关注的重要指标。通过控制其他因素，选择竞标（质量）委托运营项目特许经营权竞标机制，在竞争充分的情况下，能够实现最优质量属性的企业中标城市公用事业委托运营项目的目的。从理论上说，竞标（质量）特许经营权竞标机制主要适用于在特许经营权竞标之前已经合理测算并确定特许经营期内的产品或服务价格，明确投标企业的准入标准的不涉及资产转让的项目。同时，地方政府或政府指定机构对城市公用产品或服务具有较高的偏好，旨在通过竞标方式选择提供最优质量的企业。此外，选择竞标（质量）特许经营权竞标机制的城市往往经济发展水平较高，相对于价格而言，更加偏好于产品或服务的质量。比如，在一系列的准入条件下，对经济较为发达的东部沿海地区的城市污水处理服务、城市供水服务、城市垃圾处理服务等委托运营项目而言，可以采用竞标（质量）特许经营权竞标机制，从而实现特许经营运营主体的优化选择。

二　竞标（服务价格）委托运营项目特许经营权竞标机制的适用性

在市场经济体制下，市场机制是资源配置的基础性力量。而价格是市场机制下实现资源优化配置的重要决策变量。通过挖掘价格潜能，建立满足特定前提下的多主体价格竞争机制，能够实现与特定城市公用事业委托运营项目所需相匹配的最少支付的策略组合。从中国城市公用产品价格定价与调价机制的过程来看，社会公众对价格因素最为敏感。如何实现满足城市公用产品或服务基本需求下的最低服务价格，成为缩小政府与社会公众以及社会公众与企业之间矛盾的重要选择方式。因此，竞标（服务价格）特许经营权竞标机制成为委托运营项目竞标的重要选择。该特许经营权竞标机制主要适用于对市场准入条件、满足特定项目需求的产品或服务质量属性等信息界定清晰，同时对服务价格较为敏感的城市公用事业委托运营项目。在其他条件

### 第六章　城市公用事业委托运营项目特许经营权竞标机制研究 ▏191

已知或不变以及竞争充分的前提下，通过甄别最低服务价格的机制①，能够实现高效投标企业中标的目的。一些对价格较为敏感、能够确认出最低或合理的产品或服务质量的城市公用事业委托运营项目，更加适用于该特许经营权竞标机制。此外，城市经济发展水平与竞标（服务价格）特许经营权竞标机制的选择并无必然联系，只要满足项目准入条件以及能够确定最低或合理质量标准的城市公用事业委托运营项目，都可以将竞标（服务价格）特许经营权竞标机制作为备选方案。

---

① 这里的最低服务价格并非低于成本价或低于成本与合理利润加成价格的价格，即超低价。

# 第七章 城市公用事业特许经营项目案例分析

20世纪80年代以来，中国城市公用事业特许经历了融资导向期和效率导向期的发展阶段，从城市公用事业特许经营的长期目标来看，可持续导向将成为城市公用事业特许经营的终极目标。从城市公用事业特许经营实践来看，在城市供水、城市污水处理、城市垃圾处理、城市管道燃气、城市供热等行业中出现了一些特许经营项目。其中，多数项目促进了城市公用事业的快速发展，增进了整体社会福利；但少数城市公用事业特许经营项目也产生了一些负面效应。为此，本章将对城市公用事业BOT项目、TOT项目以及委托运营项目中的典型案例进行分析。

## 第一节 城市公用事业BOT项目案例

在城市公用事业市场化改革过程中，BOT是应用最为广泛的特许经营模式之一。政府或政府指定机构推行城市公用事业BOT项目的初衷是缓解融资难题、改善政府财政资金不足带来的压力。自20世纪80年代，城市公用事业领域出现了一系列的BOT项目，这为地方政府招商引资、提高城市公用产品供给能力发挥了重要作用。未来一段时间内，提高供给能力依然是城市公用事业发展的首要问题，因此，BOT依然是一些城市公用事业特许经营项目的首选模式。分析城市公用事业BOT项目的优势和不足，将为深化推进BOT项目提供重要基础。为此，本部分将从项目概况、竞标过程、经验借鉴、存在问题等方面，对成都自来水厂六厂B厂BOT项目、黄石团城山污水处理厂

BOT项目以及苏州吴中静脉园垃圾焚烧发电BOT项目进行案例分析。

## 一 成都自来水厂六厂B厂BOT项目

成都自来水厂六厂B厂是原国家计划委员会审批的首个城市水务行业BOT模式的示范项目，该项目的实施对于推进西部城市水务行业市场化改革具有重要的现实意义和积极影响，但该项目在特许经营权竞标过程中也存在一些问题。为此，非常有必要对该项目的特许经营权竞标过程进行分析。

（一）项目概况

成都自来水厂六厂B厂BOT项目的特许经营是成都城市水务行业市场化改革的重要事件之一。20世纪90年代，随着城镇化和工业化进程的加快，成都城市水务行业的供需矛盾日益突出，为了满足居民对城市供水水量和水质的基本需求，成都市政府于1993年启动筹建成都自来水厂四期项目（以下简称"成都自来水厂六厂B厂项目"），但是，因为资金短缺，该工程一直处于停滞状态。成都市人民政府在争取国内银行和日元贷款失败后，开始向国家计划委员会提出申请，希望通过BOT模式兴建成都自来水厂六厂B厂项目，最终获得国家计划委员会的批准。成都自来水厂六厂B厂BOT项目主要包括建设80万立方米/日的取水工程、40万立方米/日的净水厂工程以及27千米的输水管道工程三个部分，该项目的最大设计供水能力为46万立方米/日，正常日供水能力为40万立方米/日。

（二）竞标过程

成都市人民政府在国家计划委员会允许成都自来水厂B厂六厂实施BOT模式后，开始委托招标代理人发布招标公告，整个过程严格按照国际特许经营权竞标的惯例进行。具体竞标过程如下：

1996年年初，成都市人民政府向国家计划委员会申请采用BOT模式建设成都自来水厂六厂B厂项目。

1997年1月，国家计划委员会正式批准该项目作为中国第一个城市供水BOT模式试点项目。

1997年4—8月，成都市人民政府在《人民日报》和《中国日报》上发布成都自来水厂六厂B厂的资格预审通告，共有29家境外公司（或联合体）购买资格预审文件，有10家境外公司（或联合体）向成都市人民政府递交资格预审文件。项目评标委员会①通过对申请人资格、能力以及业绩等方面的综合审查，确定7家公司（或联合体）具备单独或联合竞标资格，并发布竞标邀请。

1997年9月18日，成都市人民政府正式对外发售招标文件，通过预审资格的7家公司（或联合体）购买招标文件，成为潜在的投标人。

1997年10月20—23日，成都市人民政府组织潜在投标人对项目现场进行实地考察，增加潜在投标人对项目的了解。

1997年10月25日，成都市人民政府召开答疑会，对潜在投标企业的问题进行解答，并在投标截止日收到5个投标人递交的投标书。

1998年2月27日至3月18日，成都市人民政府成立专家组对5个投标人递交的标书进行评估。

1998年3月26日，专家组确定综合评分顺序依次为法国威立雅水务集团和日本丸红株式会社联合体、英国安格里昂有限公司和法国泰晤士水务集团。

1998年4月27日，成都市人民政府与得分最高的法国威望迪集团和日本丸红株式会社组成的联合体进行三轮谈判。

1998年7月12日，成都市人民政府与法国威望迪集团和日本丸红株式会社联合体草签项目的特许经营权协议以及相关附件。该项目总投资为1.076亿美元，30%为资本金，约3200万美元，由项目公司股东投入。其中，法国威立雅水务集团占60%，日本丸红株式会社占40%，其余70%的资本金由项目公司向亚洲开发银行和欧洲投资银行以及里昂信贷银行等5家商业银行进行融资。其中，向亚洲开发银行贷款2650万美元。

1999年8月11日，成都市人民政府与法国威立雅水务集团和日本丸红株式会社联合体在北京正式签署《特许经营权协议》。特许经营期为18年，其中建设期2.5年，运营期15.5年，供水价格为0.96

---

① 由原国家计委、成都政府和大地桥工咨询有限公司的官员和专家组成。

元/立方米，考虑价格上涨因素，整个特许经营期内的综合平均水价为1.27元/立方米。在18年的特许经营期内由项目公司负责融资、设计、建设、运营和维护，并在特许经营期满后无偿移交给成都市人民政府或政府指定机构。该项目的实施标志着中国利用BOT模式吸引外资发展城市水务基础设施取得了重要进展。

2002年2月11日，成都通用水务——丸红城镇水务有限公司通过竣工验收，正式投入商业运营。

（三）主要经验

成都自来水厂六厂B厂BOT项目通过公开竞标，吸引国外多家水务企业投标，最终提供最低供水价格的企业——法国威立雅水务集团和日本丸红株式会社联合体获得该项目的特许经营权，这不仅解决了项目的资金紧缺问题，还引进了先进技术和管理经验。因此，该项目的实施经验对于相关城市公用事业特许经营项目具有重要的现实意义。下面将对该项目的运作经验进行分析。

1. 具有规范公平的特许经营权竞标程序

成都自来水厂六厂B厂BOT项目在特许经营权竞标过程中，始终遵循公平、公正和公开原则，实行规范竞标，保证相对较低的水价和高效的服务。具体而言，该项目从立项、审批、招投标、签约、建设、验收、移交到正式投入商业运营的过程，十分规范，同时通过公开竞标特许经营权，最终将特许经营权配置给提供最低价格的法国威望迪集团和日本丸红株式会社的联合体。

2. 引进外国资本打破国有企业垄断经营

成都自来水厂六厂B厂是全国首批市政公用事业BOT模式试点项目，打破了完全由地方政府垄断经营城市水务设施的传统模式，通过特许经营权竞标，吸引国际知名水务公司进行投资，有效地解决了地方政府投资不足问题。该项目的顺利开展开创了外商投资城市水务行业的先例，对城市水务项目的市场化改革具有重要的借鉴意义。

3. 产权改革提高项目的技术和管理水平

成都自来水厂六厂B厂BOT项目的实施不仅解决了融资难题，也提升了项目的运营效率，提高了项目的管理能力。该项目在建设过程中重视功能性、概念性和节约性原则，最大限度地实现了工艺优化、土地面积优化和人员优化，从而降低了项目的投资和运营成本，提高了项目的投资效益。

（四）问题分析

尽管成都自来水厂六厂 B 厂项目解决了融资难题，引进了先进的技术和管理经验，但是，该项目在特许经营权竞标过程中也存在一些问题。具体表现为：

1. 政府主管部门对供水需求量的预测存在偏差

在成都自来水厂六厂 B 厂 BOT 项目建设期间，成都市进行了产业结构调整，推广城市节水，所以，该项目在运营期间的供水需求量并未大幅增加；相反，由于耗水型企业的搬迁、节水器具的推广以及居民节水意识的增强，成都市实际供水需求量不升反降。但是，依据项目的特许经营协议，成都市人民政府指定成都自来水总公司每日向成都自来水厂六厂 B 厂购水 40 万立方米，即使需求量小于 40 万立方米也需按 40 万立方米来支付水费。由于预测偏差，成都自来水六厂 B 厂 BOT 项目正式运营后，成都自来水总公司开始由盈利转为亏损，这极大地增加了政府的经济负担。

2. 网络型投资与非网络型设施捆绑投资的不合理性

由于城市供水涉及网络型投资和非网络型设施投资，一般需要"厂网分离"，政府负责管网投资建设，企业负责城市供水厂的建设和运营。但合同约定特许经营企业需要负责厂网的投资、建设以及运营维护工作。其中，1.076 亿美元总投资中的 60% 用于管网建设，这增加了项目公司的融资压力，也提高了城市供水价格，在一定程度上降低了消费者福利。

3. 行业主管部门并非特许经营协议的签约主体

成都自来水厂六厂 B 厂 BOT 项目的签约主体为成都市人民政府，而非行业主管部门，这将为 BOT 项目的实施、谈判以及运营监管埋下诸多隐患，大大增加政府与项目投资主体之间的信息不对称性，也提高了项目的融资难度和项目实施中的不可抗拒风险。因此，对城市供水等城市公用事业 BOT 项目而言，应该选择行业主管部门作为特许经营协议的签约主体，这样更有利于特许经营权竞标以及特许经营项目的有效管制。

## 二 黄石团城山污水处理厂 BOT 项目

为了改善安徽省黄石市城市污水处理行业的传统投融资体制，提高城市污水处理行业基础设施建设与运营绩效，黄石市人民政府决定对团城山污水处理厂推进以 BOT 模式为核心的特许经营。由于该项目在特许经营权竞标过程中存在竞标不充分问题，这可能背离最优化选择特许经营企业的目标。为此，本部分将从项目概况、竞标过程和主要问题三个方面出发，对黄石团城山污水处理厂 BOT 项目进行分析。

（一）项目概况

黄石市团城山污水处理厂服务于黄石市主城区团城山组团和老山陆组团，东至磁湖西岸，南至沿湖路，西至省拖，北至大泉路，规划到 2020 年服务人口 13 万人，服务面积 24 平方千米，规划建设总规模 8 万吨/天，分两期实施。其中，一期工程 4 万吨/天，设计工艺采用 $A^2O$＋深度处理工艺，出水水质执行《城镇污水处理厂污染物排放标准》（GB 18918—2002）一级 A 标准，预算总投资 1.04 亿元，一期工程于 2009 年 6 月开工，2010 年 10 月竣工。本项目的具体招商工作由黄石市市政公用局（以下简称招商人）负责。招商人通过公开招商方式选择投标人，由中标人以 BOT 方式投资、建设和运营黄石市团城山污水处理厂，特许经营期满后将污水处理设施无偿移交给黄石市人民政府或政府指定机构，包含建设期的特许经营期为 26 年。

（二）竞标过程

2009 年 5 月，启动黄山市团城山污水处理厂 BOT 项目的招商工作，由上海济邦咨询有限公司提供相应的咨询服务工作。

2009 年 6 月 3 日，在湖北省人民政府采购网和黄石市建设工程交易网上同时发布招商公告。报名截至 2009 年 6 月 9 日，共有 11 家企业报名，其中 6 家投资企业购买招商文件。

2009 年 6 月 26—27 日，招商人安排投资人勘查现场，投资人通过实地考察了解项目建设用地以及黄石城市发展等情况。

2009 年 7 月 20 日上午 10 时，中冶华天工程技术有限公司、湖北滨湖房地产开发有限公司与江苏鹏鹞集团有限公司联合体两个投资人递交了投资建议书。在黄石市纪委、黄石市政府采购中心以及黄石市市政公用局纪委的监督下，经过评审委员会的认真评审，中冶华天工程技术有限公司排名第一，湖北滨湖房地产开发有限公司与江苏鹏鹞集团有限公司联合体排名第二。评审结束后，招商人分别与中冶华天工程技术有限公司、湖北滨湖房地产开发有限公司与江苏鹏鹞集团有限公司联合体进行澄清谈判。招商人通过考察中冶华天工程技术有限公司，确认其投资实力和项目业绩后，并经过黄石市人民政府同意，最终确定中冶华天工程技术有限公司获得该项目的特许经营权。

2009年8—11月，由于黄石市团城山污水处理厂原规划选址处周边居民担心污水处理厂建设会对其身体健康和日常生活环境带来不良影响，极力反对开工建设。为此，整个污水处理厂厂址向南平移80米，污水处理系统全部加盖覆盖，上面进行植被绿化，这使项目建设增加投资1800万元。为了弥补中标企业额外增加投资所造成的损失，招商人与中冶华天工程技术有限公司对污水处理费的调整进行了谈判并达成一致意见。

2010年1月22日，招商人与中冶华天工程技术有限公司草签项目协议，随后中冶华天工程技术有限公司在黄石注册成立黄石市中冶水务有限公司，注册资本金2400万元。

2010年4月22日，招商人与黄石市中冶水务有限公司正式签署项目协议。

（三）主要问题

经济理论表明，在城市公用事业特许经营项目的竞标环节，竞争越充分，就越能提升运营企业的经济绩效。从黄石市团城山污水处理厂BOT项目特许经营权竞标来看，共有6家投资人购买了招标文件，但最后只有两家投资人参与竞标。由此可见，由于参与竞标的企业较少，难以形成有效竞争，从而增加了有效企业的选择难度，提高了项目无效中标风险。造成黄石市团城山污水处理厂BOT项目竞标不充分的原因主要有以下两个方面：第一，BOT项目主要涉及建设和运营两个环节，这提高了竞标企业的进入门槛，挤占了强建设能力、弱运营能力以及弱建设能力、强运营能力的企业进入空间。第二，该项目招标公告中明确允许联合体竞标，但要求联合体中的任何一方须具有环境污染治理设施运营资质（工业废水或生活污水类）以及过去五年在中国大陆地区至少存在一个成功的、规模不低于4万吨/日的二级城市污水处理厂BOT项目的建设与运营业绩，这显然提高了联合体的竞标门槛，排挤了一方具有建设能力、一方具有运营能力的企业。为此，建议政府管制者委托咨询公司明确特定城市公用事业特许经营项目的准入条件，减少过高准入标准带来的限制潜在竞争者行为，从而提升城市公用事业BOT项目的竞标活力，实现通过竞标选择最优特许经营企业的目的。

### 三 苏州吴中静脉园垃圾焚烧发电BOT项目

随着城市化和工业化进程的快速推进，以及外卖市场的快速发展，城市垃圾围城问题日益严峻，保护生态、营造人与自然和谐的自然环境，亟须建设与城市发展需求相适应的城市垃圾处理基础设施。其中，BOT模式是解决现有城市垃圾处理设施运营能力不足的一种重要方式。苏州吴中静脉园垃圾焚烧发电BOT项目具有一定的借鉴价值，为此，本书将从项目概况、运作方式和经验借鉴三个方面对苏州吴中静脉园垃圾焚烧发电BOT项目进行分析。[①]

#### （一）项目概况

进入21世纪，解决"垃圾围城"问题成为苏州市城市经济社会发展的重要任务。苏州市唯一的生活垃圾填埋场——七子山垃圾填埋场已无法承受每年近百吨的新增垃圾，为此，苏州市决定上马垃圾焚烧发电项目。在此背景下，苏州市人民政府通过对多个国内垃圾处理投资商进行全面考察后，最终选择与光大国际合作推进固体废弃物处置BOT项目，从而正式拉开了苏州市与社会资本在垃圾处理行业合作的序幕。苏州市垃圾焚烧发电项目由一、二、三期工程组成，总投资超过18亿元人民币，设计日处理规模为3550吨，年焚烧生活垃圾

---

[①] 本案例主要以国家发展和改革委员会PPP典型案例中"苏州市吴中静脉园垃圾焚烧发电BOT项目"的案例为基础，并进行一定的修改完善。

150万吨，上网电量4亿千瓦时，是目前国内已投运的最大生活垃圾焚烧发电厂之一。

（二）运作方式

1. 项目进度

2003年9月，苏州市人民政府与光大国际签署了《垃圾焚烧发电厂一期项目BOT合作协议》，项目特许经营期为25.5年（含建设期）。2006年7月，苏州垃圾焚烧发电一期工程建成并正式投运，苏州市生活垃圾处置格局由传统的、单一的填埋处置形式，转变为"填埋为主、焚烧为辅"的形式。2008年2月，垃圾焚烧发电二期工程开工建设，并于2009年5月建成投运。二期工程建成后，苏州市生活垃圾处理实现了"焚烧为主、填埋为辅"的基本模式。为了最大限度地保护生态环境，提高环境的承载能力，更好地实现经济社会的可持续发展和循环经济建设，苏州市人民政府与光大国际决定在原有成功合作的基础上，继续采用BOT合作方式，于2011年9月进行垃圾焚烧发电三期工程建设，并于2013年1月投入商业运行。至此，苏州市生活垃圾基本实现"全焚烧、零填埋"。

2. 各方主体

项目合作双方分别为苏州市人民政府和光大国际。选择光大国际作为合作者的考虑主要是其"中央企业、外资企业、上市公司、实业公司"的四重身份，具备较强的项目实施能力。项目由苏州市市政公用局代表市政府签约，光大国际方面由江苏苏能垃圾发电有限公司[后更名为光大环保能源（苏州）有限公司]签约。由苏州市市政公用局代表市政府授权该公司负责项目的投资、建设、运营、维护和移交。双方签订《苏州市垃圾处理服务特许权协议》，并于2006年、2007年、2009年分别就其中具体条款变更事项签订补充协议。项目分三期采用BOT方式建设，其中，一期工程项目特许经营期为25.5年（含建设期），二期工程特许经营期23年，三期工程设定建设期两年，并将整体项目合作期延长至2032年。

3. 收益机制

项目主要依靠经营净现金流收回投资，获得收益。项目收入主要由两个部分构成：第一，垃圾处理费。双方最初约定项目基期每吨垃圾处理费为 90 元，当年垃圾处理费在基期处理费基础上，按照江苏省统计局公布的居民消费品价格指数 CPI（累计变动 3% 的情况下）进行调整。后来，由于住房和城乡建设部调整城市垃圾处理收费标准、新建项目投运办法的原因，双方于 2006 年及之后多次签订补充协议，进行调整。第二，上网电价。上网电价部分执行有关标准，一期工程为 0.575 元/度，二、三期工程为 0.636 元/度。项目公司除负担正常经营支出外，还需要负担苏州市部分节能环保宣传费用。

4. 政府监管

苏州市人民政府建立了较为完善的政府监管体系，主要包括：第一，在项目所在地镇一级政府成立监管中心，对园区相关项目中的烟气、炉渣、飞灰等处置情况进行长期驻厂监管，由专人 24 小时负责联网监督重要生产数据。第二，对垃圾焚烧发电项目的所有烟气排放数据实行在线公布，并通过厂门口 60 平方米的电子显示屏向公众公示。同时，所有环保数据第一时间通过网络传输到环卫处监管中心，区、市环保局，实现政府对吴中静脉园垃圾焚烧发电 BOT 项目运行情况的实时监管。第三，政府部门每年两次委托市级以上政府环保监测机构对项目开展定期或不定期的常规烟气检测及二噁英检测，企业每年两次委托第三方对各项环境指标进行检测，确保项目运行过程中的环境安全。其中，二噁英每年检测四次，由江苏省环境监测站检测两次，项目公司自检两次，其他环境空气、生产废水、回用水检测频率已达到每月两次。从检测结果来看，各项烟气排放指标长期、稳定达到欧盟 2000 标准。

（三）经验借鉴

苏州吴中静脉园垃圾焚烧发电 BOT 项目在特许经营权竞标过程中，主要经验有以下三个方面：

1. 整合实施项目

城市垃圾处理由多个相对独立的环节组成，苏州吴中静脉园以垃圾焚烧发电项目为核心，将各种垃圾进行集中处理，有机整合炉渣、渗滤液、飞灰等危险废弃物处理等环节，形成了一体化项目群，有效地提高了项目的推进效率。各种废物在园区范围内均得到了有效的治理，生活垃圾焚烧产生的热量已向园区周边的一个用户供热，形成区内资源与外界资源的有机整合，大大提高了能源的综合利用程度。

2. 完善监督体系

项目建立了较为严格的监督制度，项目所在地镇政府对园区相关项目进行长期驻厂监管，专人24小时联网监的重要的生产数据；所有烟气排放均已实现在线公众公示；政府实时监管，项目还引入了第三方对各项环境指标进行检测，从而确保项目运行中的环境安全，如由江苏省环境监测站每年对二噁英检测四次等。

3. 兼顾各方利益

项目建设本着优化废弃物综合利用网络，从废弃物产生、收集、输送到转化处理各个技术环节进行全过程的优化，以实现经济、社会、环境效益的最大化目标。在时间上兼顾近期和远期，在空间上兼顾当地和周边地区，以吴中区为核心，辐射范围至苏州大市乃至长三角地区，从而实现各方利益的平衡与统一。

## 第二节　城市公用事业 TOT 项目案例

从城市公用事业特许经营实践来看，TOT 模式在城市污水处理行业应用最为广泛，这与我国城市公用事业基础设施的发展阶段以及行业之间的差异性关系密切。由于城市供水质量涉及生命安全，所以，在城市供水领域较少应用特许经营模式，一些已推进特许经营模式的城市供水项目出现了城市政府回购现象。对城市污水处理行业而言，多以 BOT 模式为主，一些城市由于污水处理厂建设较早，为了实现国有资产变现和选择高效运营企业的目标，多选择 TOT 模式。此外，由于垃圾处理行业起步较晚，多以 BOT 项目为主。基于此，本节将以城市污水处理行业为例，对 TOT 项目的典型案例进行分析。

### 一　合肥市王小郢污水处理厂 TOT 项目

合肥市王小郢污水处理厂是巢湖污染综合治理重点项目之一，是安徽省第一座大型城市污水处理厂,是中国最具影响力的城市污水处理 TOT 项目之一。在合肥市王小郢污水处理厂特许经营权转让过程中,聘请了多家专业咨询机构参与项目决策,科学评估污水处理厂的有形和无形资产。基于此,下面以合肥王小郢污水处理厂 TOT 项目为例,对其特许经营权的竞标过程、主要经验和存在问题进行分析。

(一) 项目概况

在推进王小郢污水处理厂 TOT 项目运营时,合肥市已建成王小郢污水处理厂、望塘污水处理厂、朱砖井污水处理厂、经开区污水处理厂、蔡田铺污水处理厂、塘西河污水处理厂、十五里河污水处理厂、职教城污水处理厂、科学城污水处理厂、野生动物园污水处理厂和小仓房污水处理厂 11 座污水处理厂,污水处理总规模达到 85.2 万吨/日,污水集中处理率 85% 以上。其中,合肥市王小郢污水处理厂位于合肥市东南部,是合肥市利用澳大利亚政府贷款、亚洲开发银行贷款和国债资金建设的市政基础设施,该厂是安徽省第一座大型污水处理厂,采用改良型氧化沟工艺,分两期建设,一期工程设计处理规模 15 万吨/日,总投资 2.3 亿元,于 1998 年建成投产;二期工程设计处理规模 15 万吨/日,总投资 4.2 亿元,于 2001 年建成投产,出水水质为 GB 18918—2002 一级 B 标准。该厂收水范围为老城区、西南郊、二里河地区、螺丝岗以及史家河等地区,服务面积 52.08 平方千米,服务人口 75.9 万。

合肥市王小郢污水处理厂建成后,需要日处理污泥 210 吨(按含水 80% 计),但由于资金和场地的限制,濒临停产。2002 年,建设部发布《关于加快市政公用行业市场化进程的意见》,允许民营和外资企业进入城市污水处理等市政公用事业。在该政策的指导下,合肥市人民政府按照国际惯例组织竞标,吸引国内外知名企业投标,并希望通过 TOT 模式选择优质企业运营合肥市王小郢污水处理项目。

(二) 竞标过程

合肥市王小郢污水处理项目通过 TOT 模式运作的基本流程如下:2002 年 12 月,合肥市人民政府组织有关部门编制招标建议方案;2003 年 1 月,合肥市人民政府邀请咨询公司投标,编制招标书,确定咨询服务内容和相关内容，综合对比竞标方案与商务报价确定咨询公司；2003年8月12日，合肥市人民政府决定对王小郢污水处理厂通过TOT模式公开招标，特许经营期为23年，污水处理费为0.75元/立方米；2003年9月，合肥市人民政府对咨询公司提供的方案进行对比，编制项目的建议书，并报国资委审批；2003年9月19日，该项目在合肥市产权交易中心网站、《中国日报》以及《中国建设报》上刊登了4个国家10多个投资商的资格预审公告；2003年9月至2004年3月，组建由市国资委、建委、城建投资公司以及相关专家组成的"合肥市王小郢污水处理厂资产权益转让项目办公室"（以下简称"项目转让办"），启动招标的具体工作，进行资产评估，编制招标文件，确定《特许经营权协议》《资产权益转让协议》和《污水处理服务协议》，并于2003年12月2日向通过资格预审的6家投标商发出招标函，最终有4家企业竞标合肥市王小郢污水处理项目；2004年2月20日，合肥市王小郢污水处理项目根据"固定单价，竞拍总价"的方式，在合肥市产权交易中心公开招投标，在中外4家投标单位中，按照转让价由高到低依次为德国柏林水务—东华工程联合体、天津创业环保股份有限公司、中环保—上实基建联合体、安徽国祯—珠海排水联合体，出价分别为4.8亿元人民币、4.5亿元人民币、4.3亿元人民币、3.69亿元人民币。随后，项目转让办组织专家对4家企业的技术、融资、法律及资产转让价格等方面进行评审，2004年3月5日，合肥市王小郢污水处理厂特许经营权转让项目的竞标排名依次为德国柏林水务—东华工程联合体、天津创业环保股份有限公司、中环保—上实基建联合体、安徽国祯—珠海排水联合体；2004年3月22日开始，项目转让办与柏林水务—东华工程联合体就《特许经营权协议》《资产权益转让协议》《污水处理服务协议》中内容进行谈判；2004年7月7日，合肥市政府将王小郢污水处理项目的特许经营权授予给柏林水务—东华工程联合体，溢价2.12亿元，并与其草签了《特许经营协议》《资产权益转让协议》和《污水处理服务协议》；2004年7月8日至12月20日，进入资产清点和设备设施的性能测试阶段，注册成立项目公司，组建转让小组，准备正式签约材料；2004

年 11 月 24 日，双方正式签署协议，根据协议规定，资产转让金额的 35% 来自项目公司股东的自有资金，65% 来自中国工商银行上海分行的贷款；2004 年 12 月 21 日，合肥市王小郢污水处理 TOT 项目正式运营。

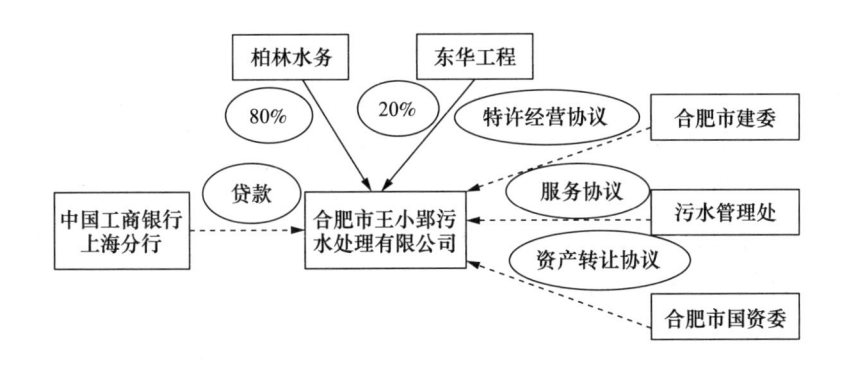

图 7-1　合肥市王小郢污水处理厂 TOT 项目运作模式

（三）经验借鉴

合肥市王小郢污水处理厂 TOT 项目是合肥市 2004 年城市公用事业市场化改革的重点项目和示范项目，是合肥市城市公用事业改革的全新尝试。通过在产权交易中心公开竞标，实行市场化运作，并将优质社会资本引入城市公用事业基础设施的建设和运营中，增加了城市公用事业基础设施的投资总额，提高了项目的运营效率和服务水平。因此，该项目的成功经验对于推进我国城市公用事业 TOT 项目具有重要的借鉴意义。

1. 竞标决策正确及时

2002 年 9 月 10 日，国家计划委员会、建设部和环保总局联合出台《关于推进城市污水、垃圾处理产业化发展意见的通知》，并明确提出，市场化是城市污水处理行业改革的基本方向。为了应对污泥处置资金和场地困难，以及加入世界贸易组织后的新形势可能对合肥市城市污水处理行业的影响，合肥市政府果断做出对王小郢污水处理厂实施 TOT 模式的决定，并依据公平、公正、公开的原则，运用特许经营权竞标机制，在合肥市产权交易中心公开竞标王小郢污水处理厂的特许经营权转让项目。

2. 组织机构设置合理

合肥市为了能够选择最有效率的特许经营企业，专门组建由市国资委、建委、城建投资公司以及相关专家等组成的"项目转让办"，明确各部门的职责和分工。其中，市建委作为转让工作牵头部门，负责竞标工作的组织与协调；财政、国资部门负责项目转让相关政策的制定与审批工作；产权交易中心作为项目招标人，负责组织招投标以及协调工作；城建投资公司作为资产占有方和项目招标委托人，做好相关配合与服务工作；北京大岳咨询公司作为该项目竞标咨询机构，为特许经营权竞标提供咨询服务；聘请北京君屹律师事务所、安徽亚泰君安律师事务所为项目转让提供法律服务；市纪检监察部门对该项目进行全面监督。

3. 项目程序操作规范

该项目操作严格执行公平、公正、公开的原则，具有较为规范的操作程序。主要表现在以下六个方面：

第一，竞标前期准备工作细致。根据建设部等发布的法规政策和项目目标，项目转让办精心编制项目建议书，科学评估特许经营权的价值，并制订原有事业单位改制方案和职工安置方案。

第二，扩大招标公告的发布范围。2003年9月18日，在合肥市产权交易中心网站、中国产权交易所网站、中国水网网站、《人民日报》（海外版）、《中国建设报》等重要媒介同时发布合肥市王小郢污水处理项目招标公告，还电话邀请感兴趣的企业参与竞标，增加项目竞标的竞争程度。

第三，资格预审严格有序。参与竞标的企业从技术力量、工程经验、财务状况、履约记录等方面提交预审文件，项目转让办组织专家进行评审，并于2003年11月20日公布7家企业通过资格预审。

第四，竞标公开。2004年2月20日，合肥市王小郢污水处理项目根据"固定单价，竞标总价"的方式，在合肥市产权交易中心公开竞标，在中外4家竞标企业中，转让价由高到低依次为德国柏林水务

—东华工程联合体、天津创业环保股份有限公司、中环保—上实基建联合体以及安徽国祯—珠海排水联合体。

第五，评标机制较为完备。为了能够在一定程度上弥补仅仅通过特许经营权转让无法选择特许经营企业的局限性，项目转让办组织专家从技术、融资、法律及资产转让价格等方面进行综合评价，并由合肥市纪律监督检查委员会负责全过程的监督。

第六，通过合同明确企业职责。从2004年3月11日开始，项目转让办与德国柏林水务—东华工程联合体就《特许经营权协议》《污水处理服务协议》和《资产权益转让协议》进行谈判，并于2004年11月24日签订上述有关协议。通过签订相关合同，实现了政府职能的转变，真正实现"政企分开、政资分开、政事分开"和"管养分离"的目标。

（四）问题分析

合肥市王小郢污水处理厂TOT项目通过公开竞标的方式选择特许经营企业，转变了政府职能，引进了国外先进的管理经验，实行了国有资产的保值增值，加快了国有资本的退出。但该项目在特许经营权竞标机制设计过程中也存在一些问题，这主要表现为"固定污水处理费，竞标转让价格"竞标机制在一定程度上损害了消费者福利。

"固定污水处理费，竞标转让价格"特许经营权竞标机制主要存在两个问题：其一，污水处理费的设定是否合理；其二，是否存在资产溢价现象。合肥市王小郢污水处理厂TOT项目将污水处理费设为0.75元/立方米，而当时的合肥市生活污水处理费标准是0.51元/立方米。显然，合肥王小郢污水处理厂TOT项目在特许经营前后，生活污水处理费不降反升。此外，溢价收购使政府主管部门和特许经营企业实现双赢，但损害了消费者的利益。据估算，合肥市王小郢污水处理厂TOT项目的转让底价为2.68亿元，实际转让价格为4.80亿元，特许经营期为23年，污水处理费为0.75元/立方米。按日均污水处理量24万吨/日（设计能力的80%）计算，平均而言，处理单位污水时需要分摊溢价金额为：

$$212000000 \div (23 \times 12 \times 30 \times 240000) = 0.1067(元)$$

同时，假设在特许经营期内合肥市生活污水处理费维持 0.51 元/立方米不变，那么，在特许经营期内，需要政府补贴的污水处理费总额为：

$(0.75-0.51) \times (23 \times 12 \times 30 \times 240000) = 4.77$（亿元）

综上所述，合肥市王小郢污水处理厂采用"固定污水处理费，竞标转让价格"的特许经营权竞标机制，不仅加剧了特许经营期内政府的补贴负担，而且由于溢价增加了消费者的压力。如果以"固定转让价格，竞标污水处理费"作为特许经营权竞标机制，转让价格可以维持不变，但会大大降低运行费用，减轻政府支付污水处理费的负担，公众支付也不会面临资产溢价所带来的压力。由此可见，"固定污水处理费，竞标转让价格"特许经营权竞标机制最终实现的目标是企业利润最大化、国有资产增值最大化，而非社会福利最大化。相反，如果选择"固定转让价格，竞标污水处理费"特许经营权竞标机制，能够实现社会福利最大化目标。

## 二 常州市城北污水处理厂 TOT 项目

常州市城北污水处理厂 TOT 项目为城市基础设施融资方式创新提供了有益的经验，是我国采用 TOT 模式进行项目融资的有益尝试。为此，本部分将从项目概况、竞标过程和项目经验三个方面对常州市城北污水处理厂 TOT 项目进行案例研究。

（一）项目概况

常州市城北污水处理厂始建于 1995 年，是常州市利用世界银行贷款建设的常州市污水治理一期工程的主体工程，隶属于常州市城市建设集团有限公司。该厂占地面积 5 公顷，设计处理能力达到 15 万立方米/日，采用 $A^2O$ 工艺，是当时常州市规模最大的二级强化城市污水处理厂。该厂分三期建设，每期污水处理规模分别为 5 万立方米/日，服务范围覆盖常州市区中部、北部、新北区以及常州市高新技术工业园区，于 2001 年全部建成投产，占地面积 168 亩，服务面积约为 50 平方千米，服务人口约 60 万。

常州市城北污水处理厂建成后由于受到资金、体制等因素的制约，传统运营管理模式难以满足城市发展的根本需要。为此，迫切需要引进外来投资者参与常州市城北污水处理厂的运营管理。2004年年初，常州市政府在总结2003年城市燃气合资项目成功经验的基础上，为了盘活国有存量资产，依据国家和江苏省人民政府的有关政策法规，常州市人民政府决定采用TOT模式向国内外投资者公开招标常州市城北污水处理厂的特许经营权。

（二）竞标过程

2004年6月26日，常州市人民政府同意对常州市城北污水处理厂采用公开招标的方式进行转让，并由常州市城乡建设局作为行业主管部门会同财政局、发改委、监察局组成项目领导小组，招标方为常州市城乡建设局、常州市城建集团和常州市排水管理处，分别代表行政主管部门、国有资产占有方和服务监管部门。特许经营期为20年，转让方式为TOT模式，转让总价为1.68亿元人民币，招商的主要标的为污水处理服务费。转让成功后，在特许经营期内，由中标人成立项目公司，负责项目的运行、维护和管理，并依据协议收取污水处理服务费，特许经营期满后，将常州市城北污水处理厂无偿移交给政府。该项目竞标过程具体如下：

1. 招标程序

（1）发布招标公告。2004年7月23日，根据常州市城北污水处理厂的实际情况，招标方在《中国建设报》等媒体发布招标信息。招标信息发布后，包括法国通用水务、深圳水务以及北京首创等近20家水务公司报名购买资格预审文件。

（2）进行资格预审。招标方在发售资格预审文件的同时，设定了参加资格预审的主要条件，根据事先设定的这些主要条件，最终有12家报名单位组成的8个投资人（或联合体）通过了资格预审。

（3）编制招商文件。招标方事先编制了详细、完善的招商文件，在招商文件中同步提供了《特许经营权协议》《经营权转让协议》和《污水处理服务协议》，对特许经营期内双方的权利义务、服务质量和政府监管等进行详细规定，明确了项目的实施范围、土地使用、转让期限、污水处理量、转让价款支付、污水处理单价调整、污水处理费计价方式、水质标准、污泥处置、重置和大修、项目设施移交、税收、人员安置和提前终止补偿14个项目转让的核心条件,并明确如果投标人对核心条件有实质性不响应,将作为废标处理。同时,招商文件详细描述了项目转让的法律、财务和程序要求,为投资人进行财务测算减少了不确定因素。①

(4)澄清答疑。在发布招标文件后,招标方组织投资人进行尽职调查和现场勘查,并分四个阶段对项目进行澄清,针对投资人的提问发出167条答复,使投资人对常州市城北污水处理厂项目以及招商文件有全面、准确的了解。该环节成为投资人按照招标文件撰写投标建议书的关键。

2. 评标程序

(1)投资建议书评审。2004年11月30日,共有5个投资人按时递交项目投资建议书(另外3个投资人未递交)。招标方组织专家对投资建议书进行评审,评审分为两个阶段:一是形式审查。主要审查投资建议书是否对招商文件有实质性不响应,如有则作为废标处理。二是专家评审。首先抽签确定专家评审委员会,然后按照财务、技术、法律和报价等内容,由评审委员会进行综合评分并确定排序。

(2)项目谈判与中标。2005年1月,招标方组织投资建议书评审的前3名投资人进行项目谈判,谈判持续3天。最终深圳水务(集团)有限公司在商务报价排名第三、综合评审排名第二的情况下,在最后谈判阶段凭借其全面、详尽、可行的技术方案及规范的运营管理方案中标,并于2005年2月3日草签协议,4月23日,正式成立项目公司并接管运行。

(3)特许经营协议签订。2005年4月,深圳水务先后与常州市城乡建设局、常州市城市建设(集团)有限公司和常州市排水管理处分别签订《特许经营权协议》《经营权转让协议》和《污水处理服务协议》。其中,常州市城乡建设局作为行业主管部门,代表常州市人民政府与深圳水务签署了《常州市城北污水处理厂经营权转让项目特

---

① 束惠萍:《常州市城北污水处理厂经营权转让思考》,《城市公用事业》2008年第1期。

许经营协议》，常州市城乡建设局授予深圳水务为常州市城北污水处理TOT项目的特许经营权。常州市城市建设（集团）有限公司作为常州市城北污水处理厂国有资产的授权管理单位，与项目公司签署了《常州市城北污水处理厂经营权转让协议》，将常州市城北污水处理厂的特许经营权转让给项目公司，转让总价1.68亿元。常州市排水管理处作为污水处理厂的监管机构，与项目公司签署《常州市城北污水处理厂和污水处理服务协议》，规定了排水管理处免费供应进水、保证水量以及项目公司连续提供污水处理服务、污水达标排放等义务和责任。

（三）项目经验

1. 竞标机制选择符合消费者权益

城市公用事业TOT项目的竞标机制主要分为两种：一种是固定经营权转让价格，竞标服务价格。另一种是固定服务价格，竞标经营权转让价格。在第一种方案中，如果转让价格的设定合理，可以鼓励投资者通过各种方案优化、提高管理水平来降低污水处理成本，使政府和公众能够少花钱而享受更好的服务。第二种方案往往产生资产溢价，但项目的投资回报是建立在特许经营期内较高服务费用的基础上的，实际上是将政府责任转嫁给社会公众和后一届甚至后几届政府。常州市城北污水处理厂TOT项目选择固定经营权转让价格、竞标初始服务价格，能够使社会公众成为项目特许经营后的最终受益者。

2. 是经营权转让而非产权转让

常州市城北污水处理厂TOT项目仅转让资产运营权，不涉及资产权转让，特许经营期满后，项目公司将常州市城北污水处理厂TOT项目无偿移交给政府。由于并未发生项目产权的变更，因此避免了资产所有者与经营者之间因资产评估而发生的争议，减少了讨价还价的环节，简化了常州市城北污水处理厂TOT项目到期移交的程序。

3. 合理设置边界条件

政府在招商文件中同步提供了《特许经营权协议》《经营权转让协议》和《污水处理服务协议》，对未来双方的权利义务、服务质量、政府监管等方面进行了详细规定，明确了项目的实施范围、土地使用、转让期限、污水处理量、转让价款支付、污水处理单价调整、污水处理费计价方式、水质标准、污泥处置、重置和大修、项目设施移交、税收、人员安置和提前终止补偿14个条件作为核心要件不可变更，这使投资人在进行财务测算时减少了诸多不确定因素。

4. 强化政府监管手段

常州市城乡建设局作为行政主管部门，在转让后的政府监管上，着重从监管思路、监管方式、监管内容和监管保障等方面界定监管机构与被监管企业的关系，明确政府监管主体职责和监管依据，建立了行政监管和合同监督两种机制。建设、国资、环保、物价等主管部门依据其行政职能对项目公司进行监管。在明确服务质量的前提下，通过设立监督员、日常监测、不定期抽查、定期评估、专项调查和举报等方式，对项目公司的服务质量进行监管，设置了较为全面的违约处理机制，从而有效地约束了常州市城北污水处理厂TOT项目公司的行为。

### 三　兰州市七里河安宁污水处理厂TOT项目

为了进一步提升兰州市城市污水处理效率，解决兰州市城市污水处理的资金难题，兰州市人民政府决定采用市场化招商的方式运营管理兰州市七里河安宁污水处理厂，以盘活城市存量资产，该项目的一些经验可为城市公用事业存量项目推进市场化改革提供一定的经验借鉴。为此，下面从项目概况、竞标过程和经验借鉴三个方面，对兰州市七里河安宁污水处理厂TOT项目进行案例分析。

（一）项目概况

兰州市七里河安宁污水处理厂位于兰州市安宁区北滨河西路411号，是兰州市城投环保水务有限责任公司下属的污水处理厂，非法人、非独立核算单位。兰州市七里河安宁污水处理厂占地面积15.1公顷，服务区域涵盖七里河区、安宁区城区内的工业废水和生活污水，服务面积42万平方千米，现有职工60人，为全国环保减排重点单位。兰州市七里河安宁污水处理厂于2007年10月通水联动试车，2008年5月开始试运行，2008年12月通过环保验收。该厂设计规模为20万立方米/日，主要包括污水处理厂1座，厂外3座泵站工程

（含过黄河水道）以及配套污水干管。污水处理工艺采用生物循环曝气活性污泥工艺；污泥处理工艺采用厌氧中温消化加机械浓缩于脱水，所产沼气用于发电及余热回收。出水水质按照《城镇污水处理厂污染物排放标准》（GB 18918—2002）一级 B 标准执行。为了盘活城市存量资产，进一步加大兰州市的污水处理力度，解决兰州市在城市污水处理方面的资金困难，引进先进的管理模式，兰州市人民政府决定对兰州市七里河安宁污水处理厂采用 TOT 的方式进行招商。

（二）竞标过程

2009 年 8 月 28 日，国信招标集团有限公司受兰州市城市建设管理委员会、兰州市城市投资发展有限公司、兰州市供排水市场化运作协调领导小组办公室的委托，对兰州市七里河安宁污水处理厂 TOT 项目（招标编号：GXTC－0905079）进行国内、国外公开招标，并通过中国建设工程招标网、中国招标网等媒体发布招标公告。要求投标人应具有独立资格的企业法人，或由两个法人组成的联合体；投标企业净资产为 2 亿元人民币或等值美元以上（以截至 2008 年 12 月 31 日经审计机构审计值为准），应有良好的财务状况，具有能够满足本项目运营的资金实力和融资能力；投标人应具有投资建设、运营日处理规模 10 万立方米（含）以上市政污水处理厂的业绩；投标人应无违法、违规和不良市场行为记录。

2009 年 9 月，法国威立雅水务集团、中铁一局、成都市排水有限责任公司等单位参与投标。经过专家评标和三轮谈判，最终确定成都市排水有限责任公司获得兰州市七里河安宁污水处理厂 TOT 项目的特许经营权，特许经营期从 2010—2039 年共 30 年，中标价为 4.96 亿元，期满后由对方将污水处理厂移交给政府方，其间政府方负责支付给运营管理商污水处理服务费。

2010 年 4 月 22 日，兰州市城市建设管理委员会与成都市排水有限责任公司正式签约。

2010 年 8 月 27 日，签署兰州市七里河安宁污水处理厂 TOT 项目《特许经营权协议》《经营权转让协议》和《污水处理服务协议》。

2010 年 9 月 20 日，双方经过近 5 个月的设备性能测试等准备工作，兰州市供排水市场化改革领导小组办公室在兰州市七里河安宁污水处理厂举行了移交仪式，由兰州市城市发展投资有限公司将该污水处理厂的运营管理权移交给成都市排水有限责任公司在兰州组建的项目公司——兰州兴蓉投资发展有限公司。

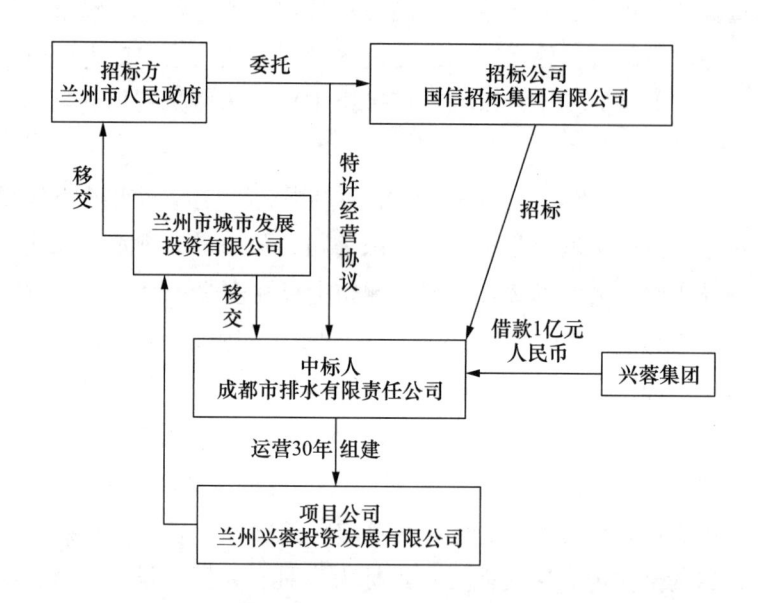

图 7-2　兰州市七里河安宁污水处理厂 TOT 项目的运作模式

（三）经验借鉴

1. 推行"评标+谈判"双保险模式

在城市公用事业特许经营权竞标过程中，多数项目利用评标机制选择中标企业，由于信息披露机制不健全和招投标双方的信息不对称，在实践中，直接根据评标结果选择特许经营企业，可能由于评标机制中的权重设置不合理，使低效率企业中标，从而在一定程度上增加了政府负担，降低了消费者福利。兰州市七里河安宁污水处理厂 TOT 项目，综合运用"评标+谈判"相结合的机制，有效地规避了单一方式可能带来的低效率问题，从而降低了招投标双方的信息不对称性，减少了特许经营期内可能带来的经营风险。

### 2. 低利率借款降低公司的融资成本

为了扩宽资金的来源渠道，降低公司的融资成本，成都市兴蓉投资股份有限公司的全资子公司成都市排水有限责任公司拟向公司控股股东成都市兴蓉集团借款 1 亿元人民币（委托贷款方式），用于补充流动资金。本次贷款金额人民币 1 亿元，贷款利率采用固定利率，年利率 4.78%，比同期同档次国家基准利率下浮 10%，贷款期限为 12 个月，贷款利息共计 478 万元。该借款能够有效增加公司的资金渠道，满足其对流动资金的需要并降低其财务费用。

### 3. 平价收购有助于运营期内维持合理的污水处理服务费水平

一般而言，城市公用事业 TOT 项目采取竞标特许经营权或资产转让价格机制时，往往导致资产溢价。过高的溢价率可能倒逼运营企业提高运营服务费，从而将溢价成本转嫁给政府或消费者。根据四川华衡资产评估有限公司对《成都市排水有限责任公司拟收购兰州市七里河安宁污水处理厂 TOT 项目 30 年特许经营权项目评估报告》（川华衡评报〔2010〕49 号），在评估基准日兰州市七里河安宁污水处理厂 TOT 项目 30 年的特许经营权的投资价值为 5.04 亿元，实际中标价格为 4.96 亿元，基本与项目投资价值持平，并未产生资产溢价。在运营服务费固定、调价机制有效情况下，非溢价收购更能激励中标企业提高运营效率和服务水平。

## 第三节 城市公用事业委托运营项目案例

从中国城市公用事业市场化改革的实践来看，BOT 和 TOT 项目的使用最为广泛。相比较而言，委托运营模式较为少见。从城市公用事业市场化改革的行业分布来看，委托运营模式在城市污水处理行业的应用较多，在其他行业较为少见。为此，本书将以城市污水处理行业为例，对常州市武进污水处理委托运营项目、深圳市光明污水处理委托运营项目和十堰市神定河污水处理委托运营项目进行分析。

## 一 常州市武进污水处理委托运营项目

随着中国城镇基础设施建设资金需求矛盾的日益缓解，城市公用事业市场化改革的重心将由招商引资，转向引进先进技术和提高管理效率上来，从而委托运营模式应运而生。其中，常州市武进污水处理委托运营项目具有典型性，为此，本书选择常州市武进污水处理委托运营项目为研究对象，并对其特许经营权竞标机制进行分析。

### （一）项目概况

江苏省常州市武进区共有15座城镇污水处理厂，处理规模为27.2万吨/日。2009年，常州市武进区政府决定通过公开招投标的方式，对城区污水处理厂、武南污水处理厂和邹区污水处理厂实施委托经营。其中，武进城区污水处理厂位于武进区政府所在地——湖塘镇，项目设计规模为8万吨/日，其中，一期于2002年建成，设计规模为4万吨/日；二期于2007年建成，设计规模为4万吨/日。该厂采用卡鲁赛尔氧化沟工艺，出水水质执行《太湖地区城镇污水处理厂及重点工业行业主要水污染排放限值》（DB32/T 1072—2007）。武南污水处理厂位于武进高新技术开发区，项目总规模为12万吨/日，一期于2008年底投产，设计规模为4万吨/日。该厂采用卡鲁赛尔氧化沟工艺，出水水质执行《城镇污水处理厂污染物排放标准》（GB18918—2002）一级A标准。邹庄污水处理厂位于武进邹庄镇，项目总规模为4万吨/日，一期于2008年年底投产，设计规模为1万吨/日。该厂采用$A^2O$工艺，出水水质执行《城镇污水处理厂污染物排放标准》（GB18918—2002）一级A标准。

### （二）竞标过程

常州市武进污水处理委托运营项目的典型特征是对小规模的污水处理厂捆绑委托运营。通过对特许经营权竞标的前期准备与后期评标，最终深圳大通水务有限公司获得该项目的特许经营权，污水处理费为0.385元/吨，同时实现一级A的排放标准。该项目按照规范的特许经营权竞标程序选择特许经营企业。

2008年11月16日，常州市武进区委托南京埃得尔咨询公司负责该项目的咨询，实现标准化作业、专业化代理。

2008年11月17日，在中国水网网站、中国水利水电市场网站等媒体发布《常州市武进污水处理厂委托运营项目招标公告》，至招标报名截止时间2008年11月20日，共有16家水务企业报名竞标。

2008年11月21—30日，武进区水务局（武进市污水处理厂的政府主管部门）鉴于报名投标的企业较多，为了能够选择最有效率的企业运营该项目，根据武进区污水处理行业发展的现实需要，结合委托运营的3家污水处理厂的实际运行情况，对报名竞标的16家企业的经营绩效、财务状况、法律状况等方面进行严格审查。通过资格预审，在16家报名竞标的企业中，只有8家企业符合要求，随后邀请8家企业购买招标文件。

2008年12月19日，共有7家企业提交标书，分别为法国威立雅水务集团、深圳市大通水务有限公司、深圳水务投资公司、美国金州环境集团、建工金源、北京建工环境发展有限公司以及安徽国祯环保节能科技股份有限公司。其中，深圳大通水务有限公司的竞标价格最低，仅为0.385元/吨；美国金州环境集团最高，达到0.74元/吨。

2008年12月20日至2009年1月31日，常州市武进区水务局聘请省内知名专家从项目的运营方案、财务方案、人事方案、法律方案等方面对7家企业进行评标。

2009年2月1日，常州市武进区水务局根据《武进市区污水处理厂委托运营项目招标文件》上卷《投标人须知》第三十三条规定，公布竞标企业得分先后顺序为深圳市大通水务有限公司、北京建工环境发展有限责任公司、安徽国祯环保节能科技股份有限公司，并接受投标人和水务市场的监督。

2009年2月12日至3月23日，常州市武进区水务局分别与深圳市大通水务有限公司、北京建工环境发展有限责任公司、安徽国祯环保节能科技股份有限公司对招标中设备重置、进水水质超标等重点问题进行谈判，最终确定污水处理费最低的深圳大通水务有限公司获得该项目的特许经营权。

2009年3月24日，常州市武进区水务局与深圳市大通水务有限公司草签项目合同。

2009年4月8日，深圳市大通水务有限公司在常州市武进区成立项目公司——常州市大通水务有限公司。

2009年4月12日，常州市武进区污水处理厂委托运营项目正式签约。

2009年4月30日，双方移交项目设施，项目公司正式接管3家污水处理厂。

（三）经验借鉴

常州市武进污水处理厂通过公开竞标，实施委托运营，选出污水处理费最低的企业作为项目的运营企业，提高了消费者福利。目前来看，该项目操作比较规范，效果较为明显，委托运营模式和竞标过程具有一定的借鉴意义。

1. 特许经营权较为充分的竞标环境

常州市武进污水处理委托运营项目成功的关键在于构建了充分竞争的特许经营权竞标环境。常州市武进区水务局确定对3家污水处理厂实施委托运营后，通过中国水网网站等媒体发布招标公告，并吸引了16家企业报名竞标，大大增加了竞标企业的竞争程度，提高了最有效率企业中标的概率。

2. 建立竞标企业的初步甄选与评价机制

通过科学甄选与评价竞标企业，能够降低不具备污水处理能力或次优企业获得特许经营权的风险。常州市武进区水务局组织有关专家设置多项指标，对竞标企业进行初步评价，这在一定程度上提高了项目成功的概率。

3. 通过谈判降低特许经营期内不确定性

为了尽可能地降低该项目在委托运营期间的不可预知因素，降低项目的运作风险，提升社会福利，常州市武进区水务局针对委托运营期间的不可控因素，如资产重置、进水水质等进行谈判，从而尽可能地降低常州市武进污水处理委托运营项目在特许经营期的风险，提高项目运作成功的概率。

综上所述，常州市武进污水处理委托运营项目通过应用特许经营权竞标机制，选择出了最有效率的企业，降低了单位污水的处理成本，委托运营企业的污水处理费仅为 0.385 元/吨，远低于其他城市以及武进区水务局预期的污水处理费，从而减轻了政府财政负担，促进了社会公众福祉的提升。

(四) 问题分析

常州市武进污水处理委托运营项目，由于污水处理费较低，为了实现保本微利的目标，需要项目公司不断改进生产工艺，降低成本。在成本降低空间有限的情况下，如果委托运营企业仍以利润最大化为目标，那么委托运营企业可能会降低出水水质。因此，对政府主管部门——常州市武进区水务局而言，需要强化政府监管，通过狠抓委托运营项目的产品或服务质量，从而使政府和消费者真正享受到污水处理费降低所带来的福利。

## 二 深圳市光明污水处理委托运营项目

根据《深圳市公用事业特许经营条例》，深圳市人民政府决定对政府投资建设的光明污水处理厂实施委托运营，通过公开招标方式向符合投标资格的企业法人进行特许经营权招标，以确定光明污水处理委托运营项目特许经营权的中标单位，并由其在深圳市设立具有法人资格、独立核算的全资项目子公司，具体负责光明污水处理厂项目设施的接收、运营维护和特许期满后的移交。该委托运营项目的特许经营权竞标机制以及竞标过程，对相关或类似项目具有一定的借鉴意义。为此，下面从项目概况、竞标过程和经验借鉴三个方面，对深圳光明污水处理委托运营项目进行案例分析。

(一) 项目概况[①]

深圳市光明污水处理厂是由深圳市政府投资建设的城市污水集中处理项目设施，该项目选址位于光明新区楼村，服务区域包括光明街道和公明街道北部部分地区，服务面积约为 55 平方千米，近期设计处理规模为 15 万立方米/日，近期雨季截留处理污水量为 3 立方米/秒，远期设计处理规模为 25 万立方米/日。污水处理采用强化脱氮除磷改良 $A^2O$ 工艺，深度处理采用 ABF 自动反冲洗滤池处理工艺，污

---

① 本书主要参考深圳市光明污水处理厂委托运营特许经营项目招标公告。

泥处理采用机械浓缩脱水离心一体机，除臭采用生物除臭法，污水消毒采用紫外线消毒技术。进厂污水经三级深度处理后就近排放至木墩河，出水水质要求达到国家《城镇污水处理厂污染物排放标准》（GB18918—2002）一级A标准，大气污染物排放须达到GB18918—2002一级标准。

经深圳市人民政府授权委托，深圳市水务局决定采用委托运营的方式对深圳市光明污水处理厂实施特许经营市场化运作。本次招标活动依据建设部《关于加快市政公用行业市场化进程的意见》《深圳市政公用事业特许经营管理办法》《深圳经济特区政府采购条例》《中华人民共和国政府采购法》《深圳市公用事业特许经营条例》和《深圳市排水条例》等法律法规实施。本次招标的目的是通过公开、公平、公正的竞争机制，择优确定城市水污染治理设施运营维护企业，促进深圳社会与环境的持续发展。本项目的特许经营期限为8年（不含设施接收期）。委托运营期满后，须将设施完备、运行良好的光明污水处理厂全厂近、远期项目设施一并无偿移交给政府或其指定单位。

本次招标的标的物为深圳市光明污水处理厂委托运营项目的特许经营权。通过公开招标选择出合适的中标运营商，并由其在深圳市全资设立具有独立法人资格、单独核算运营的项目公司，该项目公司将作为光明污水处理厂项目设施的特许运营商，获得深圳市人民政府授予的污水处理设施特许经营权，并在政府所规定的期限内以委托运营方式自行负责并承担以下经特许的污水处理经营业务。具体包括：①在市排水处的协调组织下，配合政府建设单位做好近期项目设施的调试及项目设施的工程建设及后期调试工作；②在市排水处远期协调安排下，完成对项目近、远期相关运营设施的交接验收工作；③中标污水处理厂厂区红线范围内项目近、远期设施，红线外包括由建设单位承建的进厂污水接驳主管线（管径D2000、长度约380米）及经处理后污水出水排放管线部门和项目所需供电供水、厂外道路等配套设施的运营管理和日常维护工作；④按照本项目委托运营合同的约定获得污水处理服务费；⑤在委托运营期满后，须将设施完备、运行良好的光明污水处理厂近、远期项目设施一并无偿移交给政府或指定单位。

（二）竞标过程

2009年12月21日16时至2010年1月18日9时30分，由深圳市政府采购中心通过中国采招网等发布深圳市光明污水处理厂委托运营项目招标公告。

2009年12月30日，对深圳市光明污水处理厂委托运营项目进行现场踏勘。

2010年1月21日，深圳市政府采购中心公布广东深圳市光明污水处理厂委托运营特许经营项目预中标公告，深圳市水务（集团）有限公司以0.36元/吨的污水处理服务费中标。

2010年5月21日，举行光明新区供水资源整合股权转让协议签约仪式。

（三）经验借鉴

从深圳市光明污水处理委托运营项目特许经营权竞标来看，并非采用单一价中标方式，而是对单一价中标机制进行了扩展，更具灵活性。为此，下面对深圳市光明污水处理委托运营项目特许经营权竞标过程中可供其他项目借鉴的经验进行分析。

1. 分类设计了城市污水处理服务费的标准

深圳市光明污水处理委托运营项目特许经营合同对污水处理服务费进行了分类设计。其中，明确了日进水量不超过设计处理能力时的应付服务费、一般超量污水处理情形的污水处理服务费、非雨季超过设施最大处理能力时的污水处理费和雨季超过设施最大处理能力时的污水处理费四种情形。同时，对不可抗力事件造成的停产补偿费用、暂停服务期间应付的停产补偿费用等进行了明确规定，从而有效地避免了因内外部条件变化所带来的政府与特许经营企业之间讨价还价成本的增加。

2. 本地企业中标特许经营权减少适应风险

深圳市水务（集团）有限公司是集自来水生产及输配业务、污水收集处理及排放业务、水务投资及运营、水务设施设计及建设等业务于一体的大型综合水务服务商。深圳市水务（集团）有限公司中标深圳市光明污水处理委托运营项目，极大地减少了外地企业运营前期的适应风险。同时，通过深圳市水务（集团）有限公司运营，能够有效地整合深圳市内城市水务行业，促进城市污水处理行业的集约化发展，有利于深圳市水务（集团）有限公司的做大做强。

### 三 十堰市神定河污水处理委托运营项目

十堰市神定河污水处理委托运营项目主要是解决膜工艺设备老化、实际污水处理能力较低的问题，该项目采取了邀请招标与竞争性谈判相结合的方式，选择出了最有效率的特许经营企业，实现了膜工艺改造的初衷，这为十堰市推进城市公用事业委托运营以及其他城市委托运营项目的特许经营权竞标提供了一定的参考。为此，下面从项目概况、竞标过程和经验借鉴三个方面，对十堰神定河污水处理委托运营项目进行分析。

（一）项目概况

十堰市神定河污水处理厂是南水北调中线水源区内第一座建成投产的污水处理厂，日污水处理能力16.5万吨，占十堰市排污总量的65%。2009—2013年，十堰市神定河污水处理厂在运行过程中，膜工艺设备老化严重，超过20%的膜丝已经损坏，部分膜在运行过程中已被阻塞，导致实际污水处理能力低于甚至远低于设计能力。为此，十堰市人民政府积极筹措资金，由十堰市神定河污水处理厂立即启动膜工艺设备更新改造，提升污水处理能力，尽快使其污水处理能力达到原设计能力。2013年8月，在十堰市"清水行动"实施方案关于开展污水处理厂、垃圾填埋场专项整治行动要求中，明确提出了推行污水处理厂第三方运营制度。

（二）竞标过程[①]

2014年1月初，十堰市神定河污水处理厂委托运营工作领导小组

---

① 本书主要参考《神定河污水处理厂委托碧水源运营》，《十堰日报》2014年4月11日；《十堰开启污水处理市场化之路神定河污水处理厂委托运营》，楚荆网，2014年4月13日。

决定选择邀请招标和竞争性谈判相结合的方式，共邀请北京城市排水集团、北京市碧水源科技股份有限公司、深港产学研环保公司参加委托运营项目的竞争性谈判。

2014年3月21日，十堰市专题研究神定河污水处理厂委托运营事宜，最终确定由北京市碧水源科技股份有限公司获得神定河污水处理厂委托运营项目的特许经营权。北京市碧水源科技股份有限公司研发出完全拥有自主知识产权的膜生物反应器（MBR）污水资源化技术，解决了膜生物反应器（MBR）三大国际技术难题，成为我国膜生物反应器（MBR）技术大规模应用的奠基者、污水资源化技术的开拓者和领先者，该公司具有丰富的管理经验。

2014年4月10日，十堰市政府与北京市碧水源科技股份有限公司签署湖北省十堰市神定河污水处理厂委托运营协议。根据协议，从2014年4月起，神定河污水处理厂正式委托碧水源公司运营，委托运营时间为8年。在此期间，北京市碧水源科技股份有限公司应保持拥有能良好运营污水处理厂的相应人员、技术和设备，并保持相应批文和资质的有效性；始终谨慎运营和维护所有项目设施，使其处于良好运营状态，确保神定河污水处理厂依照协议约定的标准处理污水。

（三）主要经验

湖北省十堰市神定河污水处理委托运营项目的成功推进，对十堰市各县（市、区）污水处理厂委托运营模式推广，步入市场化运营、集约化管理轨道，具有重要的引领作用。同时，邀请招标与竞争性谈判相结合，能够起到节约招标成本、提高有效竞标主体中标的概率，因此，可以为其他类似项目特许经营权竞标提供经验借鉴。

1. 以解决现实需求为导向选择委托运营企业

湖北省十堰市神定河污水处理厂进行委托运营的根本目标是解决长期以来的膜工艺设备老化严重、实际污水处理能力低于甚至远低于设计能力问题。为此，从邀请招标的企业中重点选择膜生物反应器（MBR）实力比较雄厚的企业，最终北京市碧水源科技股份有限公司获得该项目的特许经营权。由此可见，对一些亟须解决技术问题或管理难题的项目而言，选择委托运营项目更具针对性，所选择出的委托运营企业更利于增进社会福利。

2. 邀请招标与竞争性谈判结合选择中标企业

城市公用事业特许经营权竞标方式主要包括公开招标、邀请招标、竞争性谈判、竞争性磋商等多种方式，对特定城市公用事业特许经营项目而言，有时选择单一的竞标方式，有时综合运用两种方式。从湖北省十堰市神定河污水处理委托运营项目来看，由于特定的目标函数需求，所以，第一轮通过邀请招标方式，选择潜在竞标主体，从而极大地减少了与委托运营项目特征或需求不相匹配项目的中标概率。在此基础上，通过竞争性谈判方式选择特许经营项目的运作主体，既实现了价格的优化选择，也有助于质量属性的优化。为此，十堰市神定河污水处理委托运营项目的"邀请招标+竞争性谈判"相结合的方式，对其他类似项目特许经营主体选择具有借鉴意义。

# 第八章　城市公用事业特许经营项目的管制政策设计

在城市公用事业特许经营权竞标以及特许经营企业运营过程中，有效管制成为选择高效特许经营企业、提升运营效率的重要手段。竞标管制、合同管制、运行管制和退出管制是城市公用事业特许经营项目政府管制的核心内容。为此，本章将对上述问题展开研究，力求有针对性地设计出城市公用事业特许经营项目的管制政策，为城市公用事业特许经营企业选择和运营效率提升提供理论支撑。

## 第一节　城市公用事业特许经营项目的竞标管制

在城市公用事业特许经营过程中，竞标是特许经营企业选择的重要方式之一。随着我国城市公用事业市场化改革的深入，特许经营权竞标机制的运用和特许经营企业的选择方式日趋成熟，但是，在整个城市公用事业特许经营权竞标过程中，依然面临着一系列难题，制约着特许经营企业的选择和城市公用行业绩效的提升。在国家大力推进公用事业和基础设施特许经营的大背景下，非常有必要分析城市公用事业特许经营项目的竞标难题，并厘清竞标难题的形成机理，在此基础上，有针对性地提出完善城市公用事业特许经营项目竞标管制的政策建议。

### 一　城市公用事业特许经营项目竞标的主要难题

特许经营权竞标的规范性直接影响特许经营企业的选择效果。在城市公用事业特许经营权竞标实践中，依然存在一些竞标难题。本章将从招投标运行机制与平台建设、招标代理机构行为的规范性、项目招投票流于形式、竞标企业有效竞争程度以及特许经营权竞标机制合理性等方面对城市公用事业特许经营项目的竞标难题进行分析。

（一）招投标运行机制与平台建设不健全

在城市公用事业特许经营项目招投标过程中，招投标操作机构与招投标管制机构职能交叉、行业分割、多头管制现象依然存在，造成管制缺位、错位和不到位。同时，由于城市公用事业特许经营项目的行业管制主体没有制定相应的管制工作细则，增加了特定城市公用事业特许经营项目管制的随意性，从而造成招投标主客体往往将人为因素纳入招投标活动。对行政监督部门在招标、评标过程中的监督缺位、错位和不到位现象缺乏相应的责任追究制度，从而影响城市公用事业特许经营项目招投标工作的公开、公平、公正。此外，多数省份尚未建立以省份为单位的统一的综合性评标专家库，从而造成评标专家选择有失科学性，在一定程度上还存在地方封锁、行业分割等问题，降低了可选择的评标专家范围，甚至利益相关者进入评标专家组，从而增加了科学有效评标的难度，也增加了特许经营期内运营企业低效或无效运营的风险。

（二）招标代理机构行为的规范性有待提升

在城市公用事业特许经营项目招投标过程中，政府或行业主管部门为了有效地选择特许经营企业，委托招标代理机构负责项目招投标工作成为惯例。但在现实中招标代理机构行为的规范性依然有待提升。在城市公用事业特许经营项目招投标过程中，招标代理机构的不规范行为主要表现在以下四个方面：一是为了获取政府或行业主管部门的招标代理费用，帮助招标方通过各种手段内定中标人，从而扰乱正常的招投标市场秩序。二是招标代理机构与投标人合谋，泄露标底，获取意外"报酬"。三是一些招标代理机构内的从业人员技术水平和职业素质偏低，无法为委托人提供有效的代理服务。四是收费名目繁多，缺乏统一的收费标准。例如，招标文件费，收取费用在几百元乃至数千元不等，而投标方只能被迫接受。目前，招投标管制的对象主要是招标程序的透明化、合理化管制,而缺乏对招标内容的管制,这增加了城市公用事业特许经营项目选择有效特许经营企业的风险。

(三)项目招投标流于形式,形成无效竞标

特许经营权竞标机制运用和特许经营模式选择成为当前城市公用事业特许经营的重要议题。国家明确要求竞标是城市公用事业选择特许经营企业的重要方式之一。城市政府在推进城市公用事业特许经营的过程中,招投标成为应用最为广泛的方式。但由于特殊的地域环境和政企合谋等客观事实的存在,有些城市公用事业特许经营项目尚未采用招投标方式选择特许经营企业。而一些名义上采用招投标选择特许经营企业的城市公用事业特许经营项目,利用资格预审、推荐入围投标人、推荐评标专家以及评标办法中的人为因素等手段影响评标结果,形成明标暗定、"暗箱操作"现象,从而使招投标流于形式。正是由于形式招标的存在,使一些项目在特许经营权竞标过程中往往出现"劣币驱逐良币"的现象,从而增加特定城市公用事业特许经营项目的运营风险,违背了通过招投标方式选择特许经营主体从而实现提升效率和解决融资难题的初衷。

(四)竞标企业有效竞争程度不足,背离了城市公用事业特许经营目标

有效竞争是城市公用事业选择最有效率的特许经营企业运营主体的前提。但在城市公用事业特许经营实践过程中,往往由于竞争不足而背离了城市公用事业特许经营的目标。在城市公用事业特许经营竞标中,竞争不足主要表现在以下四个方面:

第一,信息不对称造成参与竞标的企业数量减少。招标文件中所提供的信息的准确度、招标文件发布的媒体影响力及其媒介范围、招标文件的公告时间长短等因素直接影响潜在竞标者的参与程度。在城市公用事业特许经营权招投标过程中,由于招标公告涵盖的信息较少,容易造成信息不对称,从而导致特许经营权竞标中的竞标企业参与动力不足。

第二,对存量城市公用事业特许经营项目而言,与在位企业相

比，潜在进入者具有信息劣势。在位者的信息优势往往形成潜在进入者的进入壁垒，从而阻止潜在进入者的进入，导致存量城市公用事业特许经营项目的竞标不充分。

第三，竞标企业之间合谋间接地减少了竞标企业数量。竞标企业之间合谋在城市公用事业特许经营项目中并不鲜见。特别地，当招标单位要求参与竞标主体为3家企业以上但潜在进入者数量低于3家时，潜在中标者往往寻找陪标单位，名义上增加竞标活力，实际上限制了招投标企业之间的公平竞争，最终损害招标人和其他投标人的切身利益。

第四，较差的经济外部环境限制了潜在竞标企业进入。如果特定城市公用事业特许经营项目所在地的经济发展水平较差且上升空间有限，同时对特许经营项目缺乏必要的激励机制（如保底服务量和优惠价格等），考虑特许经营期的利润可达程度，潜在进入者往往缺乏进入的动力。

（五）特许经营权竞标机制不合理现象时有发生

在城市公用事业特许经营权竞标过程中存在诸多机制，不同项目由于项目特征、所在城市特点以及政府管制者目标等的差异，理论上存在与其特征相适应的特许经营权竞标机制。但实践中由于项目自身劣势以及政企之间的博弈力量失衡等客观原因，常常出现背离特定城市公用事业特许经营项目的竞标机制。具体表现在以下四个方面：

第一，基于政府目标，将非竞标要素引入特许经营权竞标机制。如一些城市出于政府招商引资额度的考虑，在特许经营权竞标机制中往往加入特许经营企业外资投资额的条件，并将该项指标得分定得较高，从而增加了运营效率较高但外资到位额度较低的竞标企业中标的难度，这种情况在经济欠发达且政府出于招商引资目标考虑的城市更为多见。

第二，一些存量项目往往忽视效率原则是特许经营的最终目标，而片面地强调资产变现和国有资产的保值增值，从而产生多个资产溢价收购项目。事实表明，资产溢价收购所带来的溢价额度势必要转嫁给消费者或地方政府。

第三，特许经营合同中约定的初始定价与调价机制难以激励特许经营企业提高效率。定价与调价机制是建立在保本微利原则上的，缺乏与特许经营企业效率相挂钩的机制，从而难以促使特许经营企业提高效率。

第四，保底服务量增加了政府财政负担。在当前城市公用事业领域大力推进特许经营的背景下，一些省份开始出台具体城市公用行业特许经营时间表。对一些负荷率和日服务量均较低的项目而言，政府为了吸引潜在进入者实行特许经营，往往对其实施保底服务量，该机制在一定程度上为特许经营企业实现稳定收益提供了必要的保障。事实上，从已签订保底服务量的特许经营项目的运作现状来看，政府负担日益加重，并将负担转嫁给纳税人或消费者，最后高价回购成为政府无奈之举。

## 二 城市公用事业特许经营项目竞标难题的形成机理

在城市公用事业特许经营项目竞标过程中产生了一系列问题，从而增加了利用招投标方式选择高效特许经营企业的难度。为此，非常有必要对城市公用事业特许经营项目竞标难题的形成机理进行分析，从而更有针对性地提出提高城市公用事业特许经营项目有效竞标的政策建议。

（一）特许经营权竞标的管理体制与法规制度不健全

在城市公用事业特许经营项目的现行招投标体制下，政府、招标人、招标代理机构、评标专家、投标人等形成多重委托—代理关系，从而在初始委托人与招标人和投标人之间形成信息不对称。招标群体在利益的驱使下，易于形成合谋，内定中标者或直接提升服务价格，从而使政府和人民蒙受损失。目前，城市公用事业特许经营权竞标项目实施从决策、招投标、建设与运营管制仍在一个部门（建设部门）或系统内封闭完成，真正统一的招标管理机构或招标平台尚未建立，招投标管理与监督体制远未理顺，多头管制格局引发相互矛盾和职责推诿，往往造成管制不力。同时，城市公用事业特许经营权竞标的相关法规制度体系涉及法律法规、规范性文件和地方性政策三类。目前，这些法规制度体系还很不完善，特别是一些法规制度的可操作性不强。其中，由于城市公用事业招投标与工程项目招投标存在本质差异，不能将《中华人民共和国招投标法》作为城市公用事业特许经营权竞标的法律依据，而应该适时制定充分考虑城市公用事业共性特征与行业差异的竞标法规。

（二）特许经营权竞标的监督滞后与处罚力量薄弱并存

在城市公用事业特许经营权竞标过程中，特许经营权竞标依然存在监督滞后、处罚力量薄弱等问题。

第一，尚未形成统一完备的招投标管理体系，不同部门之间出台的法规、制度标准不一，甚至相互冲突，无法限制人为因素的影响。监察、审计和招投标管制机构等只负责招投标程序和结果的管制工作，而对招投标的内容、标底以及特许经营合同等的监督存在缺位，从而使城市公用事业招投标管理的后续监督工作出现真空，竞标企业之间拆借资质、非法转包、擅自变更合同等现象依然存在。

第二，招投标活动的行政主管部门既要管制招投标活动，又要受理投标人及其他利益相关人的投诉，以及对招标代理机构的认定，由于机构人员数量限制及业务范畴众多，造成监督力量分散。

第三，审计监督严重滞后，监督范围过小，审计整改难度较大。审计监督过程中存在多头管理、职能交叉、职能不清等问题，同时审计单位经费不足，为审计提前介入与过程审计增加难度。

第四，对违规行为的处理处罚只有警告、责令限期整改、罚款、没收违法所得或取消一定时期内参加投标、评标资格，难以有效地约束违规者行为。

（三）特许经营权竞标的招标文件编制与评标体系不完善

招标文件的编制和评标体系的完善程度及其能否适用于特定项目，是城市公用事业特许经营权竞标项目最优特许经营企业选择的关键。但在一些城市公用事业特许经营项目招投标过程中，招标文件编制的不合理与评标机制的不健全成为制约城市公用事业特许经营企业选择的重要因素。主要表现在以下两个方面：

第一，城市公用事业特许经营项目招标文件的编制主要涉及条款的全面性和内容的准确性两个方面。从城市公用事业特许经营项目招标文件的编制现状来看，一些项目的招标公告中包含的信息较少，由此造成项目招标人与投标人以及不同投标人之间的信息不对称。如一些项目的招标公告中只包含项目招标目的、采取的特许经营模式、项目服务范围和对参与竞标企业的一般要求，而缺少必要的答疑环节以及项目的负荷情况等的详细说明，从而增加竞标者的竞标风险和中标后运营特定城市公用事业特许经营项目的风险。

第二，一些城市公用事业特许经营项目的评标机制不健全。主要表现在评标指标体系设计不合理和各指标的比例不协调两个方面，其中，指标体系设计不合理主要是指一些应进入评标体系的指标没有进入和不该进入评标体系的指标进入两种情况。此外，技术标和商务标内的各个指标的权重应与特定城市公用事业特许经营项目相适应。但事实上，一些指标之间的权重失衡项目时有发生。由于城市公用事业特许经营权竞标中的评标指标体系缺损和指标权重失衡，往往导致难以选择有效的中标企业运营特定城市公用事业特许经营项目。

### 三 城市公用事业特许经营项目的竞标管制政策设计

本章在对城市公用事业特许经营项目竞标难题及其形成机理进行分析的基础上，力求从城市公用事业特许经营项目的竞标法规制度体系设计、竞标管制机构设置与权责配置、招标管制、投标管制和评标管制五个方面，建立健全城市公用事业特许经营项目的竞标管制政策。

（一）完善竞标法律法规制度体系

长期以来，我国招投标领域主要以建筑项目招投标为核心，目前已基本形成以《中华人民共和国招标投标法》为主，相关基本法律及相关法规、条例、规章为辅的，以建设工程招标投标为核心的法律制度。这些法规制度体系的建立，对促进相应行业的健康发展、惩处违法行为、规范工程建设行业起到了积极的促进作用。同时也对构建招投标的信用体系和管制机制提供有效的法律依据。但现有竞标法律法规制度体系的核心是建筑项目，大大降低了法律法规在具有运营环节的特许经营项目的适用性。在国家大力推行公用事业和基础设施特许经营背景下，需要着力推进城市公用事业特许经营权竞标机制设计与相关法律法规体系的建设工作。

第一，以《中华人民共和国招标投标法》为参照系，结合城市公用事业的行业属性，考虑城市公用事业特殊的运营性质，制定《城市公用事业特许经营招标投标管理办法》，从而为城市公用事业特许经营权竞标提供最适用的法律依据。同时，鉴于城市公用事业涉及多个行业，不同行业的技术经济特征或多或少地存在差异，考虑法律法规与项目特征的匹配性，同时结合近年来各城市公用行业特许经营模式的差异和变化特征，建议由住房和城乡建设部牵头出台或修订各城市公用行业的特许经营协议示范文本，从而为城市公用事业特许经营权竞标提供必要的法律依据。此外，为便于各省份落实城市公用事业特许经营权竞标政策，建议各省份结合国家及部委出台的相关政策，建立适应地区发展实际的管理办法、规范性文件等地方法规。

第二，明确不同性质企业参与竞标的平等机制与外资并购审查制度。近年来，国家大力推进社会资本通过PPP方式参与城市公用事业的融资、建设、运营等环节。社会资本形式多样，既可以是民营资本，也可以是国有资本，还可以是外国资本。在社会资本进入城市公用事业领域参与竞标的过程中，建议国家和地方出台相应法规，明确产权性质与竞标企业中标的无关性，同时避免对非国有资本进入城市公用事业相关领域给予不必要的歧视。此外，考虑城市公用事业的公共利益属性，在外资参与城市公用事业特定产品或服务时，可能造成资产和产品的安全风险，为此，建议依据《关于建立外国投资者并购境内企业安全审查制度的通知》（国办发〔2011〕6号），由住房和城乡建设部、商务部等部门联合出台《城市公用事业领域外资并购境内企业安全审查制度》。

第三，取消产品招投标所采用的"经评审的最低投标价法"，建议采用"经评审的低于平均投标价法"的办法实施招投标。《中华人民共和国招标投标法》第四十一条规定："中标人的投标应当符合下列条件之一：（一）能够最大限度地满足招标文件中规定的各项综合评价标准；（二）能够满足招标文件的实质性要求，并且经评审的投标价格最低；但是投标价格低于成本的除外。"此外，我国《评标委员会和评标方法暂行规定》第二十九条也明确规定:"评标方法包括经评审的最低投标价法、综合评估法或者法律、行政法规允许的其他评标方法。"因此,我国现阶段采用的评标方法主要分为综合评估法和经评审的最低投标价法两类。然而,国家层面的法律法规却没有明确"经评审的最低投标价法"的适用范围和前提条件,也没有界定"投标价格低于成本"的具体情形和标准,这就导致部分应当进行技术、商务和价格综合评审的招标项目,为了谋取最大限度的节资率,错用和滥用了最低价中标办法,在适用时忽视了"能够满足招标文件的实质性要求"的条件,一律以低价为标准来衡量所有投标人的履约能力。即使发现投标人报价过低,也未能启动价格认定程序,造成低价中标。实践中发现,一些投标人为了中标,不惜低于成本报价,中标后则采取偷工减料、高价索赔等方式来弥补损失,有的甚至以停工、延期竣工等手段迫使招标人增加费用,从而获得额外盈利。为此,建议取消产品招投标所采用的"经评审的最低投标价法",建议采用"经评审的低于平均投标价法"的办法实施招投标。对城市公用事业特定产品或服务招标可以略高于平均投标价中标。同时,进一步完善招投标规范性文件的条款设置,制定实施细则,提高可操作性。

第四,建立城市公用事业特许经营项目招投标信用体系。信用体系缺失主要表现在投标人与招标人合谋、招标人向投标人泄露标底、招标人在开标前私自开启投标文件并将投标情况告知其他投标人、招标人明示或者暗示投标人压低或者抬高投标报价、招标人与投标人之间其他违反法律、法规串通投标的行为。再如投标人相互串通投标、围标:投标人之间相互约定抬高或者压低投标报价;投标人之间事先约定中标者,并以此为策略参加投标并进行围标;借资质或者以他人名义投标,投标人之间其他违反法律、法规串通投标的行为;投标人向招标人或者评标委员会专家成员行贿等不良行为和违法行为。为此,建议由住房和城乡建设部等多部门联合出台《城市公用事业招投标信用管制政策》,从而为违背信用体系的招投标双方行为建立约束机制。

## (二) 健全竞标管制机构与权责配置

目前，我国城市公用事业特许经营权竞标管制机构多由所在城市建设行政主管部门组织实施，这与《市政公用事业特许经营管理办法》中规定"国务院建设主管部门负责全国市政公用事业特许经营活动的指导和监督工作，省、自治区人民政府建设主管部门负责本行政区域内的市政公用事业特许经营活动的指导和监督工作，直辖市、市、县人民政府市政公用事业主管部门依据本级人民政府的授权，负责本行政区域内的市政公用事业特许经营的具体实施"的相关要求相一致。但一些城市中也出现由城管、发改、水利、环保等部门负责城市公用事业特许经营项目的招投标工作。由于城市公用事业涉及多个行业，不同行业的主管部门存在一定的差异，综合来看，当前城市公用事业特许经营权竞标管制机构设置的典型特征是"分散竞标、分类管制、管办合一"，难以形成合力。为此，本书建议建立"统一管制、综合执法、管办分离"的城市公用事业竞标管制机构新模式。

建立以城市为单元的集中、独立的城市公用事业特许经营权竞标管制机构。该机构是与所在城市住房和城乡建设局（委）、城市环保局等部门相平行的机构，由其负责全市城市公用事业相关特许经营项目招投标的信息发布、交易服务和集中管制，形成集上述职能于一体的招投标交易服务市场。由其建立全市综合性和行业性的专家资源库，便于特定城市公用事业特许经营权竞标项目的专家抽选。规范从业人员的廉洁自律，对其实施竞标全过程的监督。具体而言，将城市公用事业等公共资源项目统一纳入竞标交易平台，整合住建、交通、水利等行业原有的招标办职能和政府采购职能，成立具有综合管制职能的机构，实行统一管制。由新成立的部门实行综合执法，发改、土地、规划、住建、城管、交通、水利等行政主管部门安排专人驻场办公。招标人组织实施，评标专家独立评标，机构统一管制，纪检监察机关执法监察。通过专业化、独立性的管制机构的建立和配置相应职能，从而实现"统一管制、综合执法、管办分离"的目标。

## (三) 强化对项目招标的管制

招标阶段是城市公用事业特许经营权竞标的初始阶段，为选择最有效率的特许经营企业运营特定城市公用事业特许经营项目，需要从招标方式、招标文件和招标代理机构选择三个方面来强化对城市公用事业特许经营权竞标项目的管制。

第一，依据项目特征，合理选择公开招标和邀请招标方式。公开招标是指招标人以招标公告的方式邀请不特定法人或者其他组织投标。邀请招标是指招标人以投标邀请书的方式邀请特定法人或者其他组织投标。公开招标和邀请招标存在以下差异：①信息发布渠道不同。公开招标是招标人在报纸、电视、广播等公众媒体发布招标公告；邀请招标是招标人以信函、电信、传真等方式发出邀请书。②招标人可选择范围不同。公开招标时，一切符合招标条件的企业均可参与投标，招标人可以在众多投标人中依据竞标机制选择特许经营企业；邀请招标时，仅有接到邀请书的企业可以投标，缩小了招标人的选择范围，可能会将有实力的竞争者排除在外。③适用范围不同。公开招标具有较强的公开性和竞争性，是城市公用事业特许经营项目采用的主要方式；邀请招标适用于技术复杂、有特殊要求或者自然条件限制，只有少数潜在投标者可供选择，以及根据国家规定不宜公开招标的城市公用事业特许经营项目。采用邀请招标方式的，招标人应向三家以上具备承担招标项目能力、资信良好的特定法人或其他组织发出投标邀请书。一般而言，城市公用事业特许经营项目除上述特殊条件外，原则上采用公开招标方式选择特许经营企业。

第二，招标人应编制与特许经营项目相匹配的招标文件。招标文件是指由招标人或招标代理机构编制并向潜在投标人发售的明确资格条件、合同条款、评标方法和投标文件相应格式的文件。一般而言，城市公用事业特许经营项目的招标文件应包含下列内容：①招标公告；②投标须知；③合同条件；④合同协议条款；⑤技术规范；⑥投标书；⑦资质和相关资料；⑧技术图纸和附件；等等。其中，投标须知中主要包括总则、招标文件、投标文件、开标、评标、公开招标失败的后续处理、合同的授予和质疑处理等内容。尽管招标文件为城市公用事业特许经营权竞标提供范本文件，但对特定城市公用事业特许经营项目而言，可在招标公告、评标指标体系选择与权重设定等方面，建立个性化、差异性的城市公用事业特许经营项目的招标文件。

第三，通过竞标方式选择合适的城市公用事业特许经营项目招标代理机构。长期以来，我国尚未形成招标代理机构的公开竞争平台，招标代理机构的选择缺乏明确的制度规范和评判标准。许多代理机构仍然以托朋友、找关系为承接代理业务的通行做法，扰乱了公平代理的竞争秩序。为此，建议政府在选择城市公用事业特许经营权竞标项目的代理机构时，采用公开招标方式，让诸多招标代理机构公平竞争，从而选择专用性强、服务水平高、招标业绩好的代理机构。

（四）加强对项目投标的管制

在城市公用事业特许经营项目投标过程中，除编制投标文件外，更为重要的是，需要政府管制部门对招标人和投标人以及投标人之间的合谋行为、投标人为提高中标概率寻求恶意低价竞标行为以及对投标人失信行为进行管制。

第一，通过政府管制降低城市公用事业特许经营项目竞标过程中合谋行为的发生概率。合谋是导致城市公用事业特许经营项目低效率的重要原因之一。城市公用事业特许经营权竞标过程中的合谋行为主要有招标人和投标人之间的纵向合谋以及投标人之间的横向合谋行为两类。其中，招标人和投标人之间的纵向合谋容易使投标人陷入囚徒困境，损害初始委托人的利益。[1] 而招标人之间的合谋行为会抬高特许经营项目的产品或服务的单位价格或费用，进而损害消费者福利或增加政府财政负担。为此，需要设计适宜的管制机制规避城市公用事业特许经营权竞标过程中的合谋行为。降低城市公用事业特许经营项目竞标过程中合谋行为的发生概率需要尽量减弱甚至消除代理人的逆向选择和道德风险。为此，在考虑城市公用事业特许经营项目特征的前提下，优先选择竞标最低特许经营项目服务价格或服务费的方式，从而规避纵向合谋和横向合谋。同时，通过将招标者变成剩余索取权和剩余控制权的获益者，从而降低纵向合谋的发生概率。此外，通过

---

[1] 赵振铣、向强：《防范政府投资项目招投标纵向串谋的机制设计》，《财经科学》2005年第1期。

公众参与机制和社会监督体系的建立，降低横向会谋和纵向合谋的发生概率。

第二，运用价格管制手段避免最低价中标机制中出现恶意低价情况。在城市公用事业特许经营项目选择最低价中标机制中，若无最低价格限制将可能导致一些竞标企业采取初始价格的恶意低价策略，一旦中标在特许经营期内会基于调价公式，利用政府对城市公用事业采取的"保本微利"原则的价格制定机制，倒逼政府提价，从而损害政府信誉和消费者福利。因此，在最低价格限制机制缺乏的情况下，竞标企业若采取恶意低价策略，则中标企业往往是次优企业甚至是低效企业，无法实现通过竞标机制选择高效特许经营企业的目标。为此，本书建议若政府选择单价竞标机制，则需要依据项目特征、测算的特许经营期、预期收益等情况估算服务价格，以此为依据进行适当调整作为特定城市公用事业特许经营权竞标项目的指导价，凡低于指导价一定比例的，即视为低于成本价，以此作为招标项目的价格评审依据，避免行业内竞相压价、恶意竞争情况的发生。

第三，建立失信惩罚机制规避竞标企业的失信行为。通过建立严格的市场准入机制，倒逼失信企业退出竞标市场。其中，对涉及挂靠投标、非法转包、违法分包、合谋投标、虚假投标，发生过严重质量、安全事故和严重投标失信、履约失信、行贿受贿行为的投标人，以及违法违规的检测机构和人员，要依法做出严肃处理，将其拉入黑名单，限制其再次参与城市公用事业特许经营项目的招投标。同时，对资质较好、信誉度较高的诚信单位应给予一定的政策支持，从而促进城市公用事业特许经营项目招投标工作的健康发展。

（五）优化项目的评标指标体系与评分办法

城市公用事业特许经营企业的选择是以特定的特许经营权竞标机制为基础，不同竞标机制的理论模型转化为实践需要建立与其相匹配的评标体系和权重配置。在城市公用事业特许经营实践中，政府管制者或招标人出于主观需要往往设计出偏好于主观意愿的指标体系和权重，在一定程度上可能违背以效率为原则的特许经营权竞标初衷。为此，有必要根据项目特征建立与其相适应的评标体系，同时根据特许经营企业的选择目标来确定不同指标的权重。

第一,根据项目竞标机制不同、是否为新建项目、是否涉及特许经营权转让或资产权转让,合理建立城市公用事业特许经营项目的评标指标体系。在对具体城市公用事业特许经营项目进行评标时,需要重点考虑社会效益指标、投标联营体指标和项目成本指标。社会效益指标主要反映城市公用事业特许经营项目的社会效益,在评标时应主要考察投标者基于政府或其代理机构所发布招标文件而提出的方案优化或改进方案,包括项目的建设、运营、服务、维护水平的提高,对项目影响区域的经济促进作用,项目环境保护措施和项目安全管理措施等。投标联营体指标主要反映投标企业的基本情况,包括项目投标联营体各方的资信情况、社会声誉和业界声誉、企业组合搭配、财务状况、业绩情况以及投标担保等。项目成本指标包括特许经营期限、建设成本、运营成本、融资成本(可折算为单位产量或服务的综合成本或收费价格)以及投资回报率等。

第二,采用客观赋权为主导、主观赋权为指导的双重机制,实现科学赋权。由于在城市公用事业特许经营项目评标中需要事先确定权重,通过专家现场评分方式确定中标企业。为此,需要在特许经营权竞标前确定评标指标权重。在城市公用事业特许经营项目评标实践中,往往采用主观赋权机制。从理论上看,无论是主观赋权,还是客观赋权都存在一定的缺陷,本书建议采用主客观综合集成赋权法,从而规避单纯运用主观赋权机制和客观赋权机制的局限性。为此,本书建议选择三种主客观综合集成赋权法中的一种,通过数值模拟手段,对城市公用事业特许经营项目竞标机制进行赋权。其中,主客观综合集成赋权法主要包括:将各评价对象的综合评价值最大化作为目标函数,在单位化约束条件下的综合集成赋权法;极小化可能权重与各基本权重间偏差,基于博弈论思想的综合集成赋权法;使各评价对象综合评价值尽可能地拉开档次,将各决策方案的综合评价值尽可能分散作为指导思想,以离差平方和为核心的综合集成赋权法。

## 第二节　城市公用事业特许经营项目的协议管制

特许经营协议或特许经营合同并非单纯意义上的行政合同或民事合同，它兼具行政合同与民事合同的特征，体现的法律关系更符合经济法的调整对象，因此是经济合同。① 对城市公用事业特许经营协议的管制主要涉及初始定价与调价机制、保质保量与持续供应、升级改造的责权关系、正常退出与非正常退出以及强化对管制者的管制五方面，为此，本节将对上述五方面进行重点分析。

### 一　初始定价与调价机制

城市公用事业涉及城市供水、污水处理、垃圾处理、管道燃气、城市供热、公共交通等多个行业，不同行业的技术经济特征之间存在一定的差异，同一行业不同项目之间也存在一定的差异，为此，应根据行业特点、项目特征以及城市差异等情况，分类建立城市公用事业特许经营权竞标项目的初始价格，确定与特许经营期的调价机制。

本书第四章至第六章基于城市公用事业 BOT 项目、TOT 项目和委托运营项目分类设计了特许经营权竞标机制，由于决策变量的差异会带来初始价格决定机制的差异。归纳起来，城市公用事业特许经营权竞标项目的初始价格决定机制主要有两类：一类是服务价格不作为竞标机制的决策变量而是外生变量，初始服务价格由政府或委托机构综合考虑多种因素进行测算，并将其作为固定初始服务价格。另一类是将服务价格作为城市公用事业特许经营权竞标机制的决策变量，在最低服务价格的约束下，通过投标企业竞争形成最优的初始服务价格。

---

① 冉洁：《试析市政公用事业特许经营合同的法律性质》，《城乡建设》2008 年第 4 期。

在城市公用事业特许经营权竞标过程中，测算最低服务价格是其中的一项重要内容，即使对竞标服务价格的机制，为了防止恶意低价中标现象的出现，也需要对其进行最低服务价格报价的限制。关于最低服务价格的测算，本书建议政府或行业主管部门委托有经验的招标代理公司，由其根据项目的特许经营期、初始建设投资、年运营成本等数据的预测值，在充分考虑通货膨胀率和银行贷款利率的前提下，构建考虑时间因素的动态最低服务价格模型，求解最低服务价格，并将其作为城市公用事业非竞标服务价格项目的服务价格，以及竞标服务价格项目的最低限制价格。同时，由于实际服务量与设计能力和合同规定服务量之间存在一定的差异，为此，在特许经营协议中需要明确实际服务能力小于设计能力或合同规定服务量要求、实际服务大于设计能力或合同规定服务量要求的服务价格调整问题。以燃气行业为例，城市燃气行业初始服务价格的确定主要依据成本加成法和收益率法两种方法（见表8–1）。在城市公用事业特许经营实践中往往采用收益率法确定初始服务价格。

由于城市公用事业特许经营项目的特许经营期一般较长，在特许经营期内，由于主客观情况的变化会导致企业生产经营成本发生变化，为此，需要建立特许经营期内的价格调整机制。这包括定期价格调整机制和临时价格调整机制两类。其中，定期价格调整机制的确定需要考虑物价水平的变化、投资额的变化、经营效率的变化以及其他导致成本上升的因素，在综合考虑这些影响价格的因素基础上，通过在特许经营协议中确定的价格调整模型，按照双方共同约定的价格调整周期（比如一年）对城市公用事业产品或服务的价格进行调整。此外，非正常情况变化可能导致短期内企业成本变化，在这种情况下，若急于调整价格，会增加价格调整政策的波动性，同时也会在短期内增加消费者负担，为此，对非正常情况变化增加企业成本从而倒逼政府或行业主管部门调价情况，可采用短期政府补贴方式，避免频繁调价，或短期内增加消费者负担。

表 8-1　　城市燃气行业初始服务价格的确定方法

| 价格确定方法 | 初始价格公式 | 备注 |
| --- | --- | --- |
| 成本加成法 | 初始服务价格 = 单位成本 + 单位成本 × 成本利润率 = 单位成本 ×（1 + 成本利润率） | 成本利润率为销售利润与制造成本的比率；销售利润可以是行业平均利润，也可以是政府或行业主管部门设定的企业目标利润 |
| 收益率法 | $\sum_{i=1}^{N}\frac{P_i \cdot D_i - C_i}{(1+r)} - \sum_{i=1}^{n}\frac{IN_i}{(1+r)^i} + \frac{RV}{(1+r)^N} = 0$ | R 表示项目税后名义财务内部收益率 FIRR；n 表示天然气配送管网建设完成时间（年）；N 表示经营期；$IN$ 表示天然气配送管网建设第 i 年总投资；$C_i$ 表示第 i 年经营成本，包括运营成本和税收；$P_i$ 表示单位综合售气价格（元/立方米）；$D_i$ 表示第 i 年售气量；RV 表示经营期满时天然气配送管网的资产净值。内部收益率选取可以参建设部发布的《方法与参数》第三版中推荐的所得税前 8%，也可由协议双方确定一个数值，如果是特许经营的投标中，此数值一般由投标方考虑自己企业的可承受最低收益率，综合考虑其他各个方面因素自行设定 |

资料来源：郭艳红、熊斌、康燕：《初探特许经营协议中相关问题的确定》，《城市燃气》2011 年第 2 期。

## 二　保质保量与持续供应

在特许经营期内，城市公用事业特许经营企业保证提供的产品或服务的质量以及服务的连续性，是政府管制者对特许经营企业进行管制的一项重要内容。由于城市公用企业所提供的产品或服务的差异性，为此，需要结合特定城市公用事业特许经营项目，充分考虑国家对不同城市公用事业所提供产品或服务的质量要求，以及所在城市的特殊性，确定具体城市公用事业特许经营项目运营企业所提供产品或服务的质量属性。城市公用事业特许经营项目的特许经营协议对质和量的要求需要满足以下条件。

### （一）质量属性设置要适应法律法规要求

在城市公用事业特许经营项目的特许经营协议中，要明确设定特许经营企业所提供的产品或服务的质量属性，核心在于要以国家和地方的法律法规以及行业规范为准绳，以满足社会公众身体健康和生命安全为基础。要求城市公用企业产品或服务的提供者满足行业对产品或服务的质量要求。如城市供水水质的 106 项标准，城市污水处理的一级 A 达标，城市垃圾处理的废水、废气的达标排放，城市燃气的气压、安全等。

### （二）质量属性设置要考虑实际管制需求

在城市公用事业特许经营协议中，应明确规定城市公用特许经营项目提供的产品或服务的质量属性，从而便于实现政府对产品或服务质量的监督检查。其中，对城市供水行业而言，其水质指标主要有浑浊度、色度、臭和味、化学需氧量、余氯、细菌、总大肠菌群、耐热大肠菌群、放射性、消毒剂及消毒剂副产物等。对污水处理特许经营企业的质量指标主要包括进水水质和出水水质，具体指标包括化学需氧量、氨氮等。为此，建议在城市公用事业特许经营项目的特许经营协议中应明确与特定城市公用事业特许经营项目相适应的质量指标体系，以便于政府管制部门的直接管制。

### （三）服务量要考虑负荷、需求等多重因素

在城市公用事业特许经营过程中，中标企业的设计能力是特许经营协议的关键指标。同时，对在较短的经营期内一些负荷率较低且地方政府又需要对其进行特许的项目来说，在特许经营协议中往往签订保本服务量。若在中长期内城市公用事业特许经营项目的负荷率远低于保本服务量，将会大大增加政府财政负担，进而降低消费者或纳税人的福利。为此，本书建议对采用保本服务量的城市公用事业特许经营项目而言，当地政府或行业主管部门在签订特许经营协议之前，应委托具有资质的代理机构利用所在城市当前和特许经营期内的经济发展水平、特许经营企业的服务范围、人口等因素，测算出特许经营期内特许经营企业的预期服务量，从而为保本服务量合同的签订提供决策依据。对中标企业提出的保本服务量严重低于运营期内预计服务量

的情况，建议政府部门不宜急于对该城市公用企业推进特许经营，否则势必增加政府负担，最终将以政府高价回购而告终，从而损害政府信誉。

### 三 升级改造的责权关系

在特许经营权竞标过程中，基于建设、运营成本以及招投标成本的考虑，城市公用事业特许经营项目的特许经营期往往较长。其中，新建或资产转让项目的特许经营期一般在20—30年。特许经营期越长，特许经营期内的不确定因素就越多。特别地，我国处于经济转型时期，一些城市公用事业基础设施与国外发达国家相比仍存在一定的差距，在特许经营期内，面临着基础设施更新改造和技术升级的问题。在城市公用事业特许经营实践中，由于在特许经营协议中缺乏对项目设施设备更新以及技术升级的政企权责的条款，只要特许经营企业不违背合同要求难以对其实施强制措施。如原建设部曾要求城市供水企业的生产工艺由一级B到一级A的升级改造，但对已签订特许经营协议的城市供水项目而言，在合同中大多没有约束工艺升级的权责归属问题，因此，难以对特许经营企业形成有效约束。为此，建议在特许经营协议中明确特许经营期内可能发生的城市公用事业基础设施更新和技术变迁等事宜，同时明确政府和特许经营企业之间的权责关系，避免在特许经营期内发生改扩建基础设施和更新技术工艺过程中政企之间长期对峙或多重谈判，从而影响消费者享受更安全、品质更高的产品或服务的权利。

### 四 正常退出与非正常退出

政府管制者通过竞标方式选择特许经营企业，主要目的在于引入高效率的运营企业提供城市公用产品或服务。但在现实中一些项目可能由于一定的原因不得不面临非正常退出的风险。同时，对任何城市公用事业特许经营项目而言，都面临着特许经营期满后正常退出问题。无论是正常退出还是非正常退出，在特许经营协议中都需要制定相应条款，从而规避因特许经营协议不完善而导致特许经营企业到期正常退出和特许经营期内的非正常退出带来的合同纠纷问题，进而降低特许经营项目的运营风险。

城市公用事业特许经营项目的正常退出主要包括以下几种情况：其一，在特许经营期限临近届满时，特许经营权人未申请延期或未得到延期批准，且已将其原本经营的城市公用企业移交给新的运营商或政府接管。其二，在特许经营期内，由于发生协议所约定的准许运营方提前终止特许经营权且将城市公用事业特许经营权移交给新的经营者经营或政府接管的情形。发生后者的原因有很多，如特许经营企业主动申请终止特许经营权并经管制部门按程序批准、政府根据公共利益的要求与经营方协商之后提前收回特许经营权等。

非正常退出是指特许经营企业或政府管制机构违法或违约，终止城市公用事业特许经营项目的运营与服务。该情况的发生主要基于特许经营企业或政府管制者的单方违约情形，极少数情况来自双方违约。非正常退出主要有两种情形：其一，特许经营企业的行为导致政府将特许经营权提前收回，包括经营人擅自转让特许经营权、出租特许经营权、擅自处置城市公用企业的资产、擅自中止运营和服务以致严重影响社会公共利益和安全、管理不善导致重大质量事故或生产安全事故以及法律、法规禁止的其他行为。其二，政府在无正当理由的情况下收回特许经营企业的运营权并接管该城市公用事业特许经营项目或移交给新的运营商。为维护政府信誉，在无正当理由的前提下，应避免强制特许经营企业退出。[①]

在城市公用事业特许经营项目正常退出过程中，在特许经营协议中应明确移交委员会的组成、移交的范围界定、恢复性大修和性能测试、备品备件、设施设备的保修期以及移交权力等内容。同时，由于城市公用事业涉及不同项目，不同项目的特征差异决定了没有同质性的移交条款，需要结合具体项目特征尽可能详细地拟定正常退出的相关移交条款。此外，需要明确城市公用事业特许经营项目非正常退出的条款，具体包括违反国家和地方法规、不具备提供运营项目产品或服务的权利、过度要挟价格上涨损害客户权益等情况。在城市公用事

---

① 仇保兴、王俊豪等：《中国城市公用事业特许经营与政府管制研究》，中国建筑工业出版社 2014 年版。

业特许经营协议中，通过约定正常退出和非正常退出的条款，为政府和特许经营企业提供重要的法律保障。

### 五 强化对管制者的管制

"谁来管制管制者"的问题成为政府管制经济学中提升政府管制绩效的一个重要课题。在我国城市公用事业特许经营项目的管制实践中，往往忽视了对管制者的管制问题。事实证明，忽视对管制者的管制易于产生腐败、特许经营企业无效选择以及特许经营项目运营的低效率问题。为此，在国家反腐倡廉大旗下，迫切需要在城市公用事业特许经营项目的特许经营协议中强化对管制者的管制。其中，明确对管制者进行有效管制的监督主体是解决谁来管制管制者的前提，构建城市公用事业管制效果评价基本理念是实现对管制者的科学管制、数量管制的创新，建立城市公用事业管制机构违规惩罚机制是有效限制管制者违规行为的利剑。

（一）明确对城市公用事业管制者的监督主体

对管制者进行监督的监督主体选择，是解决"谁来监督管制者"难题的关键。为了实现对城市公用事业管制机构的有效监督，本书提出建立"纪委、协会与新闻媒体"三重监督主体框架。其中，由纪委定期或不定期地监督城市公用事业管制机构的德、能、勤、绩、廉情况。由城市公用事业有关行业协会，如中国城镇供水排水协会、中国城镇燃气协会、中国环境卫生协会等国家级协会及地方协会形成立体式的协会网络，由协会对城市公用事业管制机构所负责的特许经营项目的技术经济绩效进行管制，从而有助于评判政府管制者是否高效地对特许经营企业进行管制。此外，充分利用互联网和大数据平台，借助于新闻媒体和社会公众力量，提升对城市公用事业管制机构监督的力量。

（二）建立城市公用事业管制绩效评价基本理念

评价城市公用事业管制绩效是衡量政府管制效果的重要方式。城市公用事业管制绩效评价可分为程序绩效评价和结果绩效评价两类。程序绩效评价是对管制者是否遵循相关法律法规的程序、手续、期限等的评价。程序的严密性越强、手续越符合要求、管制速度越快，就越能反映管制者的高效率。而结果绩效评价是指管制结果的有效性，是对管制行为实施效果进行考察，从而评估政府管制者的管制行为能否促进被管制企业提升经济效率。其中，结果评价是城市公用事业管制绩效评价的核心，结果绩效的好坏更能反映政府管制主体的工作到位与否以及管制能力如何。

（三）确定城市公用事业管制机构违规奖惩机制

对触犯法律法规的城市公用事业政府管制机构从业人员，可利用法律手段对其进行行政处罚和刑事惩罚。同时，建立城市公用事业管制绩效评价理念，构建基于过程和结果的城市公用事业管制绩效评价的指标体系和评价方法，并进行科学评价的目的是奖励高效的政府管制者，惩戒低效或无效的政府管制者。为此，本书建议在法律法规和管制绩效评价指标体系的基础上，结合地方实际，建立详细的对高效管制者的奖励政策以及对低效管制者的惩罚政策，从而通过奖罚分明的机制，促进城市公用事业管制机构管制效率的提升。

## 第三节　城市公用事业特许经营项目的运行管制

通过特许经营权竞标机制能够甄选出高效企业，并将城市公用事业特许经营项目的经营权赋予中标企业。但特许经营企业能否实现对特定城市公用事业特许经营项目的高效运行，关键在于能否对城市公用事业特许经营项目的运行进行有效管制。其中，设施建设与人员配置是保障城市公用事业特许经营项目有序运行的基础，质量和价格是反映城市公用事业特许经营项目运行效果的重要因素，信息和数据共享机制是解决信息不对称问题的重要手段。为此，本节将主要从设施建设与人员配置管制、产品或服务的质量管制、产品或服务的价格管制以及数据信息共享机制管制等方面对城市公用事业特许经营项目的运行管制政策进行研究。

### 一 设施建设与人员配置管制

设施建设与人员配置同特许经营协议相关内容的匹配度是城市公用事业特许经营项目政府管制的主要内容。其中，对城市公用事业特许经营项目基础设施建设的管制主要包括城市公用事业特许经营项目的基础设施建设规模是否符合特许经营协议要求、建设项目是否与施工图纸要求相匹配，以及基础设施建设是否与协议中要求的工艺技术水平相一致，等等。同时，在特许经营协议中明确规定了运营城市公用事业特许经营项目所需的技术和管理人员数量，以及关键岗位持证上岗情况，为此，建议政府行业主管部门或其他指定管制机构，按照特许经营协议，就特许经营企业的技术与管理人员数量和关键岗位持证上岗人员数量及比例进行定期管制。若城市公用事业特许经营企业未按特许经营协议要求或国家有关规定，擅自更换项目负责人和主要技术人员而又未向行业主管部门或其他管制机构备案，应对其进行必要的惩罚。

综上所述，政府管制机构应建立城市公用事业特许经营项目设施建设与人员配置的清单制度，依据清单定期对特许经营企业进行抽查，确定城市公用事业特许经营项目的设施建设与人员配置情况是否符合特许经营协议或国家有关规定，从而为城市公用事业特许经营项目的普遍服务和高效运营提供基础。

### 二 产品或服务的质量管制

城市公用事业管制机构为了保证特许经营项目运营的有效性，需要对城市公用事业特许经营项目进行定期检查和临时抽查，并对检查或抽查过程中存在的主要问题进行限期整改，情节严重的，移交司法机关。城市公用产品或服务质量直接关系到公众的身体健康和生命安全，对维护社会稳定具有重要作用。对城市公用事业特许经营项目提供产品或服务质量进行管制主要包括以下三个方面：一是分行业建立城市公用产品或服务的质量管制指标体系和限值，做到对城市公用事业特许经营项目质量实现科学管制。二是利用大数据和互联网的管制手段，构建信息化的管制服务平台，实行实时管制，提高城市公用产品或服务的质量管制能力，以及提高处理处置突发事件的速率。三是发挥第三方管制机构的辅助作用。由于城市公用产品质量属性具有复杂性,对其质量进行管制具有专业化特征,同时由于当前政府行业主管部门或管制机构人员少、事务性工作多,难以配置充足的专业人员对城市公用事业特许经营项目进行质量管制,为此,本书建议采用由行业主管部门或政府管制主体通过招投标形式,聘请专业的质量检测(监测)机构,负责对城市公用事业特许经营项目的产品或服务质量进行第三方管制。

### 三 产品或服务的价格管制

对产品或服务价格进行管制是实现城市公用事业特许经营项目实现普遍服务和提升服务品质的重要手段。政府物价管理部门对城市公用产品或服务的价格进行管制主要表现在当前价格水平的合理性和调价理由的充分性两个方面。其中,价格水平的合理性是以运行成本[①]为基础,一旦确定合理的运行成本,就能够判断出企业的真实成本与初始价格或上次调价相比的成本变化情况,确定当前城市公用事业产品或服务价格的合理性。一旦通过测算得出城市公用企业提供产品或服务的真实成本增加,那么,可以根据城市公用事业特许经营协议中的调价公式以及调价周期实行定期调价。由此可见,对城市公用事业特许经营项目的产品或服务进行价格管制的核心是明确成本核算的主要科目,获知或测算特许经营企业的真实成本,并在充分考虑消费者可承受力的基础上,适时对城市公用事业特许经营项目的产品或服务价格进行调整。

### 四 数据信息共享机制管制

在城市公用事业特许经营项目运营过程中,数据信息共享机制对产品或服务质量提升和持续稳定提供具有重要作用。一旦缺乏有效的数据信息共享机制,可能导致管制部门无法了解城市公用事业特许经营企业的实施情况,甚至使特定城市公用产品质量带来波动甚至超标。如在城市污水处理特许经营项目中,由于进水水质或工厂出厂质

---

① 这里的运行成本是包括原材料成本、人工成本、机器设备折旧等多种成本的集合体,或称为完全成本。

往往由环保部门进行管制,环保部门拥有工厂的在线监测数据,但多数环保部门未与建设部门①共享该数据系统,从而造成城市污水处理厂进水水质超标、出厂水水质波动较大,严重的将危害城市水环境安全。数据信息共享机制包括三个方面:一是城市公用事业特许经营企业将有关信息上报给行业管制部门;二是重要信息在不同管制部门之间共享;三是城市公用事业特许经营企业将重要信息向社会发布,接受公众、媒体及社会各界的监督。

第一,管制主体对特许经营企业上报信息的完整性、真实性和时效性进行管制。在竞标企业获得城市公用事业特许经营项目的特许经营权后,需要按照特许经营协议要求履行合同,管制部门应及时监督特许经营企业对项目进展进行定期或不定期的汇报,否则项目公司要为不履行特许经营协议的行为承担相应责任。在城市公用事业特许经营项目正常运营过程中,按照相关法律法规要求,要向管制部门定期报送有关质量、安全、成本等信息,以及有关上级部门对特许经营企业不定期、不固定地报送材料和相关检查要求。对该类情况而言,政府管制的重点在于特许经营企业上报信息和数据是否完整、是否真实、是否及时,以及对政府管制部门工作的配合程度。

第二,对有助于提升产品或服务运行质量的数据信息建立多部门共享机制。建议明确城市公用事业不同行业管制部门管制的数据信息种类,厘清各信息点对城市公用事业特许经营企业以及不同行业管制部门的重要性,根据重要性程度和数据信息的拥有者,以及数据信息的保密级别,建立城市政府牵头、多部门参与的数据信息共享平台,从而提升不同部门之间的联合管制能力,进而提升城市公用企业的产品或服务质量。

第三,督促建立重要数据信息的公开机制,保障社会公众的知情权,提升社会舆论对城市公用企业的约束力。从当前城市公用行业的

---

① 由于在城市污水处理特许经营项目实践过程中,建设部门往往是其行业主管部门或管制机构,但在个别城市的城市污水处理特许经营项目的管制部门往往是城管、市政公用局等部门,因此,当某一地区由城管、市政公用局等部门负责管制时,可以将这里的建设部门替换为相应的管制部门。

社会监督体制来看，监督渠道不畅、社会公众知情权欠缺成为制约城市公用事业运营能力和服务水平提升的关键因素。为此，需要政府管制部门在特许经营项目中标后明确特许经营企业向社会公开的主要渠道（网站、服务热线、微博、微信等），同时积极处理社会公众的反馈信息。针对城市公用产品调价听证过程中存在的社会公众不知情、参与少的问题，建立听证信息公开制度，同时给予消费者对特定城市公用产品调价的测算依据的了解，便于消费者在信息较为完全、准备更为充分的情况下参与听证活动，凸显人民群众的话语权，从而真正保障社会公众的合法权益。

**五 特许经营项目违约管制**

城市公用事业特许经营项目的违约行为是指特许经营项目合同的任何一方不履行合同义务或者履行合同义务时违背约定条件的行为。在城市公用事业特许经营过程中，关于违约行为主要包括不能履行、延迟履行、不完全履行、拒绝履行等情形。

在城市公用事业特许经营项目的违约主要包括政府方违约和社会资本方违约两种情形。政府方违约主要是指处于政府能够控制范围内并且属于项目下政府应当承担的风险事件。常见的政府违约事件包括：未按合同约定向项目公司付费或提供补助达到一定期限或金额的；违反合同约定，转让特许经营项目合同项下的义务；发生政府可控的对项目设施或项目公司股份的征收或征用的；发生政府可控的法律变更，导致城市公用事业特许经营项目合同无法继续履行的；其他违反城市公用事业特许经营项目合同项下的义务，并导致项目公司无法履行合同的情形。社会资本方违约主要是指应当属于城市公用事业特许经营项目社会资本方应当承担的风险事件。常见的社会资本方违约事件包括但不限于：社会资本方破产或资不抵债的；社会资本方未在约定期限内实现约定的建设进度或者项目完工开始运营逾期超过一定期限的；社会资本方未按照规定的要求和标准提供产品或服务，情节严重或造成严重后果的；社会资本方违反合同约定变更股权的；未按合同约定为城市公用事业特许经营项目或相关资产购买保险的；其他违反特许经营项目合同项下的义务，并导致合同无法继续履行的情形。

关于城市公用事业特许经营项目违约管制问题主要涉及事前预防违约管制和事后违约事件发生时的管制两个方面。对事前预防违约管制而言，需要严格执行社会资本方履约保函制度，通过投标保函、担保合同前提条件实现的履约保函、建设期的履约保函、运营维护期的履约保函/维护保函、移交维修保函等内容，预防城市公用事业特许经营项目社会资本方的违约责任。同时，在社会资本方发生违约行为时，需要启动管制应急手段，通过强制约束社会资本方继续履行合同、限期补救、赔偿损失、支付违约金、临时接管等措施，将社会资本方事实违约行为的影响降至最低。需要说明的是，自然灾害（如台风、冰雹、海啸、洪水、火山爆发、山体滑坡等）、政府行为（如征收、征用等）、社会异常事件（如战争、武装冲突、罢工、骚乱、暴动等）等不可抗力导致的违约行为，受影响方无须为中止履约或履约延误承担违约责任。

## 第四节 城市公用事业特许经营项目的退出管制

城市公用事业特许经营项目的退出主要包括项目到期的正常退出和项目到期前的非正常退出两种情形。特别地，由于某些严重的违约事件或社会因素，导致城市公用事业特许经营项目难以继续履行合同，若不对其提前退出行为进行有效管制，将限制城市公用事业特许经营项目生产的持续性。同时，城市公用事业特许经营项目到期的正常退出行为，势必需要政府管制，否则可能带来权利瑕疵或资产性能缺损问题，为新一轮的特许经营埋下隐患，限制了城市公用事业的持续健康发展。为此，本节将从城市公用事业特许经营项目正常退出的管制和提前终止的管制两个方面对特许经营项目的退出管制问题进行研究。

**一　特许经营项目正常退出的管制**

城市公用事业特许经营项目的正常退出是指项目特许经营期满前，项目公司或社会资本方将全部项目设施或相关权益按照合同约定的条件和程序移交给政府或政府指定机构。城市公用事业特许经营项目的正常退出主要包括以下两种情形：一是特许经营期限届满，特许经营权人未申请延期或未得到延期批准，且已将其原本经营的公用事业移交给新的经营者或由政府接管。由于经营期限届满后退出城市公用事业，因此是一种相对和平的退出方式。二是在特许经营期内，发生法律、法规、规章或其他规范性文件规定的以及特许契约约定的提前终止特许经营权的情形，且原特许经营权人将城市公用事业移交新的经营者经营或由政府接管的情形。该类情形主要发生在特许经营期内，提前终止的原因很多，如特许经营权人经过申请、政府依照法定程序批准以及政府根据公共利益的要求提前收回等。[①] 特许经营项目移交范围是政府管制的重要前提，政府管制手段和方式是特许经营项目到期正常退出的重要保障。

**（一）明确城市公用事业特许经营项目的移交范围**

对城市公用事业特许经营项目而言，项目到期正常移交的内容、范围与方式是特许经营项目能否有效移交的关键。一般情况下，城市公用事业特许经营项目的移交范围主要包括以下六个方面：

第一，项目设施及项目相关的资产。项目公司在特许经营期满后，应将项目所有的建（构）筑物、设施、设备、器材、机器、装置、零部件、备品备件等与项目有关的设施、动产移交给政府或政府指定机构。

第二，与项目资产等相关的权利。主要包括项目土地使用权及与项目用地相关的其他权利、在移交范围内的项目设施及与项目相关的动产所有权、与项目运营有关的债权或其他权利。

第三，合同。项目公司在项目建设和运营阶段签订的一系列重要

---

[①] 杨志华、肖迹：《论公用事业特许经营中的市场退出制度》，《湖南广播电视大学学报》2011年第4期。

合同可能仍需继续履行，因此，需要将这些尚未履行完毕的合同由项目公司转让给政府或政府指定机构。

第四，技术。项目公司应在移交时将项目运营和维护所需要的所有技术，全部移交给政府或政府指定机构，并确保政府或政府指定机构不会因使用这些技术而遭受任何侵权索赔。如果有关技术为第三方所有，项目公司应在与第三方签署技术授权合同时与第三方明确约定，同意项目公司在项目移交时将技术授权合同转让给政府或政府指定机构。

第五，与项目设施有关的手册、图纸、文件和资料。主要包括竣工资料、维修手册和维修记录、运营维护方案和资产管理计划、固定资产评估报告、设备性能评估报告以及承包商和供应商提供的所有未到期的保证和保修单、保险单、暂保单和保险单等各类单据。

第六，项目实施相关人员。在一些专业性要求较高的城市公用事业特许经营项目中，需要有专业的技术人员，才能保证项目的正常运营。因此，在项目到期正常移交过程中，一般要求项目公司将相关人员一并移交。如果不移交相关人员，项目公司应为接收方培训相应的技术和管理人员。

(二) 强化城市公用事业特许经营项目的移交管制

城市公用事业特许经营项目的移交管制主要包括移交标准的管制和移交程序的管制两个方面。为确保特许经营期满后城市公用事业特许经营项目在下一个特许经营期内的可用性，必须设置严格的移交标准，并对其进行有效管制，同时形成公开、合理、有序的移交程序，从而确保城市公用事业特许经营项目的有效移交。

对城市公用事业特许经营项目移交标准的管制主要包括对权利方面的条件和标准的管制以及对技术方面的条件和标准的管制。主要包括：第一，权利方面的条件和标准的管制。项目设施、土地及所涉及的任何资产是否存在权利瑕疵，是否设置任何担保及其他第三人权利。在城市公用事业特许经营项目移交管制过程中，应重点管制项目是否存在债务、抵押、质押、留置、担保物权，由社会资本方引起的与项目建设、运营和维护有关的其他性质的请求权，以及环境、税收问题等。第二，技术方面的条件和标准的管制。重点管制项目设施是否符合双方约定的技术、安全和环保标准以及是否处于良好运行状态。

城市公用事业特许经营项目的到期正常移交主要分为移交准备、项目资产评估、项目性能测试、资产交割和项目绩效评价五个阶段。对上述五个阶段进行重点管制是城市公用事业特许经营项目正常移交的重要保障。其中，政府管制机构需要对项目实施机构或政府指定机构是否按规组建项目移交工作组，以及是否根据项目合同约定与社会资本方或项目公司确认移交情形、补偿方式、资产评估和性能测试方案进行管制。同时，需要对评估机构的项目价值评估计划进行管制。此外，还需要对项目资产状况的评估以及对项目能否达到合同约定的移交条件和标准的测试进行管制。

## 二 特许经营项目提前终止的管制

城市公用事业特许经营项目提前终止或非正常退出主要是指政府或社会资本方（项目公司）违约或政府方选择终止以及其他不可抗力因素的作用，从而导致城市公用事业特许经营项目的暂停或终止。在实践中，由于社会资本方违约所带来的特许经营项目提前终止情形最为常见，主要有社会资本方擅自转让、出租特许经营权，擅自将所经营的资产进行处置或者抵押的，因管理不善而发生重大质量、生产安全事故的，擅自停业、歇业严重影响到社会公共利益和安全的，以及法律、法规禁止的其他行为。城市公用事业特许经营项目提前终止的结果往往是政府回购，如长春汇津污水处理 TOT 项目、上海大场水厂项目等。由于城市公用事业提前终止的特许经营项目对公用产品的稳定性以及政府形象均带来显著的负面影响，因此，如何对城市公用事业提前终止的特许经营项目进行政府管制成为一项重要的研究任务。完善可行的社会资本方提前退出的管制机制是城市公用产品或服务稳定的重要保障。当前城市公用事业特许经营项目退出方式十分有限且缺乏可行性，典型特征是退出方式少、规定模糊、可操作性不强，作为社会资本的主要退出方式——股权转让，受特许经营项目合同以及特许经营项目采购相关规定的限制，如特许经营项目采购的相关规定明确了社会资本方要求经过政府采购才能参与特许经营项目,社会资本方进行股权转让意味着新的社会资本进入,这显然与采购法相悖。因此,为了防范城市公用事业特许经营项目提前退出所带来的负面效应,需要为城市公用事业特许经营项目的提前退出提供完备的制度保障。

(一)创新城市公用事业特许经营项目的非正常退出方式

针对当前城市公用事业特许经营项目非正常退出方式较少、规定模糊与可操作性不强的问题,创新城市公用事业特许经营项目非正常退出的机制,对规避项目非正常退出的风险具有非常重要的促进作用。其中,优化股权转让限制,为社会资本通过股权转让方式实现非正常退出提供可行路径。城市公用事业特许经营项目的不同阶段对社会资本方的要求存在一定的甚至显著的差异,为促进通过股权转让方式实现城市公用事业特许经营项目的非正常退出,需要将股权转让的关注点限制到融资能力、技术能力、管理能力等方面,从而使股东变更符合项目的实际需求,进而有利于增强政府对公共产品或服务治理的控制能力,增加城市公用事业特许经营项目对社会资本的吸引力,确保社会资本进退的灵活性。同时,对经营性城市公用事业特许经营项目,在规范管理、提高效率的基础上,积极参与区域股权交易市场、新三板等多层次资本市场,这有助于社会资本在不损害项目公司利益的前提下,实现退出过程的低成本和高收益。此外,积极探索资产证券化等新型的、切实可行的退出方式。

(二)建立城市公用事业特许经营项目的非正常退出管制手段

对城市公用事业特许经营项目的非正常退出进行有效管制,是规避或限制社会资本方非正常退出行为的实施以及非正常退出行为实施后有效治理的重要保障。目前,无论从理论上还是实践中,对城市公用事业特许经营项目非正常退出的管制方式或手段问题的研究依然较为缺乏。为此,本书建议从事前管制和事后惩罚两个方面建立并优化城市公用事业特许经营项目的非正常退出管制手段。

第一,基于过程管制理念,形成常态化的节点式、信息化的管制手段,从而有效地规避城市公用事业特许经营项目的非正常退出行为的发生。具体来说，运用现代科技手段，建立城市公用事业特许经营项目的管制节点式信息系统，通过网格化的系统管制理念，进行链条化管制，从而尽可能地压缩社会资本方非正常退出的空间，规避社会资本方非正常退出的风险。

第二，建立企业非正常退出的黑名单制度与有效的惩罚机制。事前管制是有效规避特许经营企业非正常退出的重要手段，但社会资本方一旦非正常退出，不对其进行有效规避将为其他类似项目的非正常退出埋下诸多隐患。为此，建议建立城市公用事业项目库，并对社会资本方信誉进行评级，一旦发生社会资本方非正常退出行为，将对其信用进行降级处理甚至列入"黑名单"，从而限制其参与新一轮特许经营项目的投标行为。此外，建立包括法律、财务等系列惩罚机制，为城市公用事业特许经营项目规避社会资本方非正常退出行为提供补充条件。

# 结论性评述

中国城市公用事业长期游离于市场经济体制之外，这不仅直接影响着城市公用事业产品供给的可持续性，而且也直接或间接地影响着整个城市功能的有效发挥，乃至影响着政府职能的转变和市场化进程的快速推进。在增加供给和提升效率双重目标下，城市公用事业进行市场化改革应运而生，这一改革需要创新政府管制体制，充分发挥市场竞争机制的作用，在基础设施产业实现有效竞争。目前来看，构建可竞争的市场机制已经成为城市公用事业市场化改革的核心内容，其中，特许经营作为市场化改革的重要制度已经形成，但如何分配不同城市公用事业项目的特许经营权这个突出的、重要的问题尚未解决。因此，在深化城市公用事业市场化改革的背景下，本书重点梳理了城市公用事业特许经营的理论基础，评估了城市公用事业特许经营的现状，建立了项目特征与特许经营模式的匹配机制，设计了城市公用事业 BOT 项目、TOT 项目和委托运营项目的特许经营权竞标机制，分析了城市公用事业特许经营的典型案例，研究了城市公用事业特许经营项目的监管政策体系。本书的研究结论与简述总结如下：

**一 城市公用事业特许经营的客观需求、本质特征与关键问题**

城市公用事业是指为城镇居民生产和生活提供必需的、普遍服务的行业，主要包括城市供水与污水处理、垃圾处理、管道燃气、城市供热、公共交通、市容环卫以及园林绿化等。传统行政授予制度下的诸多弊端是城市公用事业特许经营的原动力。城市公用事业特许经营制度的产生有其存在的客观背景和实施条件，特许经营是适应竞争性市场经济体制、规范城市公用事业运营和有效管制、建立适应城镇化进程的城市公用事业投融资体制，以及提高城市公用事业运营效率和服务质量的客观需求。城市公用事业特许经营具有特殊的运作机制，其中，特许经营权竞标是城市公用事业特许经营项目选择建设或运营主体的重要方式；政府或行业主管部门是城市公用事业特许经营权的授权主体；社会资本方是城市公用事业特许经营项目的运作主体；特许经营实现了城市公用事业运营主体和运营方式的变革。在城市公用事业特许经营过程中，有特许经营项目的权属分配、特许经营权竞标机制设计、特许经营协议的属性认定、特许经营协议的核心内容、付费机制、定价与调价机制、特许经营项目风险分担和特许经营项目的政府管制八大问题值得重视。

二　城市公用事业特许经营的基本特征、主要成效与存在问题

从城市公用事业特许经营的历程来看，主要经历探索阶段、试点阶段、推广阶段、调整阶段和普及阶段。目前，在中国城市公用事业特许经营过程中，社会资本类型多样，以国有企业为主体、以民营企业和外资企业为补充的多元化运作主体结构已经形成。单纯的 BOT、TOT 模式难以适应城市公用事业全面推行特许经营，委托运营、服务外包等模式便应运而生。银行、保险、信托等金融机构，拥有建设资质、运营资质以及具有资金实力和融资能力的企业相继参与城市公用事业特许经营项目的投资、建设及其运营活动。中国城市公用事业经过 30 多年的特许经营，城市公用事业特许经营模式由单一性走向多元化，特许经营项目的资金渠道逐步扩展，特许经营项目的运作过程日趋规范，特许经营项目的发展速度十分迅猛。但在城市公用事业特许经营过程中，由于对社会资本进入城市公用事业目标缺乏足够认识、社会资本进入城市公用事业的法规政策相对滞后、市场化的准入与运行机制不够完善以及社会资本进入城市公用事业后的监管体系不健全等客观原因，使一些城市在城市公用事业特许经营过程中存在着一些问题。具体表现在：国有资产流失和腐败问题、溢价收购和固定回报问题、政府承诺和责任缺失问题、产品的质量威胁健康问题以及可能导致政府高价回购问题等。

三　城市公用事业项目特征决定了与之相适应的特许经营模式

城市公用事业的行业多重性和属性多样性特征，决定了需要利用

分类思想建立项目特征与特许经营模式的匹配机制，并以此为基础形成分类设计城市公用事业特许经营权竞标机制的理论体系。本书建立包含外部性、市场可竞争性和项目可收益性的一级指标，以及生产外部性、消费外部性、潜在进入者数量、制度性壁垒、产品或服务的可替代性、行业风险性、产品或服务的可收费性、资产的可变现性等二级指标，对城市公用事业特许经营程度进行测算，结果表明：城市公共交通行业的特许经营程度最高，城市管道燃气行业的特许经营程度次之，城市污水处理和城市垃圾处理行业的特许经营程度处于中游，而城市供水行业和城市供热行业的特许经营程度相对较低。是否为新建项目、地方政府财政实力、地方政府特许经营偏好、主要业务还是辅助业务、合同期限长短、付费方式选择是城市公用事业选择特许经营模式的决策变量。对城市供水、城市污水处理、城市垃圾处理、城市管道燃气和城市供热五大行业以及城市公共交通中的地铁在进行特许经营过程中，一般选择BOT、TOT或其衍生的特许经营模式。委托运营模式的特许经营期较短、约束性较强，更加适用于投资数额较小的新建或已建项目。城市公用事业的非生产环节可以选择委托运营或服务外包模式。

**四 城市公用事业特许经营权竞标机制需要建立分类设计思想**

特许经营权竞标是城市公用事业市场化改革项目选择建设与（或）运营主体的重要机制。鉴于BOT、TOT和委托运营模式是城市公用事业推行特许经营的重要模式，为此，本书在第四章至第六章重点对上述三种特许经营模式的特许经营权竞标机制进行研究。

对城市公用事业BOT项目而言，可以根据项目特征和城市特点，在竞标（质量，特许经营期）、（质量，服务价格）和竞标（服务价格，特许经营期）三种机制中进行选择。当选择（质量，服务价格）竞标机制时需要具有以下条件：第一，运用规范公认的方法测算特许经营期的具体数值或区间范围；第二，根据项目特征确定BOT项目中标企业质量属性的下限；第三，根据项目特征并参照类似项目，确定BOT项目的最高服务价格。在科学测算出BOT项目的基准服务价格以及明确进入企业的最低质量属性前提下，可以选择竞标（质量，特许经营期）特许经营权竞标机制。在有效确定竞标企业质量属性前提下，可以选择（服务价格，特许经营期）特许经营权竞标机制。在城市公用事业 BOT 特许经营权竞标过程中，主要存在投标企业数量不足造成竞标不充分、评标机制不健全导致低效率投标企业中标、发生合同约束外情况增加政府和企业之间谈判成本、风险分担机制不合理导致中标企业缺乏动力以及低价或超低价中标增加项目的运营风险等风险要素，需要采取有效措施，规避上述风险。

对城市公用事业 TOT 项目而言，可以根据项目特征和城市特点，在竞标（质量，转让价格）和竞标（服务价格）两种特许经营权竞标机制中进行选择。竞标（质量，转让价格）特许经营权竞标机制主要适用于在特许经营之前已经运用合理的方法确定特许经营期、产品或服务价格的初始值以及特许经营期内产品或服务价格调整公式，同时以追求国有资产保值增值和特许经营企业质量属性双重目标最大化的城市公用事业 TOT 项目。对经济较为发达或财政资金较为充足、城市政府更加偏好产品或服务价格、对资产权或特许经营权的转让价格不够敏感的城市公用事业 TOT 项目而言，在确定项目的基本情况、测算资产转让价格以及明确竞标企业质量属性下限的基础上，可以选择（服务价格）特许经营权竞标机制，通过投标企业之间竞争的方式。在城市公用事业 TOT 项目特许经营权竞标过程中，需要重点关注竞标主体判断误差造成投标失误、特许经营权竞标机制失衡、资产甄别失灵与资产转让溢价收购以及设施与设备的被动更新改造等风险。

对城市公用事业委托运营项目而言，可以根据项目特征和城市特点，在竞标（质量）和竞标（服务价格）两种特许经营权竞标机制中进行选择。竞标（质量）特许经营权竞标机制主要适用于在特许经营权竞标之前已经合理测算并确定特许经营期内的产品或服务价格，明确投标企业的准入标准不涉及资产转让的项目。此外，选择竞标（质量）特许经营权竞标机制的城市往往具有经济发展水平较高、相对于价格而言更加偏好于产品或服务的质量的特点。竞标（服务价格）特许经营权竞标机制主要适用于对市场准入条件、满足特定项目需求的产品或服务质量属性等信息界定清晰，同时对服务价格较为敏感的城市公用事业委托运营项目。此外，城市经济发展水平与竞标（服务价格）特许经营权竞标机制的选择并无必然联系，只要满足项目准入条件以及能够确定最低或合理质量标准的城市公用事业委托运营项目，都可以将竞标（服务价格）特许经营权竞标机制作为备选方案。

**五　城市公用事业特许经营需要建立健全有效管制的政策体系**

为了提高城市公用事业特许经营的规范性，需要创新中国城市公用事业特许经营的管制政策体系。城市公用事业特许经营项目的竞标管制、协议管制、运行管制和退出管制是建立健全城市公用事业特许经营项目管制政策体系的重要内容。当前，中国城市公用事业特许经营项目在竞标过程中依然面临着招投标运行机制与平台建设不健全、招标代理机构行为的规范性有待提升、一些项目的招投标流于形式形成无效竞标、竞争不足背离城市公用事业特许经营目标以及特许经营权竞标机制不合理现象时有发生等现实问题，这主要由特许经营权竞标的管理体制与法规制度不健全、特许经营权竞标的监督滞后与处罚力度薄弱并存以及特许经营权竞标的招标文件编制与评标体系不完善等原因造成的，为此，需要完善竞标法律法规制度体系、健全竞标管制机构与权责配置、强化对项目招标的管制、加强对项目投标的管制以及优化项目的评标指标体系与评分办法，从而为城市公用事业特许经营竞标管制提供制度保障。同时，需要从初始定价与调价机制、保质保量与持续供应、升级改造的责权关系、正常退出与强制退出以及强化对管制者的管制五个方面，规范城市公用事业特许经营项目的协议管制。

此外，通过特许经营权竞标机制能够甄选出高效企业，并将城市公用事业特许经营项目的经营权赋予中标企业。但特许经营企业能否实现对特定城市公用事业特许经营项目的高效运行，关键在于能否建立并对城市公用事业特许经营项目的运行进行有效管制。为此，需要对设施建设与人员配置、产品或服务质量、产品或服务价格以及数据信息共享机制等方面，强化对城市公用事业特许经营项目的运行管制。

最后，城市公用事业特许经营项目的退出主要包括项目到期的正常退出和项目到期前的非正常退出两种情形。为此，需要从正常退出和提前终止两个方面建立城市公用事业特许经营项目的退出管制政策。其中，从明确城市公用事业特许经营项目的移交范围和强化城市公用事业特许经营项目的移交管制两个方面对城市公用事业特许经营项目的正常退出进行管制；从创新城市公用事业特许经营项目的非正常退出方式和建立城市公用事业特许经营项目的非正常退出管制手段两个方面对城市公用事业特许经营项目的非正常退出进行管制。

# 参考文献

[1] E. S. 萨瓦斯：《民营化与 PPP 模式》，中国人民大学出版社 2015 年版。

[2] 安·易斯塔什、张昕竹：《基础设施规制与中国经济制度》，《数量经济技术经济研究》1999 年第 7 期。

[3] 白艳娟：《我国市政公用事业特许经营障碍及其对策分析》，《北京市经济管理干部学院学报》2010 年第 6 期。

[4] 陈富良：《放松规制与强化规制：论转型经济中的政府规制改革》，上海三联书店 2001 年版。

[5] 陈洪博：《论公用事业的特许经营》，《深圳大学学报》（人文社会科学版）2003 年第 12 期。

[6] 陈明、胡雪芹：《城市公用事业特许经营中的政府监管研究》，《现代管理科学》2010 年第 10 期。

[7] 陈明：《中国城市公用事业民营化研究》，中国经济出版社 2009 年版。

[8] 陈珠明、陈建梁：《国有企业产权转让的定价研究》，《管理评论》2005 年第 6 期。

[9] 仇保兴、王俊豪等：《市政公用事业监管体制与激励性监管政策研究》，中国社会科学出版社 2009 年版。

[10] 仇保兴、王俊豪等：《中国城市公用事业特许经营与政府监管研究》，中国建筑工业出版社 2014 年版。

[11] 达霖·格里姆塞、莫文·K. 刘易斯：《PPP 革命：公共服务中的政府和社会资本合作》，中国人民大学出版社 2016 年版。

[12] 大岳咨询公司：《公用事业特许经营与产业化运作》，机械工业

出版社 2004 年版。

[13] 戴大双：《现代项目管理》，高等教育出版社 2008 年版。

[14] 丹尼尔·F. 史普博：《管制与市场》，上海人民出版社 1999 年版。

[15] 迪克西特：《经济理论中的最优化方法》，上海人民出版社 2006 年版。

[16] 丁向阳：《城市基础设施市场化理论与实践》，经济科学出版社 2005 年版。

[17] 杜卓、林燕新：《我国城市公用事业政府特许经营改革与珠海实践》，《产权导刊》2006 年第 10 期。

[18] 段涛、刘晓君：《城市再生水项目的特许经营权拍卖机制设计及水价研究》，《水利经济》2006 年第 2 期。

[19] 傅涛：《特许经营改革与城市水业监管》，《水利发展研究》2008 年第 1 期。

[20] 冯中越、宋卫恭：《城市公用事业特许经营合约中的资产转移问题研究——以城市轨道交通为例》，《财经论丛》2011 年第 3 期。

[21] 冯中越、赵旗舟、秦惠雄：《特许经营权拍卖合约中的承诺问题研究——以某城市垃圾处理特许经营协议为例》，《财经问题研究》2008 年第 1 期。

[22] 冯中越：《特许经营合约拍卖中的激励性合约研究》，中国财政经济出版社 2009 年版。

[23] 龚六堂：《动态经济学方法》，北京大学出版社 2002 年版。

[24] 何群：《国有产权拍卖中应注意的问题》，《产权导刊》2005 年第 2 期。

[25] 何禹霆、王岭：《中国城市供水价格规制机制与改革对策》，《社会科学辑刊》2012 年第 3 期。

[26] 胡斌、刘仲英：《基于智能代理的多维拍卖模型的设计》，《计算机工程与应用》2005 年第 1 期。

[27] 黄娟：《我国公用事业特许经营政策变迁之述评》，《山东警察

学院学报》2010年第11期。

[28] 姬鹏程：《中国城市水价改革研究》，知识产权出版社2010年版。

[29] 李明、金宇澄：《城市水务设施特许经营理论分析》，《河北工程大学学报》（社会科学版）2007年第1期。

[30] 李明超、章志远：《公用事业特许经营监管机构模式研究》，《学习论坛》2011年第3期。

[31] 李青：《我国市政公用事业特许经营实施障碍与对策》，《山西财经大学学报》2008年第5期。

[32] 李玉鹏：《国有产权交易定价模型浅探》，《产权导刊》2011年第1期。

[33] 廖睿：《PPP操作指南：政府和社会资本合作实务》，中国人民大学出版社2016年版。

[34] 刘葭、郝前进：《我国城市水业特许经营问题探讨》，《东南学术》2009年第5期。

[35] 刘戒骄：《我国公用事业运营和监管改革研究》，《中国工业经济》2006年第9期。

[36] 刘戒骄等：《公用事业：竞争、民营与监管》，经济管理出版社2007年版。

[37] 刘树林、王明喜：《多属性采购拍卖理论与应用评述》，《中国管理科学》2009年第1期。

[38] 刘晓君、席酉民：《拍卖理论与实务》，机械工业出版社2001年版。

[39] 卢洪友等：《中国城市公共事业经营管制机制研究》，经济管理出版社2007年版。

[40] 马丁·布劳克兰、奥克·布拉德巴特、克拉斯·施瓦茨等：《荷兰供水行业的公有私营模式》，中国建筑工业出版社2008年版。

[41] 戚聿东、柳学信：《深化垄断行业改革的模式与路径：整体渐进改革观》，《中国工业经济》2008年第6期。

[42] 戚聿东：《我国自然垄断产业分拆式改革的误区分析及其出路》，《管理世界》2002 年第 2 期。

[43] 钱伯宁、王少东、韩学群：《城市水务管理体制改革研究》，《山东水利》2003 年第 12 期。

[44] 曲振涛、杨恺钧：《规制经济学》，复旦大学出版社 2006 年版。

[45] 让－雅克·拉丰：《规制与发展》，中国人民大学出版社 2009 年版。

[46] 沈依云：《对供排水行业特许经营管理的思考》，《水务论坛》2007 年第 6 期。

[47] 史际春、肖竹：《公用事业民营化及其相关法律问题研究》，《北京大学学报》（哲学社会科学版）2004 年第 4 期。

[48] 是峰：《武进区污水处理厂委托运营管理模式的实践与探索》，《江苏水利》2009 年第 9 期。

[49] 宋林、郝渊晓、郭永：《国有产权交易中协议转让与拍卖的效率分析》，《学术交流》2006 年第 8 期。

[50] 宋旭超、崔建中、贺汝松：《国有产权拍卖存在的问题和对策》，《产权导刊》2009 年第 8 期。

[51] 孙亚辉、冯玉强：《多属性密封拍卖模型及最优投标策略》，《系统工程理论与实践》2010 年第 7 期。

[52] 泰勒尔：《产业组织理论》，中国人民大学出版社 1997 年版。

[53] 唐邵玲、施棉军：《初始排污权拍卖机制经济学实验研究》，《湖南师范大学自然科学学报》2010 年第 1 期。

[54] 王东波等：《BOT 项目特许期决策方法研究综述》，《预测》2009 年第 3 期。

[55] 王俊豪、周小梅：《中国自然垄断产业民营化改革与政府管制政策》，经济管理出版社 2004 年版。

[56] 王俊豪：《特许投标理论及其应用》，《数量经济技术经济研究》2003 年第 1 期。

[57] 王俊豪：《英国政府管制体制改革研究》，上海三联书店 1998 年版。

[58] 王俊豪：《政府管制经济学导论——基本理论及其在政府管制实践中的应用》，商务印书馆 2001 年版。

[59] 王俊豪：《中国政府管制体制改革研究》，上海三联书店 1998 年版。

[60] 王俊豪等：《深化中国垄断行业改革研究》，中国社会科学出版社 2010 年版。

[61] 王俊豪等：《中国城市公用事业民营化绩效评价与管制政策研究》，中国社会科学出版社 2013 年版。

[62] 王岭：《供水 TOT 项目特许经营权拍卖机制研究》，《产业经济评论》2012 年第 1 期。

[63] 王岭：《城镇化进程中民间资本进入城市公用事业的负面效应与监管政策》，《经济学家》2014 年第 2 期。

[64] 王岭：《城市水务 PPP 项目特许经营权竞标难题、形成机理与治理机制》，《浙江社会科学》2017 年第 5 期。

[65] 王平平：《拍卖机制设计：理论、模型及应用》，江西人民出版社 2008 年版。

[66] 王守清、柯永建：《特许经营项目融资（BOT、PFI 和 PPP）》，清华大学出版社 2008 年版。

[67] 王喜军、王孟钧、陈辉华：《BOT 项目运作与管理实务》，中国建筑工业出版社 2008 年版。

[68] 王先甲、吴师为：《PPP 项目多维信息招投标中的直接机制研究》，《运筹与管理》2017 年第 2 期。

[69] 王先甲等：《区域配电服务特许经营权竞拍机制设计》，《中国电机工程学报》2006 年第 10 期。

[70] 魏泽林：《浅谈城市公用行业建立特许经营制度的措施及燃气行业如何应对》，《城市燃气》2003 年第 11 期。

[71] 吴孝灵等：《BOT 项目投资与特许权期的二维招标合同设计》，《管理工程学报》2012 年第 3 期。

[72] 肖兴志、韩超：《规制改革是否促进了中国城市水务产业发展？——基于中国省际面板数据的分析》，《管理世界》2011 年

第2期。

[73] 肖兴志：《中国自然垄断产业规制改革模式研究》，《中国工业经济》2002年第4期。

[74] 肖兴志：《自然垄断产业规制改革模式研究》，东北财经大学出版社2003年版。

[75] 谢安石、李一军：《拍卖理论的最新进展——多属性网上拍卖研究》，《管理工程学报》2006年第3期。

[76] 谢安石、李一军：《基于模糊粗糙集的多属性网上拍卖决策》，《系统工程理论方法应用》2005年第2期。

[77] 谢志平、宁继鸣：《国有资产产权转让定价的拍卖模式分析》，《山东社会科学》2009年第5期。

[78] 徐宗威：《法国城市公用事业特许经营制度及启示》，《城市发展研究》2001年第4期。

[79] 徐宗威：《公权市场》，机械工业出版社2009年版。

[80] 许建国：《城市水务市场化改革与合资运营模式研究》，《厦门科技》2007年第4期。

[81] 许永国：《拍卖经济理论综述》，《经济研究》2002年第9期。

[82] 严国海：《公用事业的特许经营与价格监管——以近代上海民营水电业为例的考察》，《财经研究》2010年第7期。

[83] 严培胜、王先甲、高成修：《交通BOO项目特许权竞拍机制设计》，《武汉大学学报》（理学版）2011年第2期。

[84] 严培胜、王先甲：《交通BOT项目特许经营权竞拍机制设计》，《中国管理科学》2009年第8期。

[85] 严培胜等：《交通BOO项目特许权竞拍机制设计》，《武汉大学学报》（理学版）2011年第2期。

[86] 杨红、杨淑娥、张栋：《产权交易定价策略博弈分析：基于准分离均衡的研究》，《软科学》2006年第3期。

[87] 杨世文：《特许权竞争与公用事业管制改革》，《经济管理》2003年第7期。

[88] 杨松：《北京市政公用事业特许经营制度创新研究》，知识产权

出版社 2012 年版。

[89] 殷红：《多物品拍卖机制设计理论与方法》，学林出版社 2009 年版。

[90] 于立、姜春海等：《规制经济学的学科定位与理论应用》，东北财经大学出版社 2005 年版。

[91] 于立、肖兴志、姜春海：《自然垄断的"三位一体"理论》，《当代财经》2004 年第 8 期。

[92] 于良春、王志芳：《竞争与管制：中国自来水产业的改革与发展》，《东岳论丛》2005 年第 6 期。

[93] 于良春：《论自然垄断与自然垄断产业的政府规制》，《中国工业经济》2004 年第 2 期。

[94] 余晖：《管制的经济理论与过程分析》，《经济研究》1994 年第 5 期。

[95] 余晖：《谁来管制管制者》，广东经济出版社 2004 年版。

[96] 余晖：《政府与企业：从宏观管理到微观管制》，福建人民出版社 1997 年版。

[97] 袁家楠、郑淑君：《水务特许经营项目招投标实务》，化学工业出版社 2006 年版。

[98] 袁俊：《市政公用事业特许经营权招标、拍卖中存在的问题及监管对策》，《特区经济》2007 年第 11 期。

[99] 张红艳：《公用事业特许经营中的公共利益维护》，《四川行政学院学报》2009 年第 6 期。

[100] 张燎：《水务特许经营准入竞争方式及其应用》，《中国环保产业》2006 年第 5 期。

[101] 张燎：《水务项目市场化运作的十种模式及其适用性》，《中国水利水电市场》2008 年第 4 期。

[102] 张卿：《为什么要施行政府特许经营？——从法经济学角度分析》，《中国政法大学学报》2010 年第 6 期。

[103] 张维迎：《博弈论与信息经济学》，上海人民出版社 2004 年版。

[104] 张昕竹、高岩：《城市化背景下公用事业改革的中国经验》，知识产权出版社2008年版。

[105] 张昕竹：《规制制度的交易成本与政治经济学——兼谈中国规制改革》，《数量经济技术经济研究》1999年第3期。

[106] 张昕竹：《网络产业：规制与竞争理论》，社会科学文献出版社2000年版。

[107] 张昕竹：《中国规制与竞争：理论和政策》，社会科学文献出版社2000年版。

[108] 张昕竹：《中国基础设施产业的规制改革与发展》，国家行政学院出版社2002年版。

[109] 张昕竹：《中国基础设施的发展与私有部门的参与》，《数量经济技术经济研究》1998年第11期。

[110] 张醒洲、张学娟：《多属性采购拍卖的价值函数与打分规则》，《中国管理科学》2008年第10期。

[111] 张永刚：《市政公用事业的特许经营与行业监管》，《城市公用事业》2005年第3期。

[112] 章志远、黄娟：《公用事业特许经营市场准入法律制度研究》，《法治研究》2011年第3期。

[113] 章志远、朱志杰：《我国公用事业特许经营制度运作之评估与展望——基于40起典型事例的考察》，《行政法学研究》2011年第2期。

[114] 章志远：《公用事业特许经营及其政府规制——兼论公私合作背景下行政法学研究之转变》，《法商研究》2007年第2期。

[115] 中国城市经济学会中小城市经济发展委员会：《中国中小城市发展报告》，社会科学文献出版社2010年版。

[116] 中国发展研究基金会：《中国发展报告2010：促进人的发展的中国新型城市化战略》，人民出版社2010年版。

[117] 周林军等：《中国公用事业改革：从理论到实践》，知识产权出版社2009年版。

[118] 周学广等：《基于多属性逆向拍卖的博弈分析》，《管理工程学

报》2011 年第 2 期。

[119] 周耀东、余晖：《政府承诺缺失下的城市水务特许经营——成都、沈阳、上海等城市水务市场化案例研究》，《管理世界》2005 年第 8 期。

[120] Armstrong, M., Cowan, S. and Vickers, J., *Regulatory Reform: Economic Analysis and British Experience*, Cambridge: The MIT Press, 1994.

[121] Asker, J. and Cantillon, E., "Properties of Scoring Auctions", *Rand Journal of Economics*, Vol. 39, No. 1, 2008, pp. 69 – 85.

[122] Averch, H. and L. Johnson, "Behavior of the Firm under Regulatory Constraint", *American Economic Review*, Vol. 52, No. 5, 1962, pp. 1052 – 1069.

[123] Bajari, P., Houghton, S. and Tadelis, S., "Bidding for Incomplete Contracts: An Empirical Analysis", *American Economic Review*, Vol. 104, No. 4, pp. 1288 – 1319.

[124] Beam, C. and Segev, A., "Auctions on the Internet: A Field Study", *Journal of Economic Survey*, Vol. 13, No. 3, 2000, pp. 227 – 286.

[125] Beesley, M. E. and Littlechild, S. C., "The Regulation of Privatized Monopolies in the United Kingdom", *Rand Journal of Economics*, Vol. 20, No. 3, pp. 454 – 472.

[126] Bichler, M., "An Experimental Analysis of Multi – attribute Auction", *Decision Support Systems*, Vol. 29, No. 3, 2000, pp. 249 – 268.

[127] Bishop, M., Kay, J. and Mayer, C., *The Regulatory Challenge*, Oxford: Oxford University Press, 1994.

[128] Boycko, A. S., Vishny, R., "A Theory of Privatization", *Economic Journal*, Vol. 106, No. 435, 1996, pp. 309 – 319.

[129] Branco, F., "The Design of Multidimensional Auctions", *Rand Journal of Economics*, Vol. 28, No. 1, 1997, pp. 63 – 81.

[130] Chao, H. P., "Two – stage Auction and Subscription Pricing for Awarding Monopoly Franchises", *Journal of Regulatory Economics*,

Vol. 47, No. 3, 2015, pp. 219 - 238.

[131] Che, Y. K. , "Design Competition through Multidimensional Auctions", *RAND Journal of Economics*, Vol. 24, No. 4, 1993, pp. 668 - 680.

[132] Chen, E. , "Auctioning Supply Contracts", *Management Science*, Vol. 53, No. 10, 2007, pp. 1562 - 1576.

[133] Crew, M. A. and Kleindorfer, P. R. , *The Economics of Public Utility Regulation*, London: Macmillan, 1986.

[134] Dastidar, K. G. , "Scoring Auctions: A Brief Survey", *Studies in Microeconomics*, Vol. 2, No. 1, 2015, pp. 35 - 48.

[135] David, E. et al. , "Bidding in Sealed - bid and English Multi - attribute Auctions", *Decision Support Systems*, Vol. 42, No. 2, 2006, pp. 527 - 556.

[136] De Smet, Y. , "Multi - criteria Auctions without Full Comparability of Bids", *European Journal of Operational Research*, Vol. 177, No. 33, pp. 1433 - 1452.

[137] Demsetz Harold, "Why Regulate Utilities", *Journal of Law and Economics*, Vol. 11, No. 1, 1968, pp. 55 - 65.

[138] Doni, N. , "Competition and Regulation in Franchise Bidding", *Journal of Regulatory Economics*, Vol. 25, No. 3, 2004, pp. 223 - 242.

[139] Edelman, B. and Schwarz, M. , "Optimal Auction Design and Equilibrium Selection in Sponsored Search Auctions", *American Economic Review*, Vol. 100, No. 2, 2010, pp. 597 - 602.

[140] Emmanuelle Auriol and Pierre M. Picard, "A Theory of BOT Concession Contracts", *Cepr Discussion Papers*, Vol. 89, No. 2, 2011, pp. 667 - 691.

[141] Foster, C. D. , *Privatization, Public Ownership and the Regulation of Natural Monopoly*, Oxford: Blackwell, 1992.

[142] Galiani, S. , Gertler, P. , Schargrodsky, E. , "Water for Life: The Impact of the Privatization of Water Services on Child Mortality",

Journal of Political Economy, Vol. 113, No. 1, 2005, pp. 83 – 120.

[143] Gomes, R. , "Optimal Auction Design in Two – sided Markets", Rand Journal of Economics, Vol. 45, No. 2, 2014, pp. 248 – 272.

[144] Graham, D. A. and Marshall, R. C. , "Collusive Bidder Behavior at Single – object Second Price and English Auctions", Journal of Political Economy, Vol. 95, No. 6, 1987, pp. 1217 – 1239.

[145] Gujar, S. and Narahari, Y. , "Optimal Multi – unit Combinatorial Auctions", Operational Research, Vol. 13, No. 1, 2013, pp. 27 – 46.

[146] Guo, X. L. and Yang, H. , "Analysis of a Build – Operate – Transfer Scheme for Road Franchising", International Journal of Sustainable Transportation, Vol. 3, No. 5, 2009, pp. 312 – 338.

[147] Hansen, R. , "Auctions with Endogenous Quantity", RAND Journal of Economics, Vol. 19, No. 1, 1988, pp. 44 – 58.

[148] Harold Demsetz, "Why Regulate Utilities?", Journal of Law and Economics, Vol. 11, No. 1, 1968, pp. 55 – 65.

[149] Harstad, R. M. and Crew, M. A. , "Franchise Bidding Without Holdups: Utility Regulation with Efficient Pricing and Choice of Provider", Journal of Regulatory Economics , Vol. 15, No. 2, 1999, pp. 141 – 164.

[150] Harstad, R. M. and Crew, M. A. , "Franchise Bidding Without Holdups: Utility Regulation with Efficient Pricing and Choice of Provider", Journal of Regulatory Economics, Vol. 15, No. 2, 1999, pp. 141 – 164.

[151] Kalagnanam, J. and Parkes, D. C. , "Auctions, Bidding and Exchange Design", International, Vol. 74, 2010, pp. 143 – 212.

[152] Kay, J. A. , Mayer, C. and Thompson, D. , Privatization and Regulation: The U. K. Experience, Oxford: Oxford University Press, 1968.

[153] Klemperer, P. , "Auction Theory: A Guide to the Literature", Journal of Economic Surveys, Vol. 13, No. 3, 1999, pp. 227 – 286.

[154] Laffont and Tirole, A Theory of Incentives in Procurement and Regu-

lation, Cambridge: The MIT Press, 1993.

[155] Laffont, J. – J. and Tirole, J. , "Repeated Auctions of Incentive Contracts, Investment, and Bidding Parity with an Application to Takeovers", *Rand Journal of Economics*, Vol. 19, No. 4, 1988, pp. 516 – 537.

[156] Lijin Zhong, Arthur P. J. Mol, Tao Fu, "Public – Private Partnerships in China's Urban Water Sector", *Environmental Management*, Vol. 41, No. 6, 2008, pp. 863 – 877.

[157] Lucking – Reiley, Vickrey, D. , "Auctions in Practice: From Nineteenth – Century Philately to Twenty – First – Century E – Commerce", *Journal of Economic Perspectives*, Vol. 14, No. 3, 2000, pp. 83 – 92.

[158] McAfee, R. P. and McMillan, J. , "Auctions and Bidding", *Journal of Economic Literature*, Vol. 25, No. 2, 1987, pp. 699 – 738.

[159] McAfee, R. P. and McMillan, J. , "Bidding Rings", *The American Economic Review*, Vol. 82, No. 3, 1992, pp. 579 – 599.

[160] Mougeot, M. and Naegelen, F. , "Franchise Bidding, Regulation and Investment Costs", *Review of Economic Design*, Vol. 15, No. 1, 2011, pp. 37 – 58.

[161] Myerson, R. , "Optimal Auction Design", *Mathematics of Operations Research*, Vol. 6, No. 1, 1981, pp. 58 – 73.

[162] Newbery, D. M. , *Privatization, Restructuring and Regulation of Network Utilities*, Massachusetts: The MIT Press, 1999.

[163] Nishimura, T. , "Optimal Design of Scoring Auctions with Multidimensional Quality", *Review of Economic Design*, Vol. 19, No. 2, 2015, pp. 117 – 143.

[164] Nowotny, K. R. , "Competition and the Regulation of Utilities", *Discrete Mathematics & Applications*, Vol. 22, No. 7, 1991, pp. 26 – 29.

[165] Org, Z. , "Managing Procurement Auctions", *Information Econom-*

ics and Policy, Vol. 4, No. 1, 1989, pp. 5 – 29.

[166] Paul Klemperer, *Auctions: Theory and Practice*, Princeton University Press, 2004.

[167] Pietroforte, R. and Miller, J. B., "Procurement methods for US Infrastructure: Historical Perspectives and Recent Trends", *Building Research and Information*, Vol. 30, No. 6, 2002, pp. 425 – 434.

[168] Prager, R. A., "Franchise Bidding for Natural Monopoly: The Case of Cable Television in Massachusetts", *Journal of Regulatory Economics*, Vol. 1, No. 2, 1989, pp. 115 – 131.

[169] R. P. McAfee, "Auctions and Bidding", *Journal of Economic Literature*, Vol. 25, No. 2, 1987, pp. 699 – 738.

[170] Robinson, M. S., "Collusion and the Choice of Auction", *The RAND Journal of Economics*, Vol. 16, No. 1, 1985, pp. 141 – 145.

[171] Rothkopf, M. H., Harstad, R. M., "Modeling Competitive Bidding: A Critical Essay", *Management Science*, Vol. 40, No. 3, 1994, pp. 364 – 384.

[172] Schaede, U., "Regulatory Reform of Public Utilities: The Japanese Experience by Fumitoshi Mizutani", *Journal of Japanese Studies*, Vol. 41, No. 2, pp. 440 – 443.

[173] Schmidt, K. M., "The Costs and Benefits of Privatization: An Incomplete Contract Approach", *Journal of law Economics and Organization*, Vol. 12, No. 1, 1996, pp. 1 – 24.

[174] Schmidt, K. M., "Incomplete Contract and Privatization", *European Economics Review*, Vol. 40, No. 3, 1996, pp. 569 – 579.

[175] Schmitz, P. W., "Allocating Control in Agency Problems with Limited Liability and Sequential Hidden Actions", *Rand Journal of Economics*, Vol. 36, No. 2, 2005, pp. 318 – 336.

[176] Shleifer, A., "A Theory of Yardstick Competition", *Rand Journal of Economics*, Vol. 16, No. 3, 1985, pp. 319 – 327.

[177] Sinclair – Desgagne, B., "On the Regulation of Procurement

Bids", *Economics Letters*, Vol. 33, No. 3, 1990, pp. 229 – 232.

[178] Stark, R. M. and Rothkopf, M. H., "Competitive Bidding: A Comprehensive Bibliography", *Operations Research*, Vol. 27, No. 2, 1979, pp. 364 – 390.

[179] Thiel, S. E., "Multidimensional Auctions", *Economics Letters*, Vol. 28, No. 1, 1988, pp. 37 – 40.

[180] Vickers, J. S. and Yarrow, G. K., *Privatization: An Economic Analysis*, Cambridge: The MIT Press, 1988.

[181] Viscusi, W. K., Vernon, J. M., Harrington, J. E., *Economics of Regulation and Antitrust*, Massachusetts: The MIT Press, 2005.

[182] Von Ungern – Sternberg, T., "Quality Incentives in Auctions for Construction Contracts", *International Journal of Industrial Organization*, Vol. 12, No. 1, 1994, pp. 89 – 104.

[183] Williamson, O. E., "Franchising Bidding for Natural Monopolies – in General and with Respect to CATV", *Bell Journal of Economics*, Vol. 7, No. 1, 1976, pp. 73 – 104.

# 后　　记

本书是笔者承担的国家自然科学基金青年项目"城市公用事业特许经营权竞标机制分类设计与管制政策研究"（71303208）的最终成果。

2011年3月，我到国家住房和城乡建设部城镇水务管理办公室实习时，对中国城市公用事业的市场化改革有了全方位的认识，深切意识到特许经营将是中国未来一段时间内城市公用事业领域广泛应用的市场化改革模式，其中，最为重要的理论与重大现实问题是如何设计与项目特征相匹配的特许经营权竞标机制以及政府管制政策。为此，笔者在博士学位论文选题时单纯以城镇水务为例研究了特许经营权竞标问题。随着中国城市公用事业的发展和市场化改革的深化，城市公用事业特许经营的号角已然吹响，探索特许经营过程中的重大理论与现实问题，将成为当下以及未来较长时间内政府管制理论创新的重要方向。笔者于2012年年底深刻认识到中国将进入特许经营为核心的全新时代，并在2013年年初的国家自然科学基金申报过程中，选择"城市公用事业特许经营权竞标机制分类设计与管制政策研究"为题，获得当年国家自然科学基金委的资助。

2013年是中国城市公用事业市场化改革进入由特许经营提法到PPP转向的关键一年。特许经营依然是城市公用事业PPP的核心议题，为此，本书选题具有重要的理论意义和现实价值。在深化城市公用事业市场化改革的背景下，如何分类设计城市公用事业特许经营权的竞标机制与管制政策，实现城市公用事业特许经营权的有效分配，提高全行业的运行效率和服务水平，已然成为中国理论研究与实际部门关注的一项重要议题，它对改善中国目前城市公用事业特许经营权竞标的混乱局面、提高项目运作效率具有积极的理论指导意义和现实应用价值。

为此，本书重点从城市公用事业特许经营的理论基础、城市公用事业特许经营的现状评估、项目特征与城市公用事业特许经营模式的匹配机制、城市公用事业 BOT 项目特许经营权竞标机制、城市公用事业 TOT 项目特许经营权竞标机制、城市公用事业委托运营项目特许经营权竞标机制、城市公用事业特许经营案例分析以及城市公用事业特许经营项目的监管政策设计共八章内容展开研究。在课题研究过程中，笔者的博士导师浙江财经大学王俊豪教授给予了诸多思想上和理论上的指导，国家住房和城乡建设部刘佳福主任、章林伟副司长、牛璋彬处长、曹燕进处长、王欢调研员、徐慧纬博士、陈玮博士、程彩霞博士以及中国城镇供水排水协会刘志琪常务副秘书长等提供了城市公用事业特许经营领域的许多宝贵材料。浙江财经大学唐要家教授、王建明教授、李云雁副研究员、熊艳博士对本书的理论创新提供了重要的思想启发和评论。笔者指导的硕士研究生李卓霓、闫东艺、周立宏、罗乾在课题调研、资料收集和整理以及案例分析等方面也做了大量工作。在此一并表示感谢。

本书在写作过程中，阅读了大量相关文献，参考和引用了学术界的重要研究成果，这些研究成果对启发写作思考和形成研究思路发挥了重要作用，在此向各位专家学者表示衷心的感谢。

本书的出版还得到了浙江省哲学社会科学重点研究基地"政府管制与公共政策研究中心"、浙江省 2011 协同创新中心"城市公用事业政府监管协同创新中心"的资助。

本书的出版得到中国社会科学出版社卢小生编审的大力支持。

王岭<br>
2017 年 9 月于杭州